소재집

한국고전번역원 한국문집번역총서

소재집 4

蘇齋集

노수신 지음
盧守愼

임정기 옮김

일러두기

1. 이 책의 번역 대본은 한국고전번역원에서 간행한 한국문집총간 35집 소재《소재집(穌齋集)》으로 하였다. 번역 대본의 원문 텍스트와 원문 이미지는 한국고전종합DB(http://db.itkc.or.kr)에서 확인할 수 있다.
2. 내용이 간단한 역주는 간주(間註)로, 긴 역주는 각주(脚註)로 처리하였다.
3. 한자는 필요한 경우 이해를 돕기 위하여 넣었으며, 운문(韻文)은 원문을 병기하였다.
4. 맞춤법과 띄어쓰기는 한글 맞춤법과 표준어 규정을 따랐다.
5. 이 책에서 사용한 부호는 다음과 같다.

   : : 제시어와 내용 사이에, 각주에서 각주 표제어와 내용을 구분할 때 사용한다.
   ( ) : 번역문과 음이 같은 한자, 이두, 외국어를 묶어서 보일 때 사용한다.
   〔 〕: 번역문과 뜻은 같으나 음이 다른 한자를 묶어서 보일 때 사용한다.
   " " : 글 안에서 대화를 표시할 때, 남의 말이나 서책 또는 시문 등의 문장을 인용할 때 사용한다.
   ' ' : " " 안의 재인용, 강조 부분을 나타낼 때 사용한다.
   「 」: ' ' 안의 재인용을 나타낼 때 사용한다.
   《 》: 책명 및 각주의 전거(典據)를 나타낼 때 사용한다.
   〈 〉: 편명, 작품명, 논문 제목을 나타낼 때 사용한다.
   ~ : 인명의 생년과 몰년 사이에 사용한다.
   …… : 번역문에서 원문의 '云云'을 처리할 때, 각주에서 긴 인용문을 처리할 때, 각주 표제어가 네 어절 이상일 경우 생략되는 말을 처리할 때 사용한다.

차례

소재집

제4권

詩시

아우에게 주어 작별하다 을묘년[1] 4월이다.

贈別舍弟 乙卯四月

늙어 가매 바야흐로 천명에 순응하고	老去方安命
평상시엔 다시 경영하는 걸 줄이노라	閒來更省營
그대가 오랜 객중의 내 몰골을 보고 가니	君看久客狀
혹 고인의 슬픈 정이 느껴지기도 하누나[2]	或近古人情
두어 건의 서책을 잘 읽어서	數件書能讀
삼 년만 지나면 학문이 절로 밝아지리라	三年學自明
또 모름지기 망령된 말을 하지 말아서	還須不妄語
선비의 사업을 길이 무너뜨리지 않아야 한다	事業永無傾

1 을묘년 : 1555년(명종10)으로, 이때 저자는 41세였다.

2 그대가……하누나 : 저자의 형제가 서로 이별하는 자리에서 마치 고인처럼 이별의 슬픈 정을 느끼게 된다는 뜻이다. 두보(杜甫)의 〈송원(送遠)〉에 "갑옷 입은 군사가 천지에 가득한데, 어찌하여 그대는 멀리 떠나는가. 친구들이 한번 울음을 다 마치자, 안마 타고 변방의 성으로 가는구나. 초목과 세월이 저물어 가는 이때, 관하의 서리와 눈은 맑으리로다. 이별한 지 이미 어제이고 보니, 고인의 이별하던 슬픈 정을 인하여 보겠도다.〔帶甲滿天地, 胡爲君遠行? 親朋盡一哭, 鞍馬去孤城. 草木歲月晚, 關河霜雪淸. 別離已昨日, 因見古人情.〕"라고 하였다. 《杜少陵詩集 卷7》

가홍현 고개까지 따라가 전송하면서 다시 앞의 운을 사용하다

追送于嘉興縣嶺復用前韻

꽃은 가홍현 고개에 지고	花落嘉興縣
조수는 절도사의 군영에 밀려드누나	潮生節度營
일생 동안 이별의 한을 품은 채	百年離別恨
하루 동안 형제의 정을 나누었네	一日弟兄情
외딴 지역엔 누런 띠풀이 어둑한데[3]	絶域黃茆暗
부모님께서는 백발이 환히 빛나겠지	高堂白髮明
왕래하던 친구들이 다 떠나고 나면	經過盡親舊
맑은 눈물 누굴 위해 쏟는단 말인가	淸淚爲誰傾

3 외딴……어둑한데 : 누런 띠풀이란 초목의 잎이 늦가을의 장기(瘴氣)로 인하여 누렇게 단풍 들어 떨어지는 것을 말한다. 진(晉)나라 혜함(嵇含)의 《남방초목상(南方草木狀)》 권상(卷上)에 "망모가 마르는 시기에 장기의 역질이 크게 발작하는데, 교주, 광주가 다 그러하다. 그 지방 사람들은 이것을 '황모장', 또는 '황망장'이라 부른다.〔芒茅枯時, 瘴疫大作, 交廣皆爾也. 土人呼曰黃茅瘴, 又曰黃芒瘴.〕"라고 하였다. 여기서는 외딴 진도(珍島) 지역에 장기가 자욱함을 의미한다.

또 녹진에 이르러 영결하다

又至鹿津永訣

갇힌 형과 돌아가는 아우가 멀리 배회하노라니	囚兄歸弟遠徘徊
해와 달은 밝디밝게 우주 간에 드높이 떠 있네	日月昭昭宇宙開
오래된 영루의 모습은 양서 밖에 황량하고	古戍荒涼羊嶼外
장정[4]은 녹진의 한쪽 구석에 쓸쓸하구나	長亭寥落鹿津隈
푸른 바다에 한배 탈 기회를 어떻게 또 얻을꼬	同舟碧海何由得
황혼에 말 나란히 타니 돌아오고 싶지 않아라[5]	竝馬黃昏未擬回
을묘년 초여름 사월에	單閼之年孟夏月
주인이 곧 떠나게 되는 걸 슬퍼할 것 없단다[6]	主人將去未須哀

4 장정(長亭) : 10리마다 설치한 역참(驛站)이다. 5리마다 설치한 역참은 단정(短亭)이라 한다.

5 푸른……않아라 : 두보(杜甫)의 〈혜의사원송신원외(惠義寺園送辛員外)〉에 "어제 한배 탔던 기회를 어떻게 다시 얻을꼬. 오늘 아침에 말 나란히 타니 돌아오고 싶지 않구려.〔同舟昨日何由得? 竝馬今朝未擬回.〕"라고 하였다. 《杜少陵詩集 卷12》

6 을묘년……없단다 : 한 문제(漢文帝) 때 태중대부(太中大夫) 가의(賈誼)가 참소(讒訴)를 입어 장사왕 태부(長沙王太傅)로 폄척되어 나간 지 3년 만에 어느 날 올빼미가 집에 날아들어 자리 한구석에 앉았다. 장사 지방은 본래 땅이 낮고 습기가 많아서 스스로 오래 살지 못하리라 상심했는데 집에 올빼미가 날아들자, 상서롭지 못한 새라서 불길한 생각에 〈복조부(鵩鳥賦)〉를 지어 스스로 위로하였다. 〈복조부〉의 대략에 "태세로는 묘년이요, 사월이라 초여름날, 경자일 석양에, 복조가 내 집에 날아들어, 자리 한구석에 앉으니, 그 모습이 매우 한가롭구나. 괴이한 물건이 날아들었기에, 속으로 그 까닭을 괴이하게 여기어, 점서를 펴 놓고 점을 쳐 보니, 내 운명을 예언했는데, 그 점사에 '들새가 방에 들어가면 주인이 곧 떠나게 된다.'고 한다.……〔單閼之歲, 四月

지력산에 들어가 있으면서 간재의 시운[7]에 차하다

入智力山次簡齋韻

상고하건대, 여기서부터 이하 47수의 시는 을묘년(1555, 명종10)의 피구록(避寇錄)에 계속된 것이다.[8] ○5월 13일이다. 맑았다. 왜구(倭寇)가 먼저 해남(海南) 달량포(達梁浦)에 침입하여 3일 동안 포위 끝에 거의 함락될 지경에 이르자, 진도 사람들이 점차 바다 밖으로 나갔다. 나는 바다 밖으로 나가서 백성들의 본보기가 되어서는 안 된다고 생각하고, 또 군수(郡守)가 진(鎭)으로 돌아오기를 기대하였다. 그런데 밤중에 "구원병들이 이미 다 오살(鏖殺)됨으로써 온 성(城)안이 따라서 도륙되었고, 적들이 또 쳐들어온다."라는 보고가 전해지자, 섬 안 사람들이 크게 놀라 어지러이 흩어졌다. 나의 배는 앞 항구의 소포(素浦)[9]에 대 놓고, 날이 밝기 전에 지력산으로 들어갔다.

孟夏, 庚子日斜, 鵩集余舍, 止于坐隅, 貌甚閒暇. 異物來集兮, 私怪其故, 發書占之兮, 策言其度. 曰野鳥入室, 主人將去.……]"라고 하였다. 《史記 卷84 賈生列傳》 저자 자신이 유배(流配) 중에 묘년(卯年) 4월을 만났으므로, 자신의 처지를 가의에 빗대서 한 말이다.

7 간재(簡齋)의 시운(詩韻) : 간재는 북송(北宋)의 시인 진여의(陳與義)의 호이다. 여기서 인용한 진여의의 시운은 〈정월십이일자방주우금병지분입남산십오일저회곡장가(正月十二日自房州遇金兵至奔入南山十五日抵回谷張家)〉라는 제목의 시를 말한다. 이 시는 1월 12일에 방주(房州)에서 금병(金兵)을 만나 남산(南山)으로 달아나 있다가 15일에 회곡(回谷)의 장씨 집에 도달하게 된 내용을 담고 있다. 《簡齋集 卷4》 저자 또한 왜구를 피하여 지력산(智力山)으로 달아나 있는 터라, 그 처지가 서로 흡사하므로, 진여의의 이 시운을 사용한 것이다.

8 여기서부터……것이다 : 피구록(避寇錄)은 1555년 왜구가 진도(珍島)에 침입했을 때, 저자가 이해 5월 13일 피란길에 올라 진도를 떠나면서 지은 〈지력산에 들어가 있으면서 간재의 시운에 차하다〔入智力山次簡齋韻〕〉라는 제목의 시로부터 6월 19일 다시 진도로 들어가면서 지은 〈벽파정의 기둥에 제하다〔題碧波亭楹〕〉라는 시까지 모두 47수의 시를 가리킨다. 피란 기간은 모두 38일이다.

9 소포(素浦) : 지력산 아래 있던 포구이다. 소포리(素浦里)라는 마을도 있었다.

하 높도다 지력산이여	高哉智力山
나는 꿈에서만 실컷 보았는데	我夢厭見之
오늘 새벽 꼭대기를 향해 달려가 보니	今晨走其頂
거룻배들이 사면에 매여 있네	舴艋四面維
오랑캐 칼날에 죽기를 각오하지 않고야	不膏醜夷鋒
진도의 굶주림을 구제할 수 있겠는가	可救珍島飢
도깨비는 나의 나약함을 조롱하여	魑魅調我懦
왜 시 한 수를 짓지 않는가 하고	何不賦一詩
아동들은 내가 멀어진 걸 원망하여	兒童怨我遠
왜 조금 천천히 가지 않는가 하네	何不行少遲
노복은 오랜 시간 지체될까 의심하고	奴疑淹日月
여종은 길이 호리라도 어긋날까 두려워하여	婢怕違毫釐
앞뒤에서 서로 쓰러지고 넘어지곤 하면서도	前仆後繼顚
오히려 가파르지 않음을 한스럽게 여기네	尙恨不巉巇
골짜기 하나가 그윽하고도 깊숙하기에	有洞窈以深
여기서 위태한 때를 편안히 보내고자 하여	此欲安其危
무성한 숲속에 들어가 여러 섬들을 살펴보니	翳林覘亂嶼
광활한 하늘에 긴 눈썹이 떠 있는 것 같네[10]	天闊浮脩眉
해가 중천에 오르자 의상은 말라 가는데	日高衣裳晞
내 피부엔 잔주름이 많이도 생겼구나	身上多皺肌

10 광활한……같네 : '긴 눈썹'이란 멀리 보이는 가로질러 있는 산들을 지칭한다. 한유(韓愈)의 〈남산(南山)〉에 "광활한 하늘에 긴 눈썹이 떠 있는 듯, 짙푸른 색깔로 그림을 막 그려 놓은 듯하네.〔天空浮脩眉, 濃綠畫新就.〕"라고 하였다. 《東雅堂昌黎集註 卷1》

모두 애석히 여기는 건 쓴 오얏이 없어	共惜無苦李
어린애 입으로 말하는 걸 볼 수 없음일세[11]	呑爾孩口辭
새들은 서로 창화하여 평화로이 울면서	嚶嚶鳥相和
수염 꼬며 시 읊는 나를 가까이 마주하였네	近對微吟髭
타고난 성정은 본디 통함과 막힘이 있거니와	受性固通塞
타고난 운명은 어이해 만남과 불우함이 있는고	稟命何偶奇
멀리 알괘라 나의 두 부모님께서는	遙知我二人
턱 늘어뜨린 처지[12]의 나를 불쌍히 여겨 우시리니	泣我在朶頤
어찌 조금이나마 목숨이 붙어 있을 때	豈無一息存
구자산으로 달아나 숨지 않을 수 있으랴[13]	奔竄於具茨
의관 정제하고 소나무 밑동에 앉아서	整冠坐松根
불어오는 동풍을 마주해 스스로 슬퍼하노라	東風吹自悲

11 모두……없음일세 : 두보(杜甫)의 〈팽아행(彭衙行)〉에 "어린애는 애써 사리를 아는 양하여, 짐짓 쓴 오얏을 얻어서 먹는구나.〔小兒强解事, 故索苦李餐.〕"라고 하였다. 《杜少陵詩集 卷5》

12 턱 늘어뜨린 처지 : 《주역(周易)》 〈이괘(頤卦) 초구(初九)〉에 "너의 신령스러운 거북을 버리고, 나를 보고서 턱을 늘어뜨리니, 흉하다.〔舍爾靈龜, 觀我, 朶頤, 凶.〕"라고 하였다. 여기서는 단지 곤경에 빠져 있는 처지를 의미한다.

13 멀리……있으랴 : 구자산(具茨山)은 하남성(河南省) 밀현(密縣)에 있는 산인데, 옛날 황제(黃帝)가 도를 배우기 위해 구자산에 들어갔다가 한 목동으로부터 천하 다스리는 도를 배웠다는 고사가 있다. 《莊子 徐无鬼》 저자가 지금 숨어 있는 진도의 지력산(智力山)을 구자산에 빗대서 한 말로, 즉 저자 자신이 조금이나마 생명이 붙어 있는 동안에는 부모를 위하여 깊은 산에 숨어서라도 생명을 보전해야겠다는 뜻인 듯하다.

소포에서 자다 14일이다.

宿素浦 十四日

맑았다. 교대로 산꼭대기에 올라가 적의 동태를 정탐하다가 밤이 되어서는 한데서 잤다.

지키던 장수가 한밤중에 도망쳤다 하기에	守將中宵遁
나그네 신하는 한나절 동안 의심하다가	羈臣半日疑
높은 봉우리에 올라 훼복[14]을 정탐하고	危峯偵卉服
샛길로 내려가 뱃사공에게 동태를 물었네	間道問篙師
홀로 섰으니 비낀 그림자도 맥이 빠진 듯	獨立空斜影
어렷의 슬픈 표정은 얼굴에서 살필 만하네	群悲可察眉
아, 죽고 사는 건 역시 큰일이기에	死生吁亦大
끝내는 생각이 서로 같지 않구려	畢竟不同思

14 훼복(卉服) : 《서경(書經)》 〈우공(禹貢)〉에 "섬 오랑캐는 훼복을 입고 와서 공물을 바쳤다.〔島夷卉服〕"라고 하였는데, 그 집전(集傳)에서는 '피복(皮服)'으로 해석하였으나, 공안국(孔安國)의 전(傳)에 "남해의 섬 오랑캐들은 갈포(葛布)로 초복을 지어 입었다.〔南海島夷, 草服葛越.〕"라고 하여, 훼복을 갈포 옷으로 해석하였다. 어느 해석이 옳은지는 자세하지 않다. 여기서는 왜구(倭寇)를 지칭한다.

오란진[15]을 바라보다 15일이다.

望於蘭鎭 十五日

흐리다가 저물녘에 비가 내렸다.

자욱한 안개는 산봉우리에서 막 걷혔는데 重霧才消岫
전쟁 연기가 갑자기 높은 하늘에 가득 차네 高煙忽漲天
조그마한 일개 오란진 관할하에 於蘭一小鎭
강진 해남의 민가들이 그 얼마나 많은가 康海幾多廛
장수는 무지한 자를 써서 패했거니와 將用無知敗
병졸은 가르치지 않고 몰아서 손실되었네[16] 兵驅不敎損
천하가 태평한 지 백 년이 지난 오늘에 昇平百年下
되돌아보니 다시 마음이 아득하구나 回首更茫然

15 오란진(於蘭鎭) : 《신증동국여지승람(新增東國輿地勝覽)》 권37 〈전라도 해남현(海南縣)〉에 의하면, 해남현 남쪽으로 34리쯤에 오란포영(於蘭浦營)이 있었다.

16 병졸은……손실되었네 : 공자가 이르기를 "가르치지 않은 백성을 몰아서 전쟁을 한다면 이것을 일러 백성을 버리는 행위라고 한다.〔以不教民戰, 是謂棄之.〕"라고 하였다. 《論語 子路》

지력사에 당도하다 16일이다.

到智力寺 十六日

흐리다가 저물녘에 비가 내렸다. 밤에는 지력사에 투숙하였는데, 등불을 높이 걸고 조금 자고 나니 신기(神氣)가 약간 회복되었다.

안개비가 서남쪽에서 어우러지니	霧雨西南合
등라 넝쿨 아래 지척을 분간 못 하겠네	藤蘿咫尺迷
머리를 숙이면 대삿갓이 꺾이고	垂頭絲笠墊
발을 들면 짚신이 가시에 찔리는구나	擧足草鞋刲
산비탈의 곡소리는 어린애가 젖을 찾는 소리요	磴哭緣求乳
숲속의 부르짖음은 새끼 사슴을 잃은 때문일세	林嘷爲失麛
승방에서 잠 못 들고 누워 있노라니	僧房臥不寐
벽에 걸린 옥등이 나직하구나	掛壁玉燈低

감탄 18일이다.

感歎 十八日

저녁에 비가 왔다. 산에 몸을 숨기고 바라보니, 푸른 연기가 사방에서 일어났다. 군수가 성(城)을 버리고 떠나면 갑병(甲兵)과 창름(倉廩)을 거의 간악한 백성들이 다 취해 가 버릴까 염려되었다. 이에 승려(僧侶) 옥령(玉靈), 지진손(池晉孫) 등과 의논한 끝에 좌수(座首) 김옹(金甕), 김분(金盆), 이(吏) 박온(朴溫) 등에게 서자(書字)를 적어 급히 보내서 "원컨대 서로 만나서 나누어 방수할 것을 모의하고, 의병(疑兵)을 많이 만들어 배치하여 다행히 소수의 왜구라도 막아 내면 좋겠다. 또한 이 근방에는 방수하는 데에 따라가고자 하는 한두 촌부(村夫)도 있다. 이런 뜻이 어떠한가?"라는 내용을 전했으나, 끝내 답이 없으니, 참으로 개탄할 뿐이로다.

연약한 나는 남다른 용맹이 전혀 없거니와 懦疲全乏兼人勇
경박한 성질은 마음을 다하는 충정도 없거니 浮薄曾無盡己忠
만분 일의 천박한 꾀가 뉘에게 신뢰를 얻으랴 萬一淺謀誰取信
태평성대에 버림받아 죽는 게 마땅할 뿐이지 只堪昭代棄材終

바다로 나갈 계책을 결단하다 23일이다.

決策出海 二十三日

노복 숙개(叔介)가 속히 바다로 나가자고 권하였다. 그래서 내가 말하기를 "적들의 공세가 한창 사나우니, 지금은 머무르나 가거나 두 쪽이 다 안위(安危)는 똑같다. 그러나 가만히 앉아서 욕을 당할 수는 없으니, 네 말이 맞다."라고 하였다.

구구한 인간사로 인하여 천명을 거스르고	區區人事逆天時
오늘 저녁 죄인 몸으로 도망을 가려 하네[17]	此夕湘纍欲竄歸
인사말 마친 동백정엔 시냇물도 오열한 듯	語盡柏亭溪送咽
눈 빠지게 바라보는 송현으로 해가 넘어가네	眼穿松峴日沈輝
부엌 노파는 불을 간직해 기장밥을 찔 만하고	廚婆貯火堪蒸黍
이웃 노인은 다정하여 옷소매 붙들 줄 아누나[18]	隣叟多情解把衣
내일 새벽에 벽파진을 건너 밖으로 나가거든	明發碧波津外去
다시 그 어디서 왜구의 겹겹 포위를 당할런고	更於何地被重圍

17 구구한……하네 : 천명(天命)을 거스른다는 것은 왕명(王命)을 어겼다는 뜻이다. 왜구(倭寇)의 변란을 만나서 부득이 유배(流配) 중인 몸으로 해배령(解配令)도 없이 배소(配所)를 떠나 피란길에 오르게 된 것을 의미한다.

18 옷소매……아누나 : 옷소매를 붙든다는 말은 떠나는 사람의 옷소매를 붙잡고 서로가 이별을 아쉬워하는 것이다.

황원 촌사에서 자다 24일이다.

宿黃原村舍 二十四日

맑았다.

성상의 은택으로 생명을 보호해 주셨는데	聖恩許以生
내가 감히 함부로 생명을 버릴 수 있겠는가	吾其敢輕捨
내 몸을 적에게 더럽혀서는 안 되니	未可汚於賊
이번 길이야말로 구차한 길이 아니고말고	此行非苟且
어제는 산사에서 나왔고	昨日出山寺
오늘 새벽엔 여관에서 출발하노라니	今晨發旅舍
사방을 돌아봐도 인적은 찾아볼 수 없고	四顧無人煙
성 까마귀는 날아서 산가나무를 넘어가네	城烏度山檟
길에서 서로 아는 사람을 만났더니	路逢相識人
작별 인사를 하고 손을 거듭 잡으면서	相辭手重把
분주히 달려오는 게 무슨 까닭인가 하기에	奔走來爲誰
적의 만행을 알려 주자 기가 막혀 말을 못 하네	報賊輒成啞
곳곳마다 적의 분탕질을 당한 나머지라	處處焚盪餘
눈을 들어 보니 눈물을 뿌릴 지경이로다	擧眼淚欲灑
이따금 해진 신을 버린 것들이 있었는데	往往敝屣棄
전하여 보니 발뒤축이 괴이하게 생기었네	傳看怪趾踝
벽파정에 오르매 흥 또한 다해 버렸고	登亭興亦盡
배 안에 들어가도 근심은 풀리지 않누나	入舟憂未寫
한낮에야 절도영에 당도하여 보니	午戾節度營

지키고 있는 자는 바로 비장이었는데	主者乃裨假
몹시 허둥거리며 군영을 지킬 뜻은 없고	蒼皇無守意
우선 달아나고자 말에 기대어 서서	且走惟倚馬
나의 전대에 든 마른 양식을 구걸하고	乞我橐中糗
나의 항아리에 든 젓갈을 덜어 가누나	傷我甕中鮓
동행한 사람들이 바다에 뜨기를 청했지만	同行請浮海
그것은 옳은 계책이 아니었지	非計之得也
파도 거센 바다엔 도적들이 많거니와	風波暴客夥
깊은 산골엔 행인이 드문 법이라	巖壑行人寡
재촉하여 황원촌으로 들어가서	督入黃原村
밤중에 무성한 숲속으로 들어가니	夜投茂林下
쓸쓸한 두어 칸의 띳집이 있기에	蕭蕭數間茅
옆 처마 밑이나마 빌려 기숙하였네	寄宿借旁厦
문을 두드려도 끝내 응답이 없어	款扉竟無譍
버려진 기와 조각에 밥을 빌어 왔으니	借飯就遺瓦
늙은 승려가 보시하느라 고생이 많았지	老衲爲施苦
그러고는 속히 관솔불을 꺼 버리고	亟去滅松炧
이에 서로 베개 삼아 포개어 자노라니	乃相與枕藉
생선 꿰미나 줄지어 나는 까마귀 떼 꼴일세	魚魚而雅雅
홀로 조용히 읊조리는 병든 늙은이는	沈吟獨病翁
성정의 슬픔조차 일으키지 못하겠네	性情哀未惹
백 년 가까이 태평성대를 누려 왔는데	昇平近百年
뜻밖에 오랑캐가 중하를 어지럽혀 와서	不虞夷猾夏
오랑캐의 병기 겨우 천여 자루 아래	客兵才千挺

아군의 시체는 온 들판을 덮어 버렸구려 主屍蔽百野
아, 우리 백성이 반쪽 몸이나마 살아남은 건 嗟我孑遺民
국가가 천복을 받음으로 말미암은 때문일세 國家受天嘏
무신들은 다행히도 상관을 친애하고 武臣幸親上
모신들은 모두 사직을 호위하고 있는데 謀臣盡衛社
나 같은 죄수는 또한 무슨 까닭으로 吾囚亦何故
이렇듯 불안하게 떠돌기만 한단 말인가 爲是栖栖者

등산나루 25일이다.

藤山渡 二十五日

맑았다. 날이 밝기 전에 출발하여 다음 날 아침에 등산나루에 당도했으나 건네줄 배가 없어 사람들이 모두 위태하게 여겼다. 그런데 마침 왜구의 머리를 베어 손에 든 역졸(驛卒)이 달려오므로, 석양 무렵에야 배를 함께 타고는 겨우 평안하다는 소식만을 적어서 역졸에게 부쳤다. 이윽고 중류에 배 한 척이 있어 서로 만났다가 지나치고 나서는 이내 의심이 나서 불러 보니, 그제야 귀손(貴孫), 만(晩) 두 노복이 배를 타고 나를 찾아온 길임을 알 수 있었다. 그러나 이미 멀어져서 만나 보지는 못했다.

곧장 등산나루에 당도하여	直抵藤山渡
멀리 목포영을 바라보면서	遙望木浦營
내 벗이 오기를 기다리듯 서 있던 차에	如須我友至
마침 급보를 전하는 역졸 행차를 만났네	會遇羽書行
내 소식은 돌아가는 역졸 편에 당부했고	消息憑人去
불러 보고는 나 맞으러 온 노복임을 알았지	招呼認僕迎
거센 바람 만 리 파도 위에서	長風萬里浪
취해 휘파람 부니 마음이 한껏 편안해지네	醉嘯意都平

목포

木浦

말만 한 외론 성이 한쪽 산언덕에 붙어 있는데 孤城如斗着偏丘
거대한 항만이 빙 두르며 한구석을 활짝 열었네 巨港爲環闢一隅
지친 군졸 수십 명은 다 두려워 벌벌 떨고 있고 數十罷兵摠恇怖
부서진 배 두세 척은 절반쯤 바다에 갈앉았구려 二三摧艑半沈濡
전에 알던 이의 정이 후해 슬픔과 기쁨이 아우러져라 舊知情厚仍悲喜
막 빚은 술 많이 마신 데다 밥이랑 말꼴까지 대접하네 新酒傾多更飯蒭
취해 잠자던 두 고을에 고막[19]이 서로 연해 있으니 醉睡兩鄕連古幕
어느 놈이 안팎의 도적 떼며 어느 놈이 왜놈인고 孰爲奸宄孰倭奴

19 고막(古幕) : 고막은 전라남도 무안군(務安郡)에 있는 고막원(古幕院)과 함평군(咸平郡)에 있는 고막리(古幕里), 고막천 석교(古幕川石橋) 등을 지칭한다. 여기가 그 당시 왜구(倭寇)의 변란과 어떤 관계가 있었는지는 자세하지 않다.

고철금리
古鐵金里

밤중에 깊은 골짝 십 리나 들어가서	谷夜入十里
캄캄한 처마 밑 한 칸에 의지하였네	簷昏依一間
동행들은 모두 밥을 먹지 못했는데	同行腹無飯
주인 노파는 헐뜯는 듯 통곡을 하네	主嫗哭如訕
당신은 갑자기 무슨 일로 슬퍼하는고	儞却悲何事
나야 어찌 이 왜놈의 손에 죽겠는가	吾寧死此蠻
나그네의 근심과 주인의 걱정이	羈憂與主[20]患
모두가 운명의 어려움 때문이로다	盡是命之難

20 主 : 원문은 '住'인데, 문맥을 살펴 수정하였다.

무안현에 들르다 26일이다.

過務安縣 二十六日

맑았다. 새벽에 무안으로 가다가 길에서 궁시(弓矢)를 갖추고 잠시 머물러 있던 기사(騎士) 두어 사람을 만났는데, 그들이 한참 동안 우리 일행의 출행 경위를 힐책하고야 떠났다. 정오에 무안현에 당도하니, 현감(縣監) 최원(崔遠)[21]이 활 쏠 때 사용하는 깍지, 팔찌[決拾]와 안장 지운 말[鞍馬]을 갖추고 남문(南門) 아래에 앉아서 간소한 주연(酒宴)을 벌이고 있었다. 그러다가 나에게 누각에 오르기를 청하여 오르니, 다시 주식(酒食)을 베풀어 주고, 또 나에게 노자를 주고 말까지 빌려주었다.

면주[22]의 도로 위에서 기사들을 만났는데	綿州道上逢騎士
나더러 그 누가 감히 함부로 다니냐고 힐책하였네	詰我何人敢闌行
한낮에는 남쪽 성문 망루서 술을 마시고 가노라니	午倚南譙飮酒去
한 지방이 성을 수리하지 않는 곳이 없구려	一方無處不修城

21 최원(崔遠) : ?~? 조선 중기의 무신으로, 1580년(선조13) 전라도 병마절도사(全羅道兵馬節度使)가 되었다. 1592년 임진왜란이 일어났을 때 군사 1000여 명을 거느리고 의병장 김천일(金千鎰) 등과 합세하여 여산(礪山)에서 적군과 싸웠다. 그 후에도 많은 공을 세워 상호군(上護軍)으로 승진하였고, 1596년 황해도 병마절도사가 되었다. 1597년 정유재란 때에는 후위 대장(後衛大將)이 되어 수도 방위의 책임을 맡았고, 1600년 동지중추부사(同知中樞府事)가 되었다.

22 면주(綿州) : 무안현(務安縣)의 고호(古號)이다.

함평현의 객관에서 자다

寓咸平縣館

저물녘에 함평현에 당도하니, 현감 유응두(柳應斗)[23]가 나와서 영접하고 서로 교유했던 예전 일을 얘기한 다음, 음식과 의복을 베풀어 주고, 객관(客館)의 서쪽 별실에 숙소를 정해 주었다.

유생으로 있던 시절은 그 옛날이요	太學齋生舊
함풍[24] 현감이 된 것은 지금이로다	咸豐縣監時
적 피해 도망해 온 나를 불쌍히 여겨 주어	相憐賊中走
스스로 객관 서쪽 별실에서 묵게 되었네	自就館西依
막아 지키는 건 오활한 선비의 계책이요	防守迂儒策
빈번한 건 찾아온 나그네의 요청이로다	頻煩款客辭
머물러 앉아서 단지 술을 마시노라니	遲回飮尊酒
인정세태와 어긋남을 깨닫지 못하겠네	未覺世情違

23 유응두(柳應斗) : ?~? 《국조방목(國朝榜目)》에 의하면, 본관은 진주(晉州), 자는 추보(樞甫)이다. 1540년(중종35) 생원시(生員試), 진사시(進士試)에 합격하고 1546년(명종1) 문과(文科)에 급제한 이후, 여러 관직을 거쳐 최후 관직은 군수(郡守)에 이르렀다.

24 함풍(咸豐) : 함평(咸平)의 고호이다.

영암에 적군의 포위가 해제되었다 27일이다.

靈巖圍解 二十七日

맑았다. 사람들이 모두 말하기를 "전주 부윤(全州府尹) 이윤경(李潤慶)[25]의 힘이었다." 라고 하였다.

모양[26]에서 정탐하는 군졸을 만났더니	牟陽遇偵卒
말하기를 낭산[27]에서 돌아오는데	云自浪山歸
왜적 백여 명의 머리를 잘랐고	殺賊百餘級
영암성의 세 겹 포위망을 해제시켰으니	解城三匝圍
모두 이 부윤의 힘으로 말미암았는지라	皆由有李尹
은혜와 위력이 아울러 드러났다고 하네	竝著是恩威
소강상태를 이룸은 다행이라 할 만하나	可謂粗安幸
응당 큰 승리는 아닌 줄을 알겠네	應知大捷非

25 이윤경(李潤慶) : 저자의 스승이며 장인인 이연경(李延慶)과 사촌 간이다.

26 모양(牟陽) : 전라도 고창현(高敞縣)의 고호이다.

27 낭산(浪山) : 전라도 영암군(靈巖郡)의 고호이다.

두 노복이 뒤따라왔는데, 슬픔과 기쁨이 반반이었다

二奴追至悲喜相兼

노복 만(晩)이 와서 아우의 서신을 바치고, 또 말하기를 "귀손이 무안에 구금되었습니다.〔貴孫見拘務安〕" 하고, 여행 도구 및 서신을 청하여 갖고 가더니, 저녁에 귀손과 함께 돌아왔다.

너는 함평의 숙소로 뒤따라왔는데	爾踵來咸館
무슨 꾀로 무안에 갇힌 귀손을 빼냈느냐	何謀脫務囹
너로 인하여 아우의 서찰을 보았는데	仍看弟手札
내 몸이 편안한 줄을 모르고 있구나	不謂此身寧
유월을 당하여 한 지방 소식이 꽉 막히니	六月一路阻
두 어버이께서는 눈물을 흘리시겠지	二親雙涕零
병란이 끝나서 군졸과 백성이 쉬게 되거든	干戈得偃息
곧장 그날로 우리 형제가 만나게 되련만	卽日會原鴒

함평에서 현감에게 율시 두 수를 주고 작별하다 6일이다.

咸平贈別縣監二律 初六日

저물녘에 비가 오는데, 함평에서 출발하였다.

사잇길에 든 금방이라도 죽을 사람이[28]	間道暫時人
십 년 전에 본 반가운 얼굴을 거듭 만났네	重逢十載顔
의상은 속옷을 함께 입도록 나눠 주고[29]	衣裳與同澤
술잔은 권하여 애써 위로를 해 주누나	杯勻强相寬
수많은 백성은 세 고을서 처참히 죽었는데	萬腦塗三邑
쇠잔한 이 생명은 몇 산에나 숨어 다녔던고	殘生竄幾山
여기에 머물러 봉화 소식을 물어보고는	淹留問烽火
하도 맘이 상해 멍하니 장안을 바라보노라[30]	心折望長安

28 사잇길에……사람이 : 피란길이라서 언제 죽을지 모르는 처지임을 말한다. 두보(杜甫)의 〈자경찬지봉상희달행재소(自京竄至鳳翔喜達行在所)〉에 "살아 돌아온 것은 오늘의 일이요, 사잇길에선 금방이라도 죽을 사람이었네.〔生還今日事, 間道暫時人.〕"라고 하였다. 《杜少陵詩集 卷5》

29 의상(衣裳)은……주고 : 《시경》 〈진풍(秦風) 무의(無衣)〉에 "어찌 옷이 없어서, 그대와 속옷을 함께 입으리오. 왕명으로 군대를 일으키거든, 우리 무기들을 수선하여, 그대와 함께 나가리라.〔豈曰無衣, 與子同澤? 王于興師, 修我矛戟, 與子偕作.〕"라고 하였다. 속옷을 함께 입는다는 것은 서로 생사(生死)를 같이할 만큼 친밀한 사이임을 의미한다. 함평 현감(咸平縣監) 유응두(柳應斗)가 저자에게 의복을 준 데 대하여 감사의 뜻으로 《시경》의 내용에 빗대서 한 말이다.

30 여기에……바라보노라 : 왜구를 아직 평정할 희망이 없음을 몹시 상심하여 이른 말이다. 두보의 〈진주잡시(秦州雜詩)〉에 "서쪽으로 가다가 봉화 소식을 물어보고는,

성주께서는 당초부터 걱정하고 계시거니　　聖主初愁思
장군이 어찌 웃음을 띨 수가 있겠는가　　將軍豈破顏
교화는 응당 의용을 힘쓰도록 하거니와　　敎應敦義勇
정사는 엄함과 관대함을 다 갖추었구려　　政得備嚴寬
잠 못 이루고 군대의 경보 소리를 듣고　　不寐聞刁斗
풍편을 인하여 해산을 상상도 해 보네[31]　　因風想海山
첫닭이 울자 고인의 시구를 외노라니　　鷄鳴誦古句
세상이 어지러운데 감히 편히 있길 구하랴[32]　　世亂敢求安

너무나 상심하여 여기에 머무르노라.〔西征問烽火, 心折此淹留.〕"라고 하였다.《杜少陵詩集 卷7》

31 풍편을……보네 : 해산(海山)은 진도(珍島)를 지칭한다. 저자가 진도를 떠난 지 여러 날이 지났기 때문에 전하는 소문을 통하여 진도의 현재 상황을 상상해 본다는 뜻이다.

32 첫닭이……구하랴 : 두보의 〈이거공안산관(移居公安山館)〉에 "첫닭이 울자 앞 관소를 물어 가노니, 세상이 어지러운데 감히 편히 있길 구하랴.〔鷄鳴問前館, 世亂敢求安?〕"라고 하였다.《杜少陵詩集 卷22》

나주성 아래에 당도하다

到羅州城下

이예열(李禮悅)이 음식물을 보내 주고, 이윽고 다시 나와서 만나 보았다.○상고하건대, 예열은 바로 재상(宰相) 이준경(李浚慶)의 아들이다. 이때 공(公 이준경)이 도순찰사(都巡察使)로 나주(羅州)에 주둔했다.

소소한 왜구는 남은 생명 지치었고	小寇殘生困
우리 원수[33]는 한 지방의 중망을 입었네	元戎一路望
인심은 친사하는 데에 어둡고[34]	人心昧親死
요해처로는 금성탕지를 잃었네	地利失金湯
가고 또 가도 밭둑들은 다 황폐해졌고	蕪穢行行畛
곳곳마다 다친 사람들은 신음을 하누나	呻吟在在瘡
친구의 아우와 서로 만나서는[35]	相看故人弟
온갖 상심 거리로 얘기를 나누었네	爲話萬端傷

33 우리 원수(元帥) : 당시 도순찰사(都巡察使)로 나주(羅州)에 주둔하던 이준경(李浚慶)이다.

34 인심(人心)은……어둡고 : 친사(親死)는 백성들이 윗사람을 친애하여 관장을 위해 죽는 것으로, 노 목공(魯穆公)의 질문에 대하여 맹자가 "군주께서 어진 정사를 행하시면 이 백성들이 그 윗사람을 친애하여 관장을 위해 죽을 것입니다.〔君行仁政, 斯民, 親其上, 死其長矣.〕"라고 한 데서 온 말이다. 《孟子 梁惠王下》

35 친구의……만나서는 : 친구의 아우란 이예열(李禮悅)을 가리킨다. 이예열은 이준경의 장자(長子)이므로 친형은 있을 수 없다. 다만 이준경의 친형인 이윤경(李潤慶)의 아들로 이중열(李中悅)이 있는데, 이예열과 사촌지간이니, 저자는 바로 이중열을 친구라고 칭한 것이다. 이중열은 저자와 교의가 깊었다.

아우를 생각하며 읊조리다 7일이다.

憶弟口號 初七日

비가 와서 출행하지 못했다.

금성[36]의 견고한 성벽 밖에서 비에 막혀 못 떠나고 阻雨錦城堅壁外
무등산 여러 봉우리 앞에 나는 구름을 보노라[37] 看雲無等亂峯前
내일 아침에 백발로 진흙탕 길을 걸어가서는 明朝皓首衝泥去
우리 형제가 객지에서 만나 함께 잠을 자겠지 兄弟俱爲客裡眠

36 금성(錦城) : 나주(羅州)의 고호이다.

37 나는 구름을 보노라 : 구름을 본다는 말은 아우를 생각한다는 것이다. 두보(杜甫)의 〈한별(恨別)〉에 "집을 생각하여 달 아래 산보하며 맑은 밤에 서 있고, 아우를 생각하여 구름을 보며 밝은 날에 조노라.〔思家步月淸宵立, 憶弟看雲白日眠.〕"라고 하였다. 《杜少陵詩集 卷9》

광주성 아래에서 머무르다 8일이다.

次光州城下 初八日

갰다가 혹은 비가 오기도 하였다. 금성(錦城)을 출발하여 극락진(極樂津)을 건너자, 소나기가 내렸다. 광주성 아래에 당도하니, 무회(無悔)가 나와서 서로 만나 술을 마시고 같이 한 이불을 덮고 잤다.

우리 형제가 서로 만난 곳은	兄弟相逢處
우리 광산 노씨의 백세향이로다	光山百世鄕
난리 뒤의 도로엔 전쟁 먼지가 그득하고	風塵亂後路
여관의 침상 위엔 눈물이 줄줄 흐르네	涕淚客中牀
나야 죽는들 무슨 유감이 있으랴만	我死終奚憾
형제의 친한 정은 영원히 잊지 않으리라	親情永不忘
그대는 빨리 돌아가 부모님을 시봉하되	須君急歸侍
한량없이 받들어 위로해 드려야 하리	奉慰以無方

순창군에 머무르다 10일이다.

次淳昌郡 初十日

갰다가 혹은 비가 오기도 하였다. 유배 중인 사람이 큰 고을에 머무르는 것은 온당하지 못한 일이라, 형제간의 호의만 가지고 변명할 수가 없었다. 그래서 길을 출발하여 담양(潭陽)으로 갔다가 저녁에는 순창에 머물렀는데, 군수 임회(林薈)[38]가 나와서 만나 보고 간소한 주연을 베풀어 주었다.

큰 고을 광주의 번잡스러움을 싫어하여 厭巨州煩宂
그윽한 고을 조용하고 편안한 순창을 찾았네 尋幽郡靜便
여정은 담양에서 순창까지 하룻길이요 客程須一日
주석에 앉은 군수는 바로 나의 동년일세 主席卽同年
호구지책은 닷 말의 쌀에 의존하는데[39] 救口五斗米
회포를 읊는 덴 세 묶음 종이를 사용했네 吟懷三束牋
원수가 조금이라도 뒤처질까 경계했으니 元戎戒少後

38 임회(林薈) : 《국조방목》에 의하면, 자는 헌가(獻可), 본관은 부안(扶安)이다. 1534년(중종29) 진사시(進士試)에 저자와 함께 합격하였고, 1540년 별시 문과(別試文科)에 급제하였다.

39 닷……의존하는데 : 닷 말의 쌀이란 하찮은 녹봉을 비유한다. 도잠(陶潛)이 팽택영(彭澤令)으로 있을 때, 마침 군(郡)의 독우(督郵)가 현(縣)을 순시하게 되어, 아전이 도잠에게 의관을 갖추고 독우를 뵈어야 한다고 하자, 도잠이 탄식하며 말하기를 "나는 닷 말 쌀의 하찮은 녹봉 때문에 허리를 굽힐 수 없다. 그것 때문에 정성스레 향리의 소인을 섬긴단 말이냐.〔吾不能爲五斗米折腰. 拳拳事鄕里小人邪?〕" 하고, 마침내 팽택영이 된 지 겨우 80여 일 만에 현령의 인끈을 풀어 던지고 전원(田園)으로 돌아갔다고 한다.《晉書 卷94 隱逸列傳 陶潛》 여기서는 순창 군수(淳昌郡守) 임회가 박봉으로 생활함을 가리킨다.

두어 날 밤은 강천사[40]에서 지내야겠구려 數夕臥剛泉

40 강천사(剛泉寺) : 전라북도 순창군(淳昌郡) 팔덕면(八德面) 청계리(淸溪里) 강천산(剛泉山)에 있는 절이다. 887년(신라 진성여왕1) 도선국사(道詵國師)가 창건했다고 한다. 강천산은 예전에 광덕산(廣德山)으로 부르기도 하였다.

강천사로 들어가다 12일이다.

入剛泉寺 十二日

가랑비가 내렸다.

가파른 절벽은 깊고도 깊이 겹겹이요　危壁深深疊
샘물 소리는 처량히 차갑게 콸콸 흐르네　悲泉活活寒
고기들은 거울이 미끄러운가 의심하고[41]　魚疑鏡面滑
하늘은 칼날 같은 봉우리들을 벗어났구나　天避劍鋒攢
계곡 햇볕 아래 단풍은 수많은 잎새요　峽日楓千葉
시내 바람결에 대나무는 수많은 줄기로다　溪風竹萬竿
어찌 알리오 두 노인이 떠난 이후로는　寧知兩翁後
석인의 넉넉함을 받아 주지 않은 줄을[42]　不許碩人寬

41 고기들은……의심하고 : 계곡물이 하도 맑아서 물고기도 거울인지, 물인지 분간하지 못할 정도라는 뜻인 듯하다.

42 어찌……줄을 : 두 노인은 누구를 가리키는지 자세하지 않다. 석인(碩人)은 어진 은사(隱士)를 지칭하고, 넉넉하다는 것은 마음이 너그럽고 안락함을 의미한다. 《시경》 〈위풍(衛風) 고반(考槃)〉에 "은사의 집이 시냇가에 있으니, 석인의 마음이 넉넉하도다. 홀로 자고 깨고 말을 하지만, 영원히 이 낙을 잊지 않으려 맹세하도다.〔考槃在澗, 碩人之寬. 獨寐寤言, 永矢不諼.〕"라고 하였는데, 이 두 구절의 시 내용은 자세하지 않다.

김 선생[43]의 운에 화답하다 14일이다.

和金先生韻 十四日

흐렸다. 동년(同年) 설당(薛瑭)[44]이 내방(來訪)했는데, 그가 김 선생의 운에 화답한 시가 있었다.

크고 작은 일은 도를 같이할 수 있지만 巨細猶同道
지위 고하야 어찌 한 시대에만 있겠는가 高卑詎一時
공경히 큰 은혜를 받든 지는 오래이건만[45] 恭承嘉惠久
대인을 만나 보아 이롭기는 더디구려[46] 利見大人遲
벌과 전갈 같은 독충[47]은 언제나 사라질꼬 蜂蠆何年滅

43 김 선생(金先生) : 누구를 가리키는지 자세하지 않다.

44 설당(薛瑭) : 《국조방목》에 의하면, 본관은 순창(淳昌)이고, 순창에서 살았다. 1534년(중종29) 진사시(進士試)에 저자와 함께 합격하였다.

45 공경히……오래이건만 : 공경히 큰 은혜를 받들었다는 것은, 가의(賈誼)가 장사왕태부(長沙王太傅)로 폄척되어 나가 있을 때 굴원(屈原)이 빠져 죽은 상강(湘江)에 가서 글을 지어 조문했는데, 그 첫머리에 "나는 공경히 크나큰 은혜를 받들고, 장사에서 대죄를 하게 되었도다.〔恭承嘉惠兮, 俟罪長沙.〕"라고 한 데서 온 말이다. 큰 죄를 지은 자신에 대하여 목숨을 살려 주고 유배(流配)에 그쳤다는 뜻으로 한 말이다.《史記 卷84 賈生列傳》 여기서는 저자 자신 또한 유배되어 왔음을 가의의 일에 빗대서 말하였다.

46 대인(大人)을……더디구려 : 대인을 만나 보는 것이 이롭다는 것은《주역》〈건괘(乾卦) 구이(九二)〉에 "나타난 용이 밭에 있음이니, 대인을 만나 보는 것이 이롭다.〔見龍在田, 利見大人.〕"라고 한 데서 온 말이다. 이는 초야에 있는 현자(賢者)가 대덕(大德)을 지닌 군주를 만나는 것이 이롭다는 의미이다. 저자 자신은 죄인의 몸이라서 군주를 만날 길이 없다는 뜻이다.

47 벌과……독충 : 벌과 전갈은 모두 독침이 있어 사람을 해치므로, 흔히 흉독(凶毒)한 악인에 비유한다.

노둔한 말도 옛길은 알아서 찾아간다오[48] 駑駘舊徑知

다시 찾아가 배알할 길이 없는지라 無因更進拜

화김시[49]에 다시 화답만 할 뿐이로다 只和和金詩

48 노둔한……찾아간다오 : 노둔한 말이란 저자 자신에 빗대서 겸사로 한 말이다. 옛길을 안다는 것은 춘추 시대 제(齊)나라 관중(管仲)과 습붕(隰朋)이 환공(桓公)을 수행하여 고죽국(孤竹國)을 정벌했는데, 봄에 갔다가 겨울에야 돌아오면서 옛길을 잃어버리고 헤매게 되자, 관중이 말하기를 "늙은 말의 지혜를 쓸 만하다.〔老馬之智可用也〕" 하고, 이에 늙은 말을 풀어놓아 말 가는 대로 따라가다가 마침내 옛길을 찾게 되었다는 데서 온 말이다.《韓非子 說林上》 여기서는 늙은 말이 길을 잘 알 듯이, 경험이 많은 노인이 모든 일에 도움을 줄 수 있다는 의미이다.

49 화김시(和金詩) : 이 시의 제목 아래 자주(自註)의 맨 끝에 나오는, 설당(薛瑭)이 지었다는 '화김운(和金韻)' 즉 '김 선생의 운에 화답하다.'라는 것을 가리킨다.

우연히 제하다 15일이다.

偶題 十五日

흐렸다.

예전엔 장안사엘 갔는데	舊就長安寺
지금은 광덕산[50]을 찾아왔네	今尋廣德山
샘물 소리는 처량한 옥을 두드리는 소리 같고[51]	風泉叩哀玉
구름 낀 봉우리는 쪽머리가 불쑥 솟은 듯하다	雲岫挺危鬟
오래 누각 기대 있으니 누각은 아스라하고	久倚樓仍逈
자주 자리 옮기되 걸상은 옮겨 가지 못하네	頻移榻未還
중에게 어지러운 세상을 얘기하도록 허락하니	容僧話世亂
그는 내게 한적한 구역을 차지하게 해 주누나	與我占區閑

50 광덕산(廣德山) : 강천산(剛泉山)의 옛 이름이다. 48쪽 주40 참조.

51 샘물……같고 : 처량한 옥 소리란 두보(杜甫)의 〈우어위처걸대읍자완(又於韋處乞大邑瓷盌)〉에 "대읍에서 구운 자기는 가볍고도 견고하여, 두드리면 처량한 옥 소리 같다고 금성에 전한다오.〔大邑燒瓷輕且堅, 叩如哀玉錦城傳.〕"라고 한 데서 온 말이다. 《杜少陵詩集 卷9》 두보의 시에서는 자기(瓷器)를 두드려 나는 소리를 처량한 옥 소리에 빗대서 말했는데, 저자는 차가운 샘물 소리를 처량한 옥 소리에 빗대서 말하였다.

준 상인[52]을 심방했으나 만나지 못하고 시를 기왓장에 그어 적다 16일이다.

尋峻上人房不遇畫其瓦 十六日

비가 내렸다.

준 상인을 만나 보지 못하고	不見峻上人
돌아가려니 마음에 먼지가 생기누나[53]	歸去心生塵
사미는 문밖을 나갔다가 다시 들어오는데	沙彌出門復入門
부슬부슬 저녁 비에 시냇물 소리 거세지누나	暮雨霏霏溪水嗔

52 준 상인(峻上人) : 상인은 승려에 대한 존칭으로, 즉 준(峻)이란 법호(法號)를 가진 승려이다.

53 돌아가려니……생기누나 : 당대(唐代)의 시인 노동(盧仝)의 〈방함희상인(訪含曦上人)〉에 "세 번이나 산사엘 들어갔으나, 희 상인은 오지 않았네. 백 척 우물에 도르래질 할 사람이 없어, 돌아가는 나는 목마른 마음에 먼지가 생기누나.〔三入寺, 曦未來. 轆轤無人井百尺, 渴心歸去生塵埃.〕"라고 하였다.《御定全唐詩 卷387》 누군가를 몹시 만나고파 그리워하는 마음이 간절함을 비유한다.

보훈[54]의 시축 가운데 하서[55]의 시운이 있어 차운하여 주다

17일이다.

寶訓軸中有河西韻次贈 十七日

비가 내렸다.

아, 내가 왜적을 피해 나온 처음이	嗟我避賊初
을묘년 오월이었네	五月單閼年
궁벽한 산촌엔 밥 짓는 연기 끊겼는지라	煙火絶窮閻
어쩔 수 없어 관청의 자리를 찾아갔는데	黽勉踏官筵
관장은 다만 나를 알아보고 반겨 주건만	官知第色喜
아전들은 미치광이 모습을 서로 비웃누나	吏來爭笑顚
이를 더듬으며 당세의 일을 탄식하노니[56]	捫虱歎當世
전쟁의 창칼이 앞뒤에 널려 있는지라	戈戟在後前
움츠러들어 달려갈 곳이 없어라[57]	蹙蹙靡所騁

54 보훈(寶訓) : 법호가 보훈인 승려이다.

55 하서(河西) : 김인후(金麟厚)의 호이다.

56 이를……탄식하노니 : 이를 더듬는다는 것은 전진(前秦)의 왕맹(王猛)이 소년 시절에 대장군(大將軍) 환온(桓溫)을 알현했을 때, 한편으로는 담론을 유창하게 하면서 또 한편으로는 이를 더듬어 잡으면서 방약무인한 태도를 지었다는 데서 온 말이다. 《晉書 卷114 苻堅載記下 王猛》 기탄없이 담론하는 것을 의미한다.

57 움츠러들어……없어라 : 《시경》 〈소아(小雅) 절남산(節南山)〉에 "저 네 필의 말을 멍에 하니, 네 필의 말이 목이 크건마는, 내 사방을 둘러보니, 움츠러들어 달려갈 곳이 없도다.〔駕彼四牡, 四牡項領. 我瞻四方, 蹙蹙靡所騁.〕"라고 하였다.

늙은 소가 채찍을 받는 것[58]과 흡사하네 如老牛受鞭
나의 형체야 어찌 편안할 수 있으랴만 形骸詎能安
살아 돌아온 것은 역시 우연이라오 生還亦偶然
사람들은 말하기를 광덕산이야말로 人言廣德山
산 좋고 경계 절로 후미진 곳이라 하네 山好境自偏
참으로 비단옷 겉에 홑옷 덧입은 격이니[59] 眞衣錦尙絅
자못 풍악의 뛰어난 경관에 가깝다마다 殆附楓岳賢
어찌 속인만 물리쳐 못 오게 할 뿐이랴 豈但俗駕屛
왜구도 침입해 올 계제가 없고말고 亦罔寇跡緣
달밤에 물빛이 누각에 환히 비칠 때면 夜月水明樓
잠시 근심거리를 떨어 버릴 수도 있다오 暫可憂累捐
진영[60]을 하루에도 몇 번씩 씻어 가면서 塵纓日三濯
얼굴 쳐들면 흰 구름만 하늘에 떠다니네 仰面雲在天
떠나려다 그대로 다시 머뭇거리노니 欲去仍躊躇
아무도 일변[61]으로부터 오는 이는 없구려 無人自日邊

58 늙은……것 : 소식(蘇軾)의 〈과어해박득매기서주작시원화지개찬연가관……(過於海舶得邁寄書酒作詩遠和之皆粲然可觀……)〉에 "나는 채찍질해도 꼼짝 못 하는 늙은 소 같아, 빗길 미끄럽고 진흙탕 깊어 네 발굽이 무겁다네.〔我似老牛鞭不動, 雨滑泥深四蹄重.〕"라고 하였다. 《蘇東坡詩集 卷42》

59 비단옷……격이니 : 《중용장구(中庸章句)》 제33장에 "《시경》에 이르기를 '비단옷을 입고 홑옷을 덧입는다.' 하였으니, 그 문채가 드러나는 것을 싫어해서이다.〔詩曰: 衣錦尙絅, 惡其文之著也.〕"라고 하였다. 여기서는 광덕산(廣德山)의 화려한 내면이 겉으로 멀리 드러나지 않음을 《시경》의 말에 빗대었다.

60 진영(塵纓) : 세속의 때 묻은 갓끈이란 뜻이다. 벼슬살이 등을 비롯한 모든 세속의 일에 속박된 것을 의미한다.

길이 휘파람 불며 그윽한 곳 궁탐하면서	長嘯且窮幽
스님과 함께 명아주 지팡이 끌고 가노라	藜杖僧相牽

61 일변(日邊) : 도성, 또는 제왕이 거주하는 대궐 주위를 가리킨다.

서봉과 조정에게 주다 18일이다.

贈徐鳳趙斑 十八日

비가 내렸다.

광덕산 쌍림[62]에 우거하고 있노라니	廣德雙林寓
다정도 하여라 이묘[63]가 찾아왔네	多情二妙尋
오랜만에 전부터 알던 사람을 대하여	悠悠對舊面
서로 바라보며 새로운 회포를 토로하네	脈脈照新襟
비바람 속의 대화는 청계의 잠자리요[64]	風雨淸溪夢
전란에 지친 건 병든 이 나그네 마음일세	干戈病客心
덧없는 인생이 나 같은 신세가 있으면	浮生有如此
일생의 읊조림이 워낙 처량할 수밖에	淒斷百年吟

62 쌍림(雙林) : 승사(僧寺)의 별칭으로, 여기서는 당시 저자가 머물고 있던 강천사(剛泉寺)를 지칭한다.

63 이묘(二妙) : 한때 재예(才藝)로써 명성이 드러난 두 사람을 지칭한다. 여기서는 이 시제(詩題)에 나오는 서봉(徐鳳), 조정(趙斑)을 가리킨다.

64 비바람……잠자리요 : 청계(淸溪)는 강천사가 있는 마을 이름으로, 즉 비바람 몰아치는 밤에 반가운 친지들과 서로 만나서 즐겁게 대화를 나누게 된 것을 의미한다. 백거이(白居易)의 〈우중초장사업숙(雨中招張司業宿)〉에 "내게 와서 함께 묵지 않으려나, 빗소리 들으며 와상 마주해 자세나.〔能來同宿否? 聽雨對牀眠.〕"라고 하였다. 《白樂天詩後集 卷9》 또 위응물(韋應物)의 〈시전진원상(示全眞元常)〉에 "어찌 알았으랴 눈보라 몰아치는 밤에, 다시 여기에서 와상 마주해 자게 될 줄을.〔寧知風雪夜, 復此對牀眠?〕"이라고 하였다. 《韋蘇州集 卷3》 이때 마침 비가 오는데, 반갑게도 서봉, 조정 두 사람이 저자를 찾아와서 함께 대화를 나누고 같이 자게 되었으므로, 고시(古詩)의 내용을 인용한 것이다.

동년 설당의 집에서 취하여 쓰다 21일이다.

同年薛 瑭 宅醉書 二十一日

맑았다. 설당의 초대를 받고 환희재(懽喜岾)를 넘어 십여 리를 가서 그 집에 당도하여 술을 마시는데, 거문고를 타고 창가까지 부르며 술을 권했다. 저물녘에 길을 출발하여 옥과(玉果)로 향했다.

왜구를 피해 복천사[65]에 우거하면서	避寇福泉寺
환취당으로 그대를 찾아가 보니	尋君環翠堂
소나무 삼나무는 더위를 피할 만하거니와	松杉堪暑倚
거문고 비파는 헛되이 간직한 게 아니로다	琴瑟不虛張
친구 의리는 동년 시절부터 중해졌고	義自同年重
반기는 정은 늘그막이라 더욱 허둥대네	情因暮景忙
서로 만나서 후한 정의를 듬뿍 입어	相看荷厚意
거나히 취하고 나니 시야가 아득해지네	沾醉返蒼茫

65 복천사(福泉寺) : 강천사(剛泉寺)의 옛 이름이다.

증심사에서 조선에게 주다 25일이다.

證心寺贈祖禪 二十五日

맑았다. 성(城)안에 오래 있는 것이 불편하여 사찰을 찾아가 무회(無悔)와 함께 잤다.

길은 무등산으로 접어들었고	路入山無等
맘속으론 절에 선사가 있음을 알았네	心知寺有禪
한가한 이 바쁜 이가 각각 한나절을 마주했고	閑忙各半日
기쁨과 두려움 지닌 나는 유독 중년일세[66]	喜懼獨中年
전쟁터 뿌연 먼지 속을 헤매다가	兵甲黃塵裡
푸른 산 맑은 물 앞에 와서 쉬었네	煙霞白水前
헤어질 땐 스님을 붙잡고 아쉬워하며	臨分把雲衲
갠 하늘을 향하여 맑은 소리로 휘파람 부노라	淸嘯向晴天

66 기쁨과……중년일세 : 기쁨과 두려움을 지녔다는 것은 공자의 말에 "부모의 나이는 기억하지 않아서는 안 되니, 오래 사시면 한편으로 기쁘고, 노쇠해지면 한편으로 두려운 것이다.〔父母之年, 不可不知也. 一則以喜, 一則以懼.〕"라고 한 데서 온 말이다. 《論語 里仁》

취하여 무회와 작별하다 28일이다.

醉別無悔 二十八日

봉화는 석 달을 연달아 올라갔고	烽火連三月
고생 근심은 반년 동안 극심하였네	艱虞劇半年
어찌 견디랴 서로 만난 이곳이	那堪會面地
바로 송별의 자리가 되는 것을	卽是送行筵
가무하는 부채 그림자는 맑은 술잔에 비치고	歌扇侵罇淥
읊조리는 턱수염은 조천에 비추이누나	吟髭落棗川
북쪽으로 천리 멀리 저녁 구름을	北雲千里暮
한번 바라보고 한번 눈물짓노라[67]	一望一潸然

67 북쪽으로……눈물짓노라 : 당대(唐代)의 명신(名臣) 적인걸(狄仁傑)이 병주 법조참군(幷州法曹參軍)으로 나가 있을 때 어버이는 하양(河陽)에 있었다. 그가 태항산(太行山)에 올라가 하양을 돌아보다가 흰 구름이 외로이 나는 것을 보고는 좌우(左右)에 말하기를 "우리 어버이 사시는 곳이 저 구름 밑에 있다.〔吾親所居, 在此雲下.〕" 하고, 한참 동안 슬피 바라보다가 구름이 사라진 뒤에야 갔다고 한다.《舊唐書 卷89 狄仁傑列傳》 여기서는 저자가 어버이가 계신 고향을 몹시 그리워한다는 뜻이다.

철포를 지나다가 서우량[68]의 솔밭 정자에 오르다 7월 3일이다.

過鐵浦登徐友諒松榭 七月初三日

맑았다. 새벽에 출발하여 철포 앞에서 밥을 먹었다. 우량이 동복을 보내서 초대해 주므로 갔더니, 정자에 앉히며 술과 밥을 대접하고 또 노자까지 주었다.

철포 앞을 외로운 죄수가 지나갈 제	鐵浦孤囚過
솔밭 정자로 친구가 맞이해 주었네	松亭舊識邀
맑은 술잔은 옥 같은 쌀밥에 딸려 왔고	露杯隨玉粒
신선한 생선회엔 매운 호초가 섞이었네	鮮膾雜辛椒
아이들이 실컷 먹으니 얼마나 다행한가	何幸兒童飫
끝없는 슬픈 감정을 견딜 수가 없구나	無端魂魄銷
난리 통에 노병까지 계속된 몸으로	亂離連老疾
저문 날에 돌아갈 재갈을 손에 잡았네	落日按歸鑣

68 서우량(徐友諒) : 저자에게 글을 배운 사람이다.

영암에서 정읍 현감에게 주다 이윤량[69]이다. 8일이다.

靈巖贈井邑縣監 李允良○初八日

맑았다. 현감이 시를 지어 달라고 급히 졸라 댔다. 저녁에는 자정(子靜)[70]과 함께 잤다.

천상으로 선생[71]은 떠나가시고	天上先生去
인간에는 제자만 남아 있네	人間弟子留
선생의 묘소는 천 리 먼 곳에 있고	松楸千里道
제자는 귀양살이한 지가 구 년인데	魑魅九年流
살기는 서남쪽에 치성하고	殺氣西南盛
나그네 넋은 밤낮으로 둥둥 떠 있다오[72]	羈魂日夜浮
장인항인 왕손을	王孫丈人行

69 이윤량(李允良) : 정읍 현감(井邑縣監)의 성명인데, 아래 시에서 '장인항인 왕손〔王孫丈人行〕'이라고 칭한 것으로 보아, 전주 이씨(全州李氏)로서 저자에게는 나이가 아버지뻘쯤 된다.

70 자정(子靜) : 누구의 자(字)인 듯하나 자세하지 않다.

71 선생 : 저자의 장인(丈人)이며 스승이기도 한 이연경(李延慶)이다.

72 나그네……있다오 : 나그네의 넋이란 저자 자신의 넋을 말한다. 《초사(楚辭)》 〈초혼(招魂)〉 왕일(王逸)의 제해(題解)에 "초혼은 송옥이 지은 것이다.……송옥이 자기 스승 굴원이 충성함으로 인하여 버림받아 산택 사이에서 시름겨이 지내다가 혼백이 방일하여 생명이 곧 끊어지게 된 것을 가련하게 여겼으므로, 이 초혼을 지어서 그의 정신을 회복시켜 수명을 연장시키고자 했던 것이다.〔招魂者, 宋玉之所作也.……宋玉憐哀屈原, 忠而斥棄, 愁懣山澤, 魂魄放佚, 厥命將落. 故作招魂, 欲以復其精神, 延其年壽.〕"라고 하였다. 넋이 둥둥 떠 있다는 것은 저자 자신은 굴원 같은 처지에 있지만, 아무도 자신의 넋을 불러 줄 사람이 없다는 뜻이다.

우연히 만나니 걱정을 감당 못 하겠네[73] 邂逅不勝憂

73 걱정을……하겠네 : 나이 많은 노인이 지방에서 수령으로 떠도는 것을 말한다. 두보(杜甫)의 〈형주송이대부칠장부광주(衡州送李大夫七丈赴廣州)〉에 "장인항인 왕손께서는, 늘그막까지 먼 곳을 떠도는구려.〔王孫丈人行, 垂老見飄零.〕"라고 하였다.《杜少陵詩集 卷22》

홍치문에게 주다 9일이다.

贈洪致文 初九日

맑았다.

월출산 가에서 만난 사람은	月出山邊遇
건천동[74]에서부터 알던 사람일세	乾川洞裡知
오늘의 전란은 만고에 눈물겨운 일이요	兵戈萬古淚
고향 소식은 십 년 동안 그리워해 왔네	消息十年思
전갈 꼬리[75]는 끝까지 독을 품고 있지만	蠆尾終懷毒
나그네 맘은 되레 위태로움에 익숙하다오	羈心却狃危
어리석게도 시 지어 주길 겁내다 보니[76]	癡然怯相贈
읊조린 것이 시 꼴을 이루지 못하였네	口占不成詩

74 건천동(乾川洞) : 한성(漢城) 안에 있던 동명(洞名)인데, 저자의 경제(京第)가 여기에 있었다. 그러나 여기의 건천동이 한성의 건천동인지는 자세하지 않다.

75 전갈 꼬리 : 전갈 꼬리에는 독침이 있어 사람을 해치므로, 당시 조정에서 득세한 간사한 소인배들과 진도(珍島) 등지에 창궐한 왜구를 전갈에 빗댄 것이다. 조정의 간사한 소인배와 왜구 중 어느 쪽을 지칭했는지는 자세하지 않다.

76 시……보니 : 시 지어 주기를 겁낸다는 것은 누구에게 시를 지어 주었을 경우, 시에 혹시라도 당시 조정을 비판하는 내용이 담겨 있어 그것이 세상에 알려지면 작자(作者)가 화(禍)를 입게 되는 것을 염려하여 한 말이다.

유 아무[77]에게 주다. 앞의 운을 거듭 사용하였다

贈柳某疊前韻

괴산군 친구들을 회상해 보니	回首槐山郡
오군[78] 유군만을 지우로 허여했지	惟吳柳許知
그대가 이미 장대해진 걸 보니	看君已長大
나에게 슬픈 생각을 더하게 하는구려	教我益悲思
바다 성안에 초가을 날씨는 뜨거운데	海郭初秋熱
나루의 한 거룻배엔 몸 싣기 위태했으리	津亭一楫危
나그네 생활 속에 다소간의 흥취는	客中多少興
끝내 성정 읊조리는 시뿐이라네	終是性情詩

77 유 아무〔柳某〕: 충북 괴산(槐山) 사람으로 저자와 본래 알던 터라, 이때 진도로 저자를 방문한 듯한데, 그의 이름과 기타 사항은 자세하지 않다.

78 오군(吳君) : '유 아무'와 마찬가지로 괴산 사람임은 분명한데, 그도 이름과 기타 사항은 자세하지 않다.

홍치문이 자미화[79]를 읊어 달라고 청하므로 취하여 쓰다
洪致文請賦紫薇醉書

지금 십 년 만에 만나서 술자리를 하다 보니	罇酒于今十載逢
자미화 아래서 쇠한 늙은이가 거나히 취했네	紫薇花下醉衰翁
나날이 초췌해져 가는 강남의 이 나그네는[80]	朝[81]朝憔悴江南客
백 일 가운데 하룬들 붉어 본 적이 있었던가[82]	百日何曾一日紅

79 자미화(紫薇花) : 백일홍(百日紅)의 별칭이다.

80 나날이……나그네는 : 《초사》 〈어부사(漁父辭)〉에 "굴원이 쫓겨나서는 강가에서 노닐어 늪가를 거닐며 시가를 읊조릴 적에 안색은 초췌하고 형용은 바싹 야위었다.〔屈原旣放, 游於江潭, 行吟澤畔, 顔色憔悴, 形容枯槁.〕"라고 하였다. 여기서는 저자 자신의 처지를 굴원에 빗대서 한 말이다.

81 朝 : 원문은 '明'인데, 문맥을 살펴 수정하였다.

82 백 일……있었던가 : 자미화는 백 일 동안 붉다 하여 '백일홍'이란 별칭이 있다. 저자 자신은 하루도 얼굴이 붉어 본 적이 없다고 한탄한 말이다.

도갑사에 올라가서 자정의 운에 차하다 11일이다.

登道岬寺次韻子靜 十一日

맑았다. 자정과 함께 이 절에 올라갔는데, 절이 굉장(宏壯)하고 미려(美麗)했다. 자정이 최경창(崔慶昌)[83]을 초대해 와서 그의 술을 마시고 함께 잤다.

삼생이 끝나지 않은 건 바로 전생의 인연이라[84]	三生未了是前因
그게 아니면 곧 죽는 마당에 만날 수 있단 말인가	不爾能逢萬死濱
다만 부끄러운 건 십 년 동안 한가로이 지내면서	只愧十年閑過却
다시 남에게서 정신 허비한단 책망을 듣게 됨일세[85]	更教人誚弄精神

83 최경창(崔慶昌) : 1539~1583. 조선 중기의 시인이다. 자는 가운(嘉運), 호는 고죽(孤竹), 본관은 해주(海州)이다. 문장에 능하여 이이(李珥), 송익필(宋翼弼) 등과 함께 팔문장(八文章)으로 일컬어졌고, 당시(唐詩)에도 능하여 백광훈(白光勳), 이달(李達)과 함께 삼당시인(三唐詩人)으로 일컬어지기도 했다. 선조(宣祖) 초기에 문과에 급제하여 정언(正言) 등의 관직을 거쳐 종성 부사(鍾城府使)를 지냈다. 숙종 때 청백리(淸白吏)에 녹선(錄選)되었다.

84 삼생(三生)이……인연이라 : 삼생은 불가(佛家) 용어로, 과거・현재・미래의 삼세(三世)이다. 끝나지 않았다는 것은 이 생에서 다 마치지 못한 인연이다. 이는 중생이 선악의 업(業)을 지음으로 인하여 윤회의 고통을 받아서 생사가 계속 이어지는 것을 의미한다.

85 남에게서……됨일세 : 정신을 허비한다는 것은 학문에 깊이 정진하지 못함을 의미하는 말로, 즉 남들로부터 학문에 깊이 정진하지 못하고 있다는 책망을 듣게 되었다는 뜻이다. 《주자어류(朱子語類)》에 "정자께서는 또 '이해가 되지 않은 때는 단지 정신만 허비할 뿐이다.'라고 하셨으니, 그것이 무슨 뜻입니까?〔程子又謂會不得時, 只是弄精神, 何也?〕"라고 묻자, 주희(朱熹)가 이르기를 "실제로 이해하지 못했으면서도 눈썹을 치켜들고 눈을 깜빡이면서 스스로 이해한 것처럼 여기는 것을 말한다.〔言實未會得, 而揚眉瞬目, 自以爲會也.〕"라고 하였다. 《朱子語類 卷63》

달밤에 절의 문 앞에서 두견새 우는 소리를 듣고 이자정과 최경창이 나에게 시 읊기를 청하였다

月夜寺門聽杜宇李崔請賦

석양 바람에 서늘한 기운 들어오고	向晩風涼進
너른 하늘엔 밝은 달이 걸렸는데	長空素月懸
저 멀리 두견새는 괴로이 울어 대고	迢迢鳥聲苦
나그네 시름은 끝없이 이어지누나	耿耿客愁連
술잔은 삼경이 다하도록 기울이고	尊酒三更盡
회포는 십 년 전의 정을 토로하였네	襟懷十載前
평생에 두 원외는	平生杜員外
절하지 못하여 눈물이 샘솟듯 했지[86]	不拜淚如泉

86 평생에……했지 : 두 원외(杜員外)는 공부 원외랑(工部員外郞)을 지낸 두보(杜甫)이다. 두보가 운안(雲安)에 우거할 때 지은 〈두견(杜鵑)〉에 "서천에는 두견새가 있고, 동천에는 두견새가 없었네. 부만에는 두견새가 없고, 운안에는 두견새가 있구려. 내가 옛날 금성에서 노닐 적에, 금수 가에 집을 짓고 살았네. 일백묘 남짓의 대나무 밭이 있고, 높은 나무는 하늘에 우뚝 치솟았지. 늦은 봄이면 두견새가 와서, 숲 사이에서 처량하게 울었네. 나는 두견새를 보고 항상 재배를 했으니, 옛 촉제의 넋임을 중히 여겨서였네……지금 갑자기 늦은 봄을 만났는데, 내가 여러 해 묵은 병이 있는 때라서, 병 때문에 절을 하지 못하고, 눈물만 샘솟듯이 흘릴 뿐이네.〔西川有杜鵑, 東川無杜鵑; 涪萬無杜鵑, 雲安有杜鵑. 我昔遊錦城, 結廬錦水邊. 有竹一頃餘, 喬木上參天. 杜鵑暮春至, 哀哀叫其間. 我見常再拜, 重是古帝魂.……今忽暮春間, 値我病經年. 身病不能拜, 淚下如迸泉.〕"라고 하였다. 《杜少陵詩集 卷14》

극호의 시축에 제하다. 육봉 선생[87]의 운에 차하다

題克浩軸次六峯先生韻

가을 절벽은 천 길이나 내리 굽어보고	秋壁臨千仞
차가운 소나무는 백 길이나 치솟았네	寒松起百尋
청정 허무함은 본디 아무것도 없는 건데	淸虛本無物
출사이건 은퇴이건 무슨 마음을 이루리오[88]	出處遂何心
상쾌한 기운[89]이란 그 유래가 멀거니와	爽氣由來遠

87 육봉(六峯) 선생 : 박우(朴祐, 1476~1547)이다. 본관은 충주(忠州), 호는 육봉으로, 눌재(訥齋) 박상(朴祥)의 아우이다. 1510년(중종5) 문과(文科)에 급제한 이후 내직으로는 전적(典籍), 승지, 대사성, 이조 참의, 동지춘추관사(同知春秋館事) 등을 역임하였다. 외직으로는 남원 부사(南原府使), 공주 목사(公州牧使), 해주 목사(海州牧使), 개성부 유수(開城府留守), 전주 부윤(全州府尹) 등을 역임하고 동지중추부사에 이르렀다. 청백리(淸白吏)에 녹선(錄選)되었다. 성품이 강직하여 김안로(金安老), 허확(許確), 허항(許沆) 등 간신(奸臣)들로부터 배척을 받아 주로 외직을 많이 지냈다.

88 출사이건……이루리오 : 두보의 〈초동(初冬)〉에 "전쟁이 아직 그치지 않았으니, 출사(出仕)이건 은퇴이건 무슨 마음을 이루리오.〔干戈未偃息, 出處遂何心?〕"라고 하였다. 《杜少陵詩集 卷14》 본디 두보의 생각은 전쟁 중이라서 출사하기도, 은퇴하기도 다 불가능하다는 의미인데, 저자는 두보의 생각과 약간 뜻을 달리하였다. 즉 청정 허무한 경지는 본래 아무런 관심사가 없는 것인데, 출사하거나 은퇴하거나 간에 무슨 마음을 쓸 것이 있겠느냐는 뜻으로 전용하였다.

89 상쾌한 기운 : 진(晉)나라 왕휘지(王徽之)의 고사에서 온 말이다. 왕휘지는 잗단 세속 일에 얽매이지 않았다. 그가 환충(桓沖)의 기병 참군(騎兵參軍)으로 있을 적에 한번은 환충이 그에게 말하기를 "경이 부에 있은 지 오래되었으니, 요즘에는 의당 사무를 잘 알아서 처리하겠지.〔卿在府日久, 比當相料理.〕"라고 하자, 그는 아무런 대답도 하지 않은 채 고개를 쳐들고 홀(笏)로 턱을 괴고는 엉뚱하게 "서산이 이른 아침에 상쾌

명산은 다만 절로 깊기만 하구려	名山只自深
하상에서 지은 시를 삼가 받들어 보니[90]	敬擘霞上作
있는 힘을 다하여 길이 읊조렸구려	抵死費長吟

한 기운을 불러옵니다.〔西山朝來, 致有爽氣耳.〕"라고 하였다.《晉書 卷80 王徽之列傳》 후세에는 흔히 세속 일에 얽매이지 않고 초연히 유유자적하는 인품을 비유하기도 한다.

90 하상(霞上)에서……보니 : 하상은 '구름, 노을 위'라는 뜻으로, 경치 좋은 곳을 가리킨다. 이는 육봉(六峯) 박우(朴祐)가 관직에서 물러나 한가로이 지낼 때에 지은 시를 가리키는 듯하다. 두보(杜甫)의 〈서지촌심치초당지야숙찬공토실(西枝村尋置草堂地夜宿贊公土室)〉에 "찬공은 탕휴 같은 큰스님이라, 고요함 좋아하여 마음과 자취가 소박한데, 어제는 하상에서 지은 시를 보내왔는데, 산중의 정취를 성대히 논하였네.〔贊公湯休徒, 好靜心跡素. 昨枉霞上作, 盛論巖中趣.〕"라고 하였다.《杜少陵詩集 卷7》

혜원의 시축에 육봉 선생의 운이 있어 차운하여 주다
惠遠軸有六峯先生韻次贈

너는 여산에 거주하여 백운에 예배할 게고[91]	爾住廬岡禮白雲
나는 봉도로 돌아가서 주문을 외울 것이다[92]	我歸蓬島念朱文
후일에 공부해서 두미를 알게 되거든	他年消得知巴鼻
영주를 아끼지 않고 그대에게 주리라[93]	不惜靈珠乞與君

91 너는……게고 : 고승(高僧) 혜원선사(惠遠禪師)가 여산(廬山)의 동림사(東林寺)에 거주했던 데서 온 말이다. 승려 혜원(惠遠) 또한 법호가 혜원선사와 같으므로, 그를 혜원선사에 빗대서 한 말이다. 백운(白雲)은 고승, 또는 부처가 거주하는 곳을 지칭한다. 이백(李白)의 〈추포가(秋浦歌)〉에 "도파와 지척의 땅에서, 분명하게 말소리가 들려오네. 묵묵히 산승과 작별을 하고는, 머리 숙여 백운에 예배를 드리노라.〔桃波一步地, 了了語聲聞. 闇與山僧別, 低頭禮白雲.〕"라고 하였다. 《李太白集 卷7》

92 나는……것이다 : 봉도(蓬島)는 동해(東海)에 있다는 선경(仙境)인 봉래산(蓬萊山)을 가리킨다. 여기서는 저자가 머무르던 진도(珍島)를 봉래산에 빗대서 한 말로, 그때 저자가 피란차 잠시 진도를 떠나 있었기 때문에 이렇게 말한 것이다. 주문(朱文)은 주희(朱熹)의 글을 가리키기도 하고, 시호가 문(文)인 주희를 바로 지칭하기도 한다.

93 영주(靈珠)를……주리라 : 영주는 흔히 아름다운 문장을 비유하는 말이다. 당시 혜원이란 승려가 저자에게 배우기를 청하여 왔던 터라, 저자는 그를 사절하면서 겸사로 자신이 후일에 공부를 많이 해서 얻은 것이 있으면 그때에는 아낌없이 가르쳐 주겠다는 의미이다.

석교원에서 경인[94]에게 주다 윤강원이다. 12일이다.

石橋院贈景仁 尹剛元○十二日

맑았다. 최경창(崔慶昌)과는 이미 작별하고, 자정(子靜)과 함께 석교원에 이르자, 경인이 먼저 와 있었으므로, 세 사람이 둘러앉아 놀다가 함께 잤다.

나그네 길은 어찌 이리 자주 옮겨 머무는고	客去何遷次
시절이 위란할 제 생사를 함께하였네	時危共死生
석교원에서는 친구의 만류를 받았지만	相留石橋院
옥주성[95]으로 나만 홀로 돌아갈 걸세	獨返沃州城
백발 나이에 다년간 병 앓던 몸으로	皓首多年疾
서늘한 가을에 하룻밤 정분을 나누었네	秋風一夜情
어떻게 하면 황곡[96]처럼 높이 날아 올라볼꼬	何由黃鵠擧
다만 갈매기처럼 가벼이 떠다닐 뿐이로다	只作白鷗輕

94 경인(景仁) : 자주(自註)에 나온 윤강원(尹剛元, ?~1572)의 자이다. 본관은 남원(南原), 호는 기암(棄庵)이다. 1539년(중종34) 문과에 급제한 이후 여러 관직을 거쳐 장령, 예조 정랑에 이르렀다. 1547년(명종2) 양재역 벽서 사건(良才驛壁書事件)에 연루되어 부처(付處)되었다가 뒤에 다시 강진(康津)으로 유배되었고, 선조(宣祖) 초기에 회양(淮陽)에 이배(移配)되었다가 곧 석방되었다. 윤원형(尹元衡)의 비행을 논하다가 화를 입었는데, 평소 직언(直言)을 잘했다고 한다.

95 옥주성(沃州城) : 옥주는 진도(珍島)의 고호이다.

96 황곡(黃鵠) : 아주 큰 새의 이름인데, 한번 날면 천 리를 날아간다고 한다.

해남 현감 변협[97]이 시를 요구하므로, 율시 두 수를 주다

15일이다.

邊海南 協 索詩贈二律 十五日

맑았다.

고을 다스림엔 누가 좋은 명성 독차지했나[98]	理邑誰專美
변방 방수하는 데는 나 홀로 어질었구려[99]	防邊我獨賢
늦게야 명성 듣고 항상 내 늙음을 한했더니	晩聞常恨老
한번 만나 보니 문득 그대 건강함을 알겠도다	一見便知全
기개는 병법을 논하는 곳에 조용하고	氣槪論兵靜
풍류는 선비를 치우치게 사랑하누나	風流愛士偏

97 변협(邊協) : 1528～1590. 자는 화중(和中), 호는 호남(湖南)이다. 무과에 급제한 이후 선전관(宣傳官)을 거쳐 1555년(명종10) 을묘왜변(乙卯倭變) 때 해남 현감(海南縣監)으로 왜구를 격파하여 그 공으로 장흥 부사(長興府使)가 되었다. 그 후 우방어사(右防禦使)로 다시 녹도(鹿島), 가리포(加里浦)의 왜구를 격퇴했다. 제주 목사(濟州牧使)로 부임해서는 조정의 명에 따라 유배 중인 승려 보우(普雨)를 참형(斬刑)하였다. 공조 판서, 포도대장을 역임했으며, 시호는 양정(襄靖)이다.

98 고을……독차지했나 : 해남 현감 변협을 가리켜 한 말이다.

99 변방……어질었구려 : 《시경》 〈소아(小雅) 북산(北山)〉에 "온 하늘 아래가, 왕의 땅 아닌 곳이 없으며, 땅을 빙 두른 바다 안 사람이, 왕의 신하 아님이 없거늘, 대부가 공평하지 못한지라, 홀로 어질대서 나만 부리는구나.〔溥天之下, 莫非王土; 率土之濱, 莫非王臣. 大夫不均, 我從事獨賢.〕"라고 하였다. 이 시는 본디 주(周)나라의 한 대부(大夫)가 자기만 늘 부역에 종사하느라 부모를 봉양할 수 없으므로, 나라의 불공평한 정사(政事)를 풍자하여 부른 노래이다. 여기서는 해남 현감 변협이 변방 방수(防守)에 홀로 힘쓰고 있음을 위의 고사에 빗대었다.

신실한 모습을 대하여 함께 술을 마시니 恂恂對罇俎
안개를 쓸어버린 듯 병든 눈이 말끔해지네 病目掃雲煙

요해처를 갖고도 형세를 타야 하거니와 地利須乘勢
좋은 기회도 어진 이를 만나야 하고말고 機宜要待賢
수양성은 옛날에 함몰되었지만[100] 睢陽昔陷沒
당악현[101]은 끝내 안전하게 지켰네 棠岳竟安全
전후로 성상의 은혜는 중히 내리었고 前後主恩重
서남 지방 군졸의 인망도 독차지했네 西南軍望偏
외로운 신하가 다시 축하하노니 孤臣更相祝
굳은 절조의 광채가 능연각에 비치리로다[102] 一節映凌煙

100 수양성(睢陽城)은 옛날에 함몰되었지만 : 당 현종(唐玄宗) 천보(天寶) 연간에 안녹산(安祿山)의 반란이 일어났다. 당시 수양성은 원군(援軍)이 단절되었는데, 적병이 물밀듯이 쳐들어오자, 수양성을 지키던 군중이 모두 동쪽으로 달아날 것을 의논하였다. 이때 진원 영(眞源令) 장순(張巡)이 수양 태수(睢陽太守) 허원(許遠)과 함께 의논하기를 "수양성은 강회 지역의 보루이니, 이곳을 버리고 떠난다면 적이 승승장구하여 남쪽으로 내려갈 것이고, 그렇게 되면 강회 지역은 반드시 망하게 될 것이다.〔睢陽江淮保障也, 若棄之, 賊乘勝鼓而南, 江淮必亡.〕" 하고, 허원과 함께 끝까지 굳게 지켰으나 끝내 성이 함락되어 모두 전사한 데서 온 말이다.《新唐書 卷192 忠義列傳》

101 당악현(棠岳縣) : 해남현(海南縣)의 고호이다.

102 능연각(凌煙閣)에 비치리로다 : 능연각은 당나라 때 공신(功臣)들의 초상화를 보관하던 곳이다. 태종(太宗) 연간에 국가에 공로가 가장 큰 신하로 장손무기(長孫無忌), 두여회(杜如晦), 위징(魏徵), 방현령(房玄齡), 이정(李靖) 등 스물네 훈신(勳臣)의 초상을 그려서 이곳에 보관하게 하였는데, 공신에 책록(策錄)되는 것을 의미한다.

자정이 시를 주지 않는다고 책망하므로, 마침내 앞의 운에 차하다

子靜責無贈遂次前韻

마을 사람들은 망녕된 사람이라 칭했지만	同里稱爲妄
선공[103]께서는 어진 사람으로 대우해 주셨지	先公遇以賢
나와 자네 사이에 그 무엇이 있겠는가	吾於子何有
은정과 의리가 모두 온전하면 그만이지	情與義俱全
뜻을 말하자면 누군들 바르지 않으랴만	語志誰非正
인재를 논하자면 각기 치우친 데가 있다네	論材各有偏
양을 잃은 지는 벌써 십 년이 지났는데[104]	亡羊十年跡
기장밥 짓는 하루아침 연기인 양 덧없구려[105]	炊黍一朝煙

다른 본에는 "우연히 큰 바다의 안개를 헤치고, 길이 고향 산의 연기는 자욱하구나.〔偶披冥海霧, 長鎖故山煙.〕"라고 되어 있다.

103 선공(先公) : 당시 정읍 현감(井邑縣監)으로 있던 이윤량(李允良)의 돌아간 부친이다.

104 양(羊)을……지났는데 : 양을 잃었다는 것은 도망한 양을 쫓아가다가 갈림길이 많은 데를 만나서 마침내 양을 잃어버리고 탄식하였다는 고사에서 온 말이다. 흔히 학문의 방향을 잃어서 진리를 깨닫지 못하는 것을 비유한다.《列子 說符》 저자 자신이 귀양살이 십 년 동안 아무런 성취도 없이 헛되이 세월만 보냈다는 뜻이다.

105 기장밥……덧없구려 : 당(唐)나라 때 노생(盧生)이 일찍이 한단(邯鄲)에서 도사(道士) 여옹(呂翁)의 베개를 베고 낮에 잠이 들었는데, 기장밥을 짓는 동안에 부귀영화를 다 누린 꿈을 꾸었다는 데서 온 말이다. 세월의 덧없음을 의미한다.《古今事文類聚 後集 卷21 枕中記》

나는 지은 죄가 응당 무겁거니와	負罪應吾重
곤궁함에 편안한 이는 두 어진 이로다[106]	安窮必兩賢
상란을 겪은 뒤로부터는	自從經喪亂
누가 다시 생명 보전을 기대했으랴	誰復望生全
그 몇 해나 신혼을 폐해 버렸던가[107]	幾歲晨昏曠
하늘의 은택은 고르게 내리질 않누나	皇天雨露偏
이별의 자리엔 유독 눈물이 흘러라	臨歧獨涕淚
헤어지면 각각 풍진 속으로 돌아가겠지	分袖各風煙

106 곤궁함에……이로다 : 두 어진 이는 해남 현감(海南縣監) 변협(邊協)과 정읍 현감 이윤량이다.

107 신혼(晨昏)을 폐해 버렸던가 : 신혼은 '혼정신성(昏定晨省)'을 말한 것으로, 신혼을 폐했다는 것은 어버이를 직접 시봉(侍奉)하지 못함을 의미한다. 《예기(禮記)》 〈곡례(曲禮)〉에 "모든 자식이 된 사람의 예는 겨울이면 어버이를 따뜻하게 해 드리고 여름이면 서늘하게 해 드리며, 저녁에는 잠자리를 편안하게 보아 드리고 새벽에는 안부를 살피는 것이다.〔凡爲人子之禮, 冬溫而夏淸, 昏定而晨省.〕"라고 하였다.

계진[108]이 부쳐 준 시에 차운하다

次韻季眞寄贈

계진이 나의 시에 차하여 주므로, 인하여 다시 차운한 것이다.

노안은 비상하게도 어두워 가는데	老眼非常變
맑은 회포는 즐겨 알아줄 이가 없구려	淸襟莫樂知
금란의 교분은 한나절뿐이었는데[109]	金蘭半日契
운수[110]는 양쪽 고을에서 서로 그리워하네	雲樹兩鄕思
부서진 지붕은 빗물이 새어 와상마다 젖고	破屋床床漏
묵은 병은 고질이 되어 증세마다 위중하네	沈痾證證危
다행히 잠시나마 죽지 않고 사는 동안에	須臾幸毋死
거듭 서로 더불어 시를 말할 수 있을는지	重肯與言詩

108 계진(季眞) : 이후백(李後白, 1520~1578)의 자이다. 1555년(명종10) 문과(文科)에 급제한 이후 여러 관직을 역임하였다. 선조(宣祖) 때 이조 판서, 양관(兩館)의 대제학(大提學)에 이르렀으며, 청백리에 녹선(錄選)되었다.

109 금란(金蘭)의 교분은 한나절뿐이었는데 : 금란의 교분이란 《주역》 〈계사전 상(繫辭傳上)〉에 "두 사람이 마음을 같이하니, 그 단단함이 쇠를 끊을 만하도다. 마음이 서로 같은 말은 그 향내가 난초와 같도다.〔二人同心, 其利斷金. 同心之言, 其臭如蘭.〕"라고 한 데서 온 말로, 돈독한 우의(友誼)를 의미한다. 한나절뿐이었다는 말은, 저자가 이후백와 담화를 나눈 것은 고작 한나절밖에 되지 않았다는 뜻이다.

110 운수(雲樹) : 서로 헤어져 있는 친구를 그리워하는 뜻이다. 두보(杜甫)의 〈춘일억이백(春日憶李白)〉에 "위수 북쪽엔 봄 하늘의 나무요, 강 동쪽엔 해 저문 구름이로다. 어느 때나 한 동이 술을 두고서, 우리 함께 글을 조용히 논해 볼꼬.〔渭北春天樹, 江東日暮雲. 何時一樽酒, 重與細論文.〕"라고 하였다. 《杜少陵詩集 卷1》

삼촌[111]의 사창에서 자다 16일이다.

宿三村社倉 十六日

맑았다. 자정과 작별하고 저녁에 사창에 이르렀다.

삼촌 마을 사창에서 자는데	旅宿三村里
때는 가을 칠월에 당하였네	時當七月秋
창칼이 난무한 건 난리의 재앙이요	干戈亂離禍
벼와 콩이 말라서 가뭄이 걱정일세	稻豆暵乾憂
바다 위에 달 밝자 벌레 소리 다하고	海月蟲吟盡
산바람 불어와서 이슬기는 걷히었네	山風露氣收
안위가 염려스러운 예전의 백제국에서	安危古百濟
새벽 누각 기대어 오만 생각에 젖노라	萬慮倚晨樓

111 삼촌(三村) : 예전의 명칭은 삼촌(三寸)이었다고도 한다.

장난삼아 윤탄지[112]에게 보이다 17일이다.

戲示尹坦之 十七日

찬비가 내렸다. 탄지가 와서 백송정(百松亭)[113]에 노닐면서 은순(銀唇)[114]을 천렵하자고 청하였다.

백송정 아래로는 푸른 시냇물이 흐르는데	百松亭下碧溪流
서로 이끌고 술을 마시니 둘 다 백발이로세	相引開尊兩白頭
난리 끝나자 다시 귀문관[115]을 향하여 들어가니	亂罷還從鬼門入
남들이 십 년 죄수라고 부르는 걸 면케 되었네	免教人喚十年囚

112 윤탄지(尹坦之) : 탄지는 윤 아무〔尹某〕의 자인데, 누구인지는 자세하지 않다.

113 백송정(百松亭) : 해남현(海南縣) 삼산면(三山面) 송정(松汀) 마을에 있던 정자이다.

114 은순(銀唇) : 은어(銀魚)의 별칭이다. 은구어(銀口魚)라고도 한다.

115 귀문관(鬼門關) : 옛 관명(關名)이다. 《구당서(舊唐書)》 권41 〈지리지(地理志) 4〉에 "귀문관 남쪽으로는 장려가 더욱 심해서 그곳에 간 사람은 살아 돌아온 이가 드물다. 속담에 '귀문관을 나간 사람은 열에 아홉은 돌아오지 못한다.'고 한다.〔其南尤多瘴癘, 去者罕得生還. 諺曰: 鬼門關, 十人九不還.〕"라고 하였다. 저자의 배소(配所)인 진도(珍島)를 귀문관에 빗대서 한 말이다.

벽파정의 기둥에 제하다 19일이다.

題碧波亭楹 十九日

맑았다. 오다가 적량원(赤良院)에서 쉬고, 바다를 무사히 건너와서 벽파정에 올라가 밥을 먹고 홀로 술을 마셨다. ○상고하건대, 피구록(避寇錄)은 여기까지이다.

나그네가 왜구의 난리를 피해 나갔다가 客有避寇盜
허둥지둥 진도의 배소로 돌아가면서 遑遑歸島囹
아침에는 적량원에 들러 쉬고 朝過赤良院
낮에는 벽파정에 올라와 보니 午上碧波亭
고을은 파괴됐지만 관량[116]은 남아 있는데 邑破關梁在
악한 기운 그득하니 해와 달도 침침하네[117] 氛迷日月冥
나룻가에서 두어 잔 술을 마시면서 津邊數杯酒
깨어 있던 고인을 길이 조소하노라[118] 長笑古人醒

116 관량(關梁) : 관문(關門)과 교량(橋梁)을 병칭한 말인데, 전하여 수륙(水陸) 간의 교통 수단을 의미한다.

117 악한……침침하네 : 두보(杜甫)의 〈송영주이판관(送靈州李判官)〉에 "피 흘려 싸우니 천지가 모두 벌겋고, 악한 기운이 그득하니 해와 달도 누렇구나.〔血戰乾坤赤, 氛迷日月黃.〕"라고 하였다. 《杜少陵詩集 卷5》

118 깨어……조소하노라 : 깨어 있던 고인이란 전국 시대 초 회왕(楚懷王)의 충신 굴원(屈原)을 가리킨다. 굴원이 소인들의 참소를 입어 조정에서 쫓겨나 늪가에서 시를 읊조리며 다닐 때 지은 〈어부사(漁父辭)〉에, 어부가 굴원의 초췌한 몰골을 보고 묻기를 "그대는 삼려대부가 아닌가, 어찌하여 이 지경에 이르렀는가?〔子非三閭大夫與? 何故至於斯?〕" 하자, 굴원이 말하기를 "온 세상이 다 탁하거늘 나 홀로 맑고, 뭇사람이 다 취했거늘 나 홀로 깨었는지라, 이 때문에 내가 추방되었노라.〔擧世皆濁, 我獨淸;

진도에서 느낀 일을 40운으로 읊다 7월이다.

珍島感事四十韻 七月

서남쪽 구석의 조그만 병풍 같기도 하고　　小屛西南角
발해의 한가운데 외론 보루 같기도 해라　　孤墉渤澥中
바라보면 한라산이 아스라이 보이고　　相望漢羅杳
곧장 국두[119]의 위치를 헤아릴 만도 하네　　直測國頭窮
황제는 오른쪽에 군림하여 방어해 주는데　　皇帝防臨右
교활한 왜놈들은 동쪽에서 쳐들어오지만　　倭奴猾在東
휘둘러 대는 칼날을 유독 많이 받았지만　　過鋒偏受薄
상선[120]들은 어찌 못 통하게 금할 수 있으랴　　商舶詎禁通
기습에 익숙해 안개 속을 헤쳐 다니고　　習襲乘雰霧
생명을 경시하여 회오리바람도 편케 여기네　　輕生便颶風
샘물이 맛좋은 모도 죽도는 깊숙하고　　泉甘茅竹邃

衆人皆醉, 我獨醒. 是以見放.〕"라고 하므로, 어부가 굴원에게 말하기를 "세상 사람이 다 탁하거든, 어찌하여 진흙탕을 휘저어 흙탕물을 일으키지 않고, 뭇사람이 다 취했거든 어찌하여 술지게미를 먹고 묽은 술까지 마시지 않았는가. 그리고 무슨 까닭으로 깊이 생각하고 고상하게 처신하여 스스로 추방을 당했단 말인가.〔世人皆濁, 何不掘其泥而揚其波; 衆人皆醉, 何不餔其糟而歠其釃? 何故深思高擧, 自令放爲?〕"라고 하였다. 여기서는 저자 자신은 굴원처럼 굳이 술을 마시지 않을 필요가 없다는 뜻이다.

119 국두(國頭) : 일본 오키나와현(沖繩縣)의 구니가미군(國頭郡)이다.

120 상선(商船) : 당시 왜구(倭寇)가 우리 도서(島嶼) 지방에 침입하여 물물 교역도 하고, 노략질도 하곤 하였다. 여기서는 왜구가 끌고 온 상선들을 가리킨다.

항구가 고요한 흑도 청도는 우뚝한데	港闃黑青崇
왜구가 출몰하며 이곳을 소굴로 삼고는	出沒爲淵藪
침범하여 쳐들어와 체동[121]이 되었도다	侵淫作蝃蝀
탄환만 한 진도는 고단하고도 약소한데	彈丸自單弱
왜구가 갑작스럽게 모여들곤 하니	蜂午倏來同
두 포구에선 먼저 살려 달라 애원했는데	兩浦先搖尾
두 나루는 목을 조르는 요해처로 바뀌었네	雙津易扼嚨
고단한 군진엔 소수의 오합지졸뿐이라	零丁烏合鎭
노약자들은 모두 그물에 걸린 꿩 신세였지	幼耈雉罹罿
지역은 멀리 떨어져 있어 성원을 받을 길이 없고	地絶無聲援
풍기는 야박해 내부에서 분쟁만 일삼았네	風澆只讟訌
탐하고 사치한 자들이 비축한 양곡을 고갈시키니	貪奢竭儲峙
흉년에 굶주린 자는 모두가 노쇠한 사람들일세	饑饉盡疲癃
무력은 불같단 말을 나는 홀로 경계하는데[122]	獨戒兵猶火
전한 말을 들으니 귀를 막은 듯 웃기만 한다네[123]	相傳褎若琉

121 체동(蝃蝀) : 무지개를 말하는데, 이는 천지간의 음기(淫氣)라 하여 예로부터 몹시 꺼리는 대상이었다. 《시경》 〈용풍(鄘風) 체동(蝃蝀)〉에 "무지개가 동쪽에 있으니, 감히 이것을 가리키지도 못하리로다.〔蝃蝀在東, 莫之敢指.〕"라고 하였다. 여기서는 몹시 음험하고 흉악한 왜구를 가리킨다.

122 무력은……경계하는데 : 무력이 불과 같다는 것은 《춘추좌씨전(春秋左氏傳)》 은공(隱公) 4년 조에 "대저 무력이란 불과 같은 것이라, 단속하지 않으면 장차 자신을 태우게 된다.〔夫兵猶火也, 弗戢, 將自焚也.〕"라고 한 데서 온 말로, 무력을 그치지 않고 계속 쓰다가는 끝내 스스로 멸망하게 된다는 뜻이다.

123 귀를……한다네 : 《시경》 〈패풍(邶風) 모구(旄丘)〉에 "자잘하고 자잘한, 저 떠돌아다니는 사람들이로다. 숙이며 백이며 여러 신하들은, 귀를 막은 듯 웃기만 하는도

삼국[124] 시대는 요원해 고찰할 길이 없지만　國三遼莫鑑
고려 말기는 가까워 상심할 만하고말고　麗季邇堪恫
지난번에 만서를 보낸 건 속임수였으니[125]　往者蠻書詭
삼가 생각건대 조정의 계책은 걱정스러웠네　恭惟廟筭忡
화의에 버릇되어 교활한 왜놈에게 돈을 줬으니　狃和金桀黠
참으로 아동의 장난 같은 극문군의 행태로다[126]　眞戲棘兒童
작은 섬을 처음에도 지키기가 어려웠는데　蕞尒猶艱始
소동이 일어나자 끝까지 보전하지 못했네　騷然罔保終
내 속으론 진작부터 을묘년[127]을 걱정했더니　私憂向單閼

다.〔瑣兮尾兮, 流離之子. 叔兮伯兮, 褎如充耳.〕"라고 한 데서 온 말이다. 이는 당시 극심한 곤경에 빠진 위(衛)나라의 백성들을 전혀 돌보지 않은 여러 위정자(爲政者)를 비난한 시이다. 여기서는 당시 진도(珍島)의 민생(民生)도 극심한 곤경에 빠졌지만, 위정자들이 모른 체하며 전혀 돌봐 주지 않음을 풍자한 것이다.

124 삼국(三國) : 고구려, 백제, 신라가 정립(鼎立)하고 있던 시기를 지칭한다.

125 만서(蠻書)를……속임수였으니 : 만서는 본래 중국에서 남방(南方)의 만족(蠻族)에게 보낸 선전포고서(宣戰布告書)를 가리킨다. 여기에서는 일본이 언젠가 속임수로 조선에 보낸 화의서(和議書) 같은 것이 아닌가 싶으나 자세하지 않다.

126 참으로……행태로다 : 한 문제(漢文帝)가 종정(宗正) 유례(劉禮)와 축자후(祝玆侯) 서려(徐厲), 하내수(河內守) 주아부(周亞夫)를 장군으로 삼아 각각 패상(霸上)과 극문(棘門), 세류(細柳)에 군영을 설치하게 하였다. 패상과 극문의 진영을 순시할 때는 곧장 말을 치달려 군문(軍門) 속으로 들어가서 극진한 환영을 받았으나, 세류에 도착해서는 삼엄한 군기로 인해 문 앞에서부터 저지를 당하자 "여기야말로 진짜 장군의 군영이다. 조금 전에 다녀온 패상과 극문의 군대는 아이들 장난과 같았다.〔嗟乎! 此眞將軍矣. 曩者霸上棘門軍, 若兒戲耳.〕"라고 하였다. 《漢書 卷40 周勃傳》 여기서는 당시 조선 군영(軍營)의 모든 조치가 아주 해이했음을 패상, 극문의 군영에 빗대서 한 말이다.

127 을묘년 : 저자가 방금 겪었던 1555년(명종10) 을묘왜변(乙卯倭變)을 지칭한다.

국가의 액운도 마침 을묘년에 겪게 되었구려	國厄屬旃蒙
왜구가 이르렀을 땐 이미 때가 늦었으니	寇至斯爲緩
군대 일으킴이 어찌 총급했다 아니할 수 있으랴	師興豈曰怱
썩은 나뭇가지 꺾듯 우리 상장군을 쳐 죽이자	摧枯蹶上將
수비가 와해되어 제융[128]이 피를 흘리었네	解瓦血諸戎
진도 군수는 한밤중에 도망가 버렸고	島守中宵遁
성안의 마을들은 하룻밤에 텅 비어 버렸는데	城居一夕空
가까운 마을에서 이미 병화가 일어난 걸 보고	近村看已燹
여러 고을로 병화가 번져 가리라 짐작했지	列邑想漸烘
나주는 급박하여 모두가 패할 줄 알았거니와	羅急人知敗
영암은 위급했으니 누가 그 공을 헤아렸으랴[129]	靈危孰擬功
왜구가 승승장구하여 탐욕을 다 채우고는	長驅旣盈壑
기세가 약간 꺾이자 뱃머리를 돌리었네	小挫便回篷
요충지의 군영 주변에	不怪要衝戍
더러운 왜구의 소굴이 없음은 괴이치 않거니와	而無臭孼叢
끝내 토끼 굴을 만들 게 의심스러워라	終疑成免窟
무슨 방도로 용궁을 닫아 버릴 수 있단 말인가[130]	何術閟龍宮

128 제융(諸戎) : 중국에서는 오랑캐의 소수 민족(少數民族)을 지칭한다. 여기서는 진도 군민(珍島郡民)을 소수 민족에 빗대서 한 말이 아닌가 싶다. 또는 수많은 군졸의 뜻으로 쓴 말일 수도 있다.

129 나주(羅州)는……헤아렸으랴 : 이때 이준경(李浚慶)은 도순찰사(都巡察使)로 나주에 주둔하여 왜구를 평정하였고, 이윤경(李潤慶)은 전주 부윤(全州府尹)으로 있으면서 영암(靈巖)에 침입한 왜구의 포위망을 해제시켰다.

130 끝내……말인가 : 토끼 굴이란, 전국 시대 제(齊)나라 맹상군(孟嘗君)이 처음

참으로 국가를 튼튼하게 하려면　誠欲邦家固
의당 본말이 충실하게 해야 하나니　要將本末充
먼저 윗사람의 일에 죽는 의리[131]를 알아야만　先知死長義
바야흐로 군왕께 충성을 다하게 되거니와　方盡事君忠
겸하여 토지의 생산을 풍요롭게 해야만　地利仍兼擧
인심이 서로 융화하게 할 수 있으리라　人心庶可融
변방 안전은 이목에게 맡겨야 하고[132]　安邊委李牧
학교 일으키는 건 문옹의 힘을 빌려야지[133]　興學借文翁
문교에 관한 일은 반드시 무비의 다음이거니와　文事必武備

설(薛) 땅에 봉해졌을 때, 그의 문객(門客) 풍환(馮驩)이 그에게 말하기를 "교활한 토끼는 세 개의 굴이 있기 때문에 겨우 죽음을 면할 수 있다.〔狡兎有三窟, 僅得免其死耳.〕"라고 한 데서 온 말이다.《戰國策 齊策4》 여기서는 왜구가 진도에 소굴을 만드는 데에 빗대서 한 말이다. 용궁(龍宮)은 용왕의 궁전이란 뜻인데, 여기서는 섬인 진도를 용궁에 빗대서 한 말로, 즉 왜구가 육지에서는 물러갔지만, 다시 진도에 소굴을 만들 가능성이 있음을 의미한다.

131 윗사람의……의리 : 노 목공(魯穆公)의 질문에 대하여 맹자가 답한 말에 "군주께서 어진 정사를 행하시면 이 백성들이 그 윗사람을 친애하여 관장을 위해 죽을 것입니다.〔君行仁政, 斯民, 親其上, 死其長矣.〕"라고 하였다.《孟子 梁惠王下》

132 변방……하고 : 이목(李牧)은 전국 시대 조(趙)나라의 명장이다. 흉노(匈奴)와 진(秦)나라의 군대를 대파한 공으로 무안군(武安君)에 봉해졌다.《史記 卷81 廉頗藺相如列傳》 여기서는 이목 같은 명장에게 국방(國防)의 임무를 맡겨야 한다는 뜻이다.

133 학교……빌려야지 : 문옹(文翁)은 젊어서부터 학문을 좋아하여《춘추(春秋)》에 정통하였다. 한 경제(漢景帝) 말기에 촉군 태수(蜀郡太守)가 되어서는 성도(成都)의 시중(市中)에 학관(學官)을 설치하여 군현(郡縣)의 자제들을 초치해서 학관 제자(學官弟子)로 삼아 교화를 크게 펼쳤다. 무제(武帝) 때에 이르러 천하의 군국(郡國)에 모두 학관을 세우게 된 것은 바로 문옹으로부터 시작한 것이라 한다.《漢書 卷89 文翁傳》 여기서는 문옹 같은 지방관을 임명하여 교화를 진흥해야 한다는 뜻이다.

정사가 밝아야 교화가 또한 융성해지리라 政明還敎隆
하늘이 바야흐로 이번 앙화 내린 걸 뉘우쳐 天方悔今禍
왜구한테도 선심을 갖게 하심으로 인하여 夷與誘其衷
다행히 잠시나마 나라가 안정을 되찾았으니 幸少須臾靖
짐작건대 덕화가 널리 퍼짐을 보게 되리라 思觀德化洪
나는 바다 도깨비 막는 것만 감수할 뿐이요[134] 惟甘禦海魅
산궁이 있는가는 내가 살필 수 없고말고[135] 不省問山芎
큰 죄를 지은 자는 금목[136]의 형을 당해야 하거니 大罪當金木
어찌 기발한 꾀로 철롱을 씌워 화를 면하랴[137] 奇謀豈鐵籠

134 나는……뿐이요 : 《춘추좌씨전》 문공(文公) 18년 조에 "순이 요 임금의 신하가 되어서 사문을 활짝 열어 손님을 맞아들이고, 사흉의 무리인 혼돈, 궁기, 도올, 도철을 유배하여 사방 변두리로 내쳐서 도깨비들의 재해를 막게 하였다.〔舜臣堯, 賓于四門, 流四凶族渾敦窮奇檮杌饕餮, 投諸四裔, 以禦魑魅.〕"라고 하였다. 여기서는 저자 자신도 변방에 유배된 몸으로 요괴의 재해를 막는 데나 힘쓰겠다는 뜻이다.

135 산궁(山芎)이……없고말고 : 산궁은 감기를 다스리는 데 쓰는 '궁궁(芎藭)'이라는 약초인데, 감기를 외침(外侵)에 비유하여 외침을 막는 의미로 쓴 것이다. 춘추 시대 초(楚)나라 대부 신숙전(申宿展)이 소(蕭)나라 사마(司馬) 묘(卯)에게 말하기를 "맥국이 있소?〔有麥麴乎〕" 하자, 묘가 "없소이다." 하므로, 또 묻기를 "산국궁이 있소?〔有山鞠窮乎〕" 하자, 묘가 "없소."라고 하였다. 《春秋左氏傳 宣公12年》 여기서는 저자 자신은 국가의 외침에 대해서는 책임질 수 없는 처지라는 뜻이다.

136 금목(金木) : 금속(金屬)의 형구(刑具)와 목제(木制)의 형구를 병칭한 말이다.

137 어찌……면하랴 : 철롱(鐵籠)은 수레바퀴 굴대 끝의 무쇠 테두리이다. 전단(田單)이 안평(安平)에 있다가 연(燕)나라가 쳐들어와 도망칠 적에 다른 사람들은 다 수레바퀴 굴대 끝이 부러져 포로가 되었으나, 전단의 종인(宗人)들만은 철롱을 씌운 덕에 도망칠 수 있었다. 《史記 卷82 田單列傳》 여기서는 기발한 꾀로 죄에 대한 처벌을 면할 수는 없다는 뜻이다.

몸은 칠 척의 키도 다 못 되지만	身無七尺長
마음만은 만인의 으뜸이 되거니[138]	心有萬夫雄
감히 밧줄을 청하거나 홑옷을 버릴지언정[139]	敢請纓遺褋
붓을 던지고 무예를 배우기는 어렵다마다[140]	難投筆學弓
참으로 세도가 태평해지길 희망하거니와	且誠希道泰
가장 큰 소원은 해가 풍년 드는 거로다	惟大願年豐
원방 이적들이 중역[141]을 거쳐 조회를 오고	重譯聯朝國

138 몸은……되거니 : 이백(李白)의 〈여한형주서(與韓荊州書)〉에 "비록 내 키는 칠 척도 못 되지만, 마음은 만인의 으뜸이다.〔雖長不滿七尺, 而心雄萬夫.〕"라고 하였다. 《李太白集 卷25》

139 감히……버릴지언정 : 밧줄을 청한다는 것은, 한 무제(漢武帝)가 남월(南越)을 굴복시키기 위해 종군(終軍)을 사신(使臣)으로 보내려 하자 그가 긴 밧줄을 내려 주면 남월왕(南越王)을 묶어 오겠다고 장담하며 자청하여 마침내 남월왕을 잘 설득하여 사명을 완수한 데서 온 말이다. 《漢書 卷64下 終軍傳》 여기서는 저자 자신도 그러한 의기가 있다는 뜻이다. 홑옷을 버리겠다는 것은 《초사》 〈상부인(湘夫人)〉에 "내 옷소매를 강중에 버리고, 내 홑옷을 풍포에 버리련다.〔捐余玦兮江中, 遺余褋兮澧浦.〕"라고 한 데서 온 말이다. 이는 굴원이 마음속으로 상부인 곁에서 살고자 하였으나, 이미 순(舜) 임금의 아내가 되어 버린 터라, 의탁할 곳이 없어 옷을 다 벗어 버리고 장차 오랑캐 땅으로 가겠다는 뜻이다. 저자 자신 또한 오랑캐 땅으로 가 버릴 수 있다는 뜻이다.

140 붓을……어렵다마다 : 붓을 던진다는 것은 문업(文業)을 버리고 무사(武事)를 선택한다는 말이다. 후한(後漢)의 반초(班超)가 집이 가난하였다. 한번은 붓을 던지고 탄식하여 말하기를 "대장부가 별다른 지략이 없을진댄, 오히려 의당 부개자나 장건을 본받아 이역 땅에서 공훈을 세워 봉후를 취해야지, 어찌 오래도록 문필에만 종사할 수 있겠는가.〔大丈夫無他志略, 猶當效傅介子張騫立功異域, 以取封侯, 安能久事筆硯間乎?〕" 하였는데, 그는 뒤에 서역(西域)에서 공훈을 세우고 정원후(定遠侯)에 봉해졌다. 《後漢書 卷47 班超列傳》 저자 자신은 반초처럼 그런 무사를 하기가 어렵다는 뜻이다.

141 중역(重譯) : 통역을 여러 번 거치는 것이다. 주나라 성왕(成王) 때에 월상씨(越

숭산에서 만세 소리를 세 번 외치게 된다면[142]	三呼萬歲嵩
어찌 굳이 긴 칼 한 자루를 허리에 차고	何須一長劍
장차 공동산에 의지하고자 할 것 있으랴[143]	將欲倚崆峒

모(茅), 죽(竹), 흑(黑), 청(靑)은 네 섬의 이름이다. 봉오(蜂午)가 다른 본에는 전면(轉眄)으로 되어 있고, 극(棘)이 다른 본에는 파(灞)로 되어 있으며, 학궁(學弓)이 다른 본에는 만궁(挽弓)으로 되어 있다.

裳氏)가 중역을 거쳐 조회를 와서 말하기를 "도로가 아주 멀고 산천이 겹겹으로 막혀 있어, 사행이 통하지 못할까 염려되기 때문에 세 번의 통역을 거쳐서 조회를 왔습니다.〔道路悠遠, 山川阻深, 恐使之不通, 故重三譯而朝也.〕"라고 하였다.《尙書大傳 卷3》

142 숭산(嵩山)에서……된다면 : 한 무제(漢武帝) 원봉(元封) 원년 1월에 천자(天子)가 친히 숭산에 올라갔는데, 어디선가 만세를 세 번 외치는 소리를 이졸(吏卒)들이 모두 들었다는 고사에서 온 말로, 만세는 군주에 대한 송축(頌祝)을 의미한다.《漢書 卷6 武帝紀》

143 어찌……있으랴 : 두보(杜甫)의 〈투증가서개부이십운(投贈哥舒開府二十韻)〉에 "몸 방어할 긴 칼 한 자루를 허리에 차고, 그대의 군영 공동산에 의지하고 싶네.〔防身一長劍, 將欲倚崆峒.〕"라고 하였다.《杜少陵詩集 卷3》 두보는 장군 가서한(哥舒翰)을 따라서 무사(武事)에 종사하고 싶다고 한 말인데, 저자는 세상이 태평하면 굳이 무사에 종사할 것이 있겠느냐는 뜻으로 한 말이다.

정자 최경창[144]이 술을 가지고 와서 만났다

崔正字 慶昌 携酒相看

나는 이때 학질에 걸려 술을 경계하는 터였다.

삼추의 학질이야 누가 견딜 수 있으랴만[145]	瘧癘三秋忍
전란의 먼지는 한 달 만에 활짝 걷혔네	風塵一月開
현인주[146]의 맛은 시원하기만 하고	賢人酒冷冽
정자의 뜻은 술을 시작하게 함이겠지[147]	正字意胚胎
금주의 경계를 깬 건 흥이 나기 때문이요	破戒緣生興

144 정자(正字) 최경창(崔慶昌) : '정자'는 관직명으로 쓰인 듯하나, 1555년(명종10)에 최경창은 17세였고, 13년 뒤인 1568년(선조1)에 문과(文科)에 급제하였으니, '정자'라는 말이 어떻게 쓰인 것인지 자세하지 않다.

145 삼추(三秋)의……있으랴만 : 두보의 〈병후과왕의음증가(病後過王倚飮贈歌)〉에 "삼추 동안 학질 앓는 걸 누가 견딜 수 있으리오, 추위와 더위가 백 일 동안을 서로 싸워 대누나.〔瘧癘三秋孰可忍? 寒熱百日相交戰.〕"라고 하였다. 《杜少陵詩集 卷3》

146 현인주(賢人酒) : 탁주(濁酒)를 지칭한다. 삼국 시대 위(魏)의 상서랑(尙書郎) 서막(徐邈)이 몹시 술을 좋아하였다. 한번은 금주령(禁酒令)이 내렸음에도 불구하고 사사로이 술을 마시고 잔뜩 취하여, 교위(校尉) 조달(趙達)이 가서 조사(曹事)를 묻자 "내가 성인에게 맞았다.〔中聖人〕"라고 하였다. 조달이 그 사실을 조조(曹操)에게 아뢰니, 조조가 매우 진노하였다. 장군(將軍) 선우보(鮮于輔)가 조조에게 아뢰기를 "평일에 취객들이 청주를 성인이라 하고 탁주를 현인이라 합니다. 서막은 성품이 신중한 사람인데, 우연히 취해서 한 말일 뿐입니다.〔平日醉客謂酒淸者爲聖人, 濁者爲賢人. 邈性修愼, 偶醉言耳.〕"라고 하였다. 《三國志 卷27 魏書 徐邈傳》

147 정자(正字)의……함이겠지 : 이미 술을 끊은 저자에게 최경창이 술을 가져가 다시 음주를 시작하게 한 것을 말한다.

말을 잊은 건 식은 재가 됐기 때문이라네[148] 忘言爲死灰
쇠퇴한 이 늙은 어리석은 놈을 摧頹老癡漢
자네가 아니면 그 누가 슬퍼해 주겠는가 非子復誰哀

148 말을……때문이라네 : 식은 재란 불 꺼진 재처럼 마음이 외물에 아무런 동요가 없음을 의미한다. 《장자(莊子)》 〈제물론(齊物論)〉에, 남곽자기(南郭子綦)가 안석에 기대앉아 하늘을 우러러 숨을 길게 내쉬는 모습이 마치 짝을 잃은 듯하였다. 안성자유(顔成子游)가 그를 모시고 있다가 묻기를 "무엇을 하고 계십니까? 형체는 진실로 마른 나무와 같이 할 수 있고, 마음은 진실로 식은 재와 같이 할 수 있는 것입니까? 지금 안석에 기대앉은 분은 전에 안석에 기대앉은 그분이 아닙니다그려.〔何居乎? 形固可使如枯木, 而心固可使如死灰乎? 今之隱几者, 非昔之隱几者也.〕"라고 하므로, 남곽자기가 대답하기를 "언아, 자네는 또한 착하지 아니한가. 자네가 그렇게 물음이여. 지금 나는 내 자신의 존재를 잊고 있었는데, 자네도 그것을 알았던가?〔偃, 不亦善乎? 而問之也! 今者吾喪我, 女知之乎?〕"라고 하였다.

정자가 정[149]의 시를 외워 주므로, 그 시에 차운하여 주다
正字誦靜詩次韻贈之

화각[150] 소리엔 해마다 깜짝깜짝 놀라고	畫角年年警
처량한 시름은 나날이 생기는구나	淸愁日日生
머나먼 땅끝에서 두어 잔을 마시노라니	天邊數杯酒
이곳은 바다 안의 한 외로운 성이로다	海內一孤城
부모 시봉 못 함은 자식의 원한이 되었건만	定省爲兒怨
만류하고자 함은 손을 보내는 정이라네	淹留送客情
미관일지라도 관직에 적극 봉사해야 하니	微官盡王職
성근하고 신중하여 소홀히 하지 말지어다	勤謹更毋輕

149 정(靜) : 정읍 현감(井邑縣監) 이윤량(李允良)의 자인 자정(子靜)의 약칭인 듯하다.

150 화각(畫角) : 옛날에 서강(西羌)에서 전해 왔다는 죽통(竹筒)처럼 생긴 일종의 관악기이다. 군중(軍中)에서 흔히 저녁과 새벽을 경고하고, 사기(士氣)를 진작하며, 군용(軍容)을 엄숙히 하는 데에 사용하였다.

매를 보고 느낌이 있어 읊다 10월이다.

觀鷹有感 十月

뒤에 경인(景仁)[151]에게 부쳤다.

매가 급히 바람을 타고 날개를 치며 날자	蒼隼搏風急
꿩은 자주 숲속으로 숨어드누나	華蟲竄薄頻
들판에 꿩의 터럭과 피를 뿌리고 나면	平原灑毛血
석양엔 불러 길들임에 응하곤 하네	落日應呼馴
짐승을 유인하여 짐승을 죽이고	誘物仍戕物
사람을 수고롭혀 사람에게 환심을 사누나	勞人以媚人
구구하게 물고기 낚고 새 쏘아 잡는 뜻이	區區釣弋意
어찌 허물을 보면 인을 알 수 있는 것이랴[152]	觀過詎知仁

151 경인(景仁) : 윤강원(尹剛元)의 자이다. 72쪽 주94 참조.

152 구구하게……것이랴 : 허물을 보면 인(仁)을 알 수 있다는 것은, 공자가 이르기를 "사람의 허물은 각각 그 무리에서 나오는 것이니, 허물을 보면 인을 알 수 있느니라.〔人之過也, 各於其黨. 觀過, 斯知仁矣.〕" 한 데서 온 말이다.《論語 里仁》 여기서는 물고기를 낚고 새를 쏘아 잡는 그런 짓이야말로 잔인한 짓일 뿐이지, 인후한 행위라 할 수 있겠느냐는 말이다.

향교에서 술을 마시면서 한숭덕의 시운에 차하다

飮鄕校次韓崇德

진중은 부국을 멸망시켜 버렸고[153] 秦中亡富國

강좌는 청담으로 나라를 잃었지[154] 江左失淸談

청컨대 〈원주학기〉에서 증험해 보게나 請驗袁州記

끝내는 예악 교화가 널리 미쳐야 하리 終須禮樂覃

153 진중(秦中)은……버렸고 : 진중은 진(秦)나라의 수도였던 관중(關中)으로, 진나라를 지칭한다. 진나라가 분서갱유(焚書坑儒) 등 포학을 자행하여 문교(文敎)를 말살함으로써 쉽게 멸망한 것을 의미한다. 송(宋)나라 이구(李覯)가 지은 〈원주학기(袁州學記)〉에 "……진나라는 산서 지방을 근거로 하여 한(韓), 위(魏), 연(燕), 조(趙), 제(齊), 초(楚)의 육국을 멸망시키고 만세까지 황제 노릇을 하려고 했지만, 유방이 한번 소리치고 일어나자, 진나라 함곡관의 문을 지키지 못하여, 무사와 용장들이 서로 뒤질세라 나라를 팔아먹고 유방에게 항복하고 말았던 것은 무슨 까닭인가? 그것은 곧 시서의 바른 도가 없어짐으로 인하여 사람들이 오직 이끗만 보고 의리를 들어 알지 못했기 때문이다.……[……秦以山西鏖六國, 欲帝萬世, 劉氏一呼, 而關門不守, 武夫健將, 賣降恐後何耶? 詩書之道廢, 人惟見利而不聞義焉耳.……]"라고 하였다. 《盱江集 卷23》

154 강좌(江左)는……잃었지 : 강좌는 장강(長江)의 동쪽 지방을 말한다. 동진(東晉) 및 남조(南朝)의 송(宋), 제(齊), 양(梁), 진(陳)의 도읍이 모두 이 지방에 있었으므로 이들의 근거지를 통칭하여 '강좌'라 하였는데, 후세에는 동진만을 강좌라 칭하였다. 청담(淸談)은 위(魏), 진(晉) 시대에 예법을 무시하고 노장(老莊)의 사상을 숭상하여 현묘한 이치를 담론한 것을 이른다. 진(晉)나라 말기에 팔달(八達)이라고 일컫던 호무보지(胡毋輔之), 사곤(謝鯤), 완방(阮放), 필탁(畢卓), 양만(羊曼), 환이(桓彝), 완부(阮孚), 광일(光逸) 등 여덟 사람이 예법을 전혀 돌아보지 않고, 날마다 청담을 나누는 것으로 유명하였다. 그중에는 심지어 옷을 다 벗고 알몸을 내놓은 자도 있어서 폐단이 극에 달했다. 여기서는 이런 풍조가 결국 진(晉)나라를 빨리 망하게 한 원인이었다는 뜻이다.

크게 취하여 군수로부터 시를 지으라는 독책을 받고 시를 지어 희롱하다 11월이다.

大醉被主倅督賦賦以戲之 十一月

꿈에는 취향으로 가서 무공을 모시고 앉아[155]	醉鄕夢侍無功座
반가운 손으로 초대해 주어 고래처럼 마셨더니	引做佳賓飮似鯢
성택[156]에선 지금 군수의 자리에 모시고 앉아	醒澤今陪城主席
여전히 악객[157]이 되어 곤드레가 되게 마시었네	依然惡客困如泥

155 꿈에는……앉아 : 무공(無功)은 당대(唐代)의 문신 왕적(王績)의 자이다. 왕적은 수(隋)나라 대업(大業) 연간에 효제 염결(孝悌廉潔)로 천거되어 비서성 정자(祕書省正字), 육합현 승(六合縣丞)을 역임하였다. 성격이 호방하고 술을 좋아하여 두주학사(斗酒學士)로 부르기도 하였다. 그가 일찍이 유령(劉伶)의 〈주덕송(酒德頌)〉을 모방하여 〈취향기(醉鄕記)〉를 지었기 때문에 이 시에서 취향을 말한 것이다. 《東皐子集 卷下》

156 성택(醒澤) : 늪가에서 깨어 있다는 뜻이다. 굴원(屈原)이 조정에서 쫓겨나 늪가에서 읊조리며 다닐 때 지은 〈어부사(漁父辭)〉에, 어부가 굴원의 초췌한 몰골을 보고 왜 그리되었냐고 묻자, 굴원이 "뭇사람이 다 취했거늘 나 홀로 깨었는지라, 이 때문에 내가 추방되었노라.〔衆人皆醉, 我獨醒. 是以見放.〕"라고 하였다. 80쪽 주118 참조. 여기서는 저자가 거주하고 있는 진도(珍島)를 굴원이 방황했던 늪가에 빗대서 한 말이다.

157 악객(惡客) : 당(唐)나라 원결(元結)의 〈장선하처거(將船何處去)〉에 "때로 악객을 만나고 나면, 집에 돌아와도 술기운이 적구나.〔有時逢惡客, 還家亦少酣.〕"라고 하였다. 그 자주(自註)에 "주도가 아닌 사람이 바로 악객이다.〔非酒徒卽爲惡客〕"라고 하였다. 악객은 술을 마시지 않는 사람을 지칭하였으나, 후세에는 그와 반대로 통음(痛飮)하는 사람을 지칭한다. 《次山集 卷3》 여기서는 후자의 뜻으로 쓰였다.

또 운을 부르면서 심하게 재촉하다

又呼韻苛徵

애간장은 시호의 소굴에서 다 녹이고	魂銷豺虎窟
눈물은 교활한 왜놈 하늘에 흘렸노라[158]	淚入猾奴天
겨울 막바지에 술잔을 기울이노라니	罇勺玄冬極
푸른 바닷가에 생가[159]가 울려 퍼지네	笙歌碧海邊
대부[160]가 어찌 취함을 면할 수 있으랴	大夫那免醉
이부가 자는 것은 금할 수 없겠지만	吏部不禁眠
반드시 게의 집게다리를 왼손에 쥐고	未必持螯蟹
만곡의 배까지 띄울 필요는 없을레라[161]	方浮萬斛船

158 애간장은……흘렸노라 : 시호(豺虎)는 악인을 비유한 것으로, 시호의 소굴이란 한때 왜구의 소굴이 된 진도를 가리킨다. 교활한 왜놈도 왜구를 가리키는 듯하다. 두보의 〈남경정백중승(覽鏡呈柏中丞)〉에 "애간장은 시호의 소굴에서 다 녹이고, 눈물은 견양의 하늘에 흘리었네.〔膽銷豺虎窟, 淚入犬羊天.〕"라고 하였다. 《杜少陵詩集 卷18》

159 생가(笙歌) : 관악기인 생황(笙簧) 소리와 노랫소리를 병칭한 말이다.

160 대부(大夫) : 삼려대부(三閭大夫)를 지낸 굴원을 가리킨다. 여기서는 저자 자신의 처지를 굴원에 빗대서 한 말이다.

161 이부(吏部)가……없을레라 : 이부는 진대(晉代)의 문신으로 이부랑(吏部郎)을 지낸 필탁(畢卓)을 가리킨 것으로, 주호(酒豪)로 유명하였다. 그는 사람들에게 말하기를 "술을 수백 곡의 배에 가득 싣고, 사철의 맛 좋은 음식들을 배의 양쪽 머리에 쌓아 두고, 오른손으로는 술잔을 들고, 왼손에는 게의 집게다리를 들고서 술 실은 배에 둥둥 떠서 노닌다면 일생을 마치기에 넉넉할 것이다.〔得酒滿數百斛船, 四時甘味置兩頭, 右手持酒杯, 左手持蟹螯, 拍浮酒船中, 便足了一生矣.〕"라고 하였다. 《晉書 卷49 畢卓列傳》 여기서는 저자 자신을 필탁에 빗대어 굳이 술 실은 배까지 띄울 것이 있겠느냐는 뜻이다.

13일 밤에 홀로 앉아서 책을 보노라니, 온갖 생각이 어지러이 떠오르므로 붓 가는 대로 쓰다 모두 7수이다. 12월이다.

十三夜高坐觀書百慮紛然信筆書之 凡七首 十二月

십 년 동안 외론 섬에 갇혀 있노라니	十載拘孤島
겹겹의 구름은 두 능[162]을 덮고 있으리	重雲閟二陵
선왕의 은택은 참으로 먼 데까지 미쳤거니와	恩波諒及遠
내 슬픈 눈물은 예전과 똑같이 흘릴 뿐이네	哀涕只如曾
귀는 양광처럼 더워지도록 내버려 두지만[163]	耳任楊狂熱

162 두 능 : 중종(中宗)과 인종(仁宗)의 능을 가리킨다.

163 귀는……두지만 : 양광(楊狂)은 한대(漢代)의 문신 양운(楊惲)을 가리킨다. 그를 광(狂)이라고 칭한 것은 뜻만 크고 행실이 미치지 못했음을 넌지시 표현한 말이다. 귀가 더워진다는 것은 양운이 한 선제(漢宣帝) 때 중랑장(中郎將)으로, 일찍이 언사(言事)로 인하여 쫓겨나 서인(庶人)이 되어 집에 있었는데, 자기 친구인 손회종(孫會宗)에게 충고의 편지를 받고 그에게 답한 편지에 "……신이 죄를 얻은 지 이미 3년이라, 농촌에서 고생스레 농사짓고 세시 복랍 때가 되면 양고기 찌고 굽고 하여 말술을 마시며 스스로 위로하나니……술을 마신 뒤에 귀가 더워지면 하늘을 쳐다보며 질장군을 두드리면서 오오하고 노래한다오. 그 시에 '저 남산에 밭을 일구었으나, 묵혀 버리고 김을 매지 않으니, 한 이랑의 콩을 심었지만, 떨어져서 껍데기만 남았다네. 인생은 행락이나 할 뿐이거늘, 어느 때에 부귀하기를 기다리랴.'라고 하노라.〔……臣之得罪, 已三年矣. 田家作苦, 歲時伏臘, 烹羊炰羔, 斗酒自勞.……酒後耳熱, 仰天撫缶, 而呼嗚嗚. 其詩曰: 田彼南山, 蕪穢不治, 種一頃豆, 落而爲萁. 人生行樂耳, 須富貴何時.〕"라고 하였다. 양운의 시 내용은 은어(隱語)로써 당시 조정의 황란(荒亂)한 상태를 비난한 것인데, 이로 인하여 양운은 극형에 처해졌다.《漢書 卷66 楊敞傳》 저자는 그 누구도 원망하지는 않지만, 양운처럼 술을 마시고 즐기기는 하겠다는 뜻이다.

마음은 의당 유종원이 허물 징계하듯 해야지[164] 心須柳咎懲
태평성대 만세를 축원하는 일만은 太平萬歲祝
신이 실상 나약하나 능히 할 수 있다오 臣實懦猶能

이상은 중종(中宗), 인종(仁宗)을 생각하여 읊은 것이다.

조석으로 어버이 보살피는 일을 폐했고 定省晨昏曠
동작과 말씀 없는 데서 듣고 봄도 빠뜨렸네[165] 形聲視聽陵
가정에서 민자건을 칭찬한 건 남들이 믿지만[166] 家庭不間閔
숙수의 즐거움도 증자껜 들리질 못하누나[167] 菽水未懽曾

164 마음은……해야지 : 유종원(柳宗元)은 당송팔가(唐宋八家)의 한 사람이다. 문장이 뛰어났으나, 일찍이 죄를 입어 영주 사마(永州司馬)로 폄척되어 있을 적에 자기 허물을 징계하는 의미를 담아 〈징구부(懲咎賦)〉를 지었다. 《신당서(新唐書)》 권168 〈유종원열전〉에서는 "유종원이 조정으로 불려 들어가지 못하자, 스스로 자신을 가엾게 여겨 슬퍼하면서 지난날의 허물을 회한하여 〈징구부〉를 지어 스스로 경계하였다.〔宗元不得召內, 憫悼悔念往咎, 作賦自儆.〕"라고 하였다. 《柳河東集 卷2》 저자 자신 또한 유종원처럼 스스로 자신을 경계한다는 뜻이다.

165 동작과……빠뜨렸네 : 동작과 말씀이 없는 데서 듣고 본다는 것은 《예기》 〈곡례(曲禮)〉에 "자식 된 자는……부모가 말씀하기 전에 미리 알아차려야 하고, 수족을 놀리기 전에 그 의향을 살펴 알아야 한다.〔爲人子者,……聽於無聲, 視於無形.〕"라고 한 데서 온 말이다. 그러나 저자는 부모를 모시지 못하여 그런 자식의 도리를 행하지 못한다는 뜻이다.

166 가정(家庭)에서……믿지만 : 민자건(閔子騫)은 공자의 제자이다. 공자가 이르기를 "효성스럽다, 민자건이여, 그의 부모 형제가 그를 칭찬하는 말에 남들이 딴말을 하지 못하도다.〔孝哉, 閔子騫! 人不間於其父母昆弟之言.〕"라고 하였다. 《論語 先進》 여기서는 저자에 대해 부모 형제가 칭찬하는 것을 민자건처럼 남들이 믿는다는 뜻이다.

167 숙수(菽水)의……못하누나 : 숙수는 콩과 물이다. 콩을 먹고 물을 마시는 아주 가난한 생활을 뜻한다. 공자의 제자 자로(子路)가 "마음 아파라 가난이여, 어버이가

날을 아끼는 정은 공연히 이를 뿐이지만[168] 愛日情空到
몸을 해치는 분노는 진작부터 억제했다오 忘身忿久懲
어이해 하늘이 세 가지 낙[169]을 내려 주었건만 胡天與三樂
나는 한 가지 낙도 누릴 수 없단 말인가 樂一我無能

이상은 두 어버이를 생각하여 읊은 것이다.

나는 멀리 있고 그대는 아직 그대로 있지만 我遠君猶在
가문은 쇠잔해지고 세대 또한 침체했네[170] 門衰世亦陵

생존했을 때는 봉양할 것이 없었고, 돌아가셔서는 예를 행할 수가 없도다.〔傷哉, 貧也! 生無以爲養也, 死無以爲禮也.〕"라고 하므로, 공자가 이르기를 "콩을 먹고 물을 마실지라도 어버이의 마음을 즐겁게만 하면 그것을 효도라 하는 것이요, 어버이 초상 때는 머리와 발의 형체만을 겨우 염습하여 정해진 기간을 못 채우고 곧 장사를 지내면서 외곽을 쓰지 못하더라도 자기 형편에 맞게 하면 그것을 예라고 하는 것이다.〔啜菽飮水, 盡其歡, 斯之謂孝; 斂首足形, 還葬而無椁, 稱其財, 斯之謂禮.〕"라고 하였다.《禮記 檀弓下》 원래 위의 고사는 증자(曾子)에 대한 내용이 아니지만, 증자를 위 구절의 민자건(閔子騫)에 대한 대칭(對稱)으로 삼아 저자의 부친에 빗대서 전용한 것이다.

168 날을……뿐이지만 : 날을 아낀다는 것은, 양웅(揚雄)의《법언(法言)》〈효지(孝至)〉에 "부모를 섬기는 데 스스로 부족함을 알던 이는 오직 순 임금이신저. 마음대로 오래 할 수 없는 것은 어버이 섬기는 일을 이름이니, 효자는 날을 아끼는 것이다.〔事父母自知不足者, 其舜乎! 不可得而久者, 事親之謂也. 孝子愛日.〕"라고 한 데서 온 말이다. 그러나 저자는 부모를 직접 모시지 못하기 때문에 마음만 있을 뿐이라는 뜻이다.

169 세 가지 낙〔三樂〕: 맹자가 이르기를 "군자에게 세 가지 즐거움이 있으니, 천하에 왕 노릇 하는 것은 여기에 끼지 않는다. 부모가 다 생존하고 형제가 무고한 것이 첫 번째 즐거움이요, 위로는 하늘에 부끄럽지 않고 아래로는 사람에게 부끄럽지 않은 것이 두 번째 즐거움이요, 천하의 영재를 얻어서 교육시키는 것이 세 번째 즐거움이다.〔君子有三樂, 而王天下不與存焉. 父母俱存, 兄弟無故, 一樂也; 仰不愧於天, 俯不怍於人, 二樂也; 得天下英才而教育之, 三樂也.〕"라고 한 데서 온 말이다.《孟子 盡心上》

늙은 부모님은 근심과 노고가 많으실 테고　　憂勞老父母
훌륭하신 고조 증조의 영혼은 오르내리시겠지　　陟降顯高曾
생명 보전할 기대는 점차 끊어져 가거니와　　漸斷全生望
수명 해침에 대한 징계는 애당초 없었노라[171]　　初無伐數懲
옷깃 젖도록 울다가도 문득 자랑스러운 건　　沾衣復却羨
저들은 서로 화목하지 못하기 때문이라네[172]　　彼有不相能

이상은 아우와 누이를 생각하여 읊은 것이다.

어느 날 홍수를 보고 나니[173]　　一日看洪水

170 세대(世代) 또한 침체했네 : 저자가 종손(宗孫)으로서 아직껏 적자(嫡子)를 두지 못한 것을 가지고 한 말인 듯하다.

171 수명……없었노라 : 수명을 해친다는 말은 질병을 뜻하는 것으로, 저자 자신은 애당초 양생(養生)을 위하여 질병을 다스리려고 마음을 쓰지 않았다는 뜻이다. 두보(杜甫)의 〈기유협주백화사군사십운(寄劉峽州伯華使君四十韻)〉에 "나는 양생을 끝내 스스로 아끼기에, 병을 다스려 반드시 온전히 징계하노라.〔養生終自惜, 伐叛必全懲.〕"라고 하였다. 《杜少陵詩集 卷19》

172 옷깃……때문이라네 : 저들이란 형제 남매간에 서로 불화하는 사람들을 지칭한다. 저자의 형제 남매는 모두 헤어져 서로 이별의 눈물을 흘리고 있지만, 형제간에 서로 화목하지 못한 사람들보다는 자랑스럽다는 뜻이다.

173 어느……나니 : 홍수(洪水)는 극심한 재해를 비유한다. 맹자가 이르기를 "옛날에 우 임금이 홍수를 다스려서 천하가 태평해졌고, 주공이 이적들을 겸병하고 맹수들을 몰아내자 백성들이 편안해졌다.〔昔者禹抑洪水而天下平, 周公兼夷狄驅猛獸而百姓寧.〕" 하였는데, 그 집주(集註)에 "대개 부정한 학설들이 제멋대로 유행하여 사람의 심술을 파괴하는 것이 홍수와 맹수의 재해보다 심했던 것이다.〔蓋邪說橫流, 壞人心術, 甚於洪水猛獸之災.〕"라고 하였다. 《孟子 滕文公下》 여기서는 소인배가 득세함으로 인하여 정인군자(正人君子)가 몰락하게 됨을 의미하는 것으로, 저자의 스승이며 장인인 이연경(李延慶) 또한 소인배로부터 극심한 피해를 입은 것을 은밀히 표현한 것이다.

미언이 〈광릉산〉처럼 끊어져 버렸네[174] 微言絶廣陵
학문을 전수한 사위 황간[175]은 있지만 傳書有甥幹
자리를 바꿀 때 아들 증원은 없었지[176] 易簀欠兒曾
손녀[177]는 제례 의식을 항상 주관하고 巽女儀常主
장모님께선 병도 다스리려 하지 않는다네 夫人病不懲
가을에는 명 지어 묘갈을 세워야 하는데 當秋責銘碣

174 미언(微言)이……버렸네 : 미언은 깊고 미묘한 말이란 뜻으로, 여기서는 저자의 스승인 이연경의 학문을 비유한다. 〈광릉산(廣陵散)〉이 끊어져 버렸다는 것은 진(晉)나라 때 죽림칠현(竹林七賢)의 한 사람인 혜강(嵇康)이 〈광릉산〉이라는 고상한 금곡(琴曲)을 혼자만 타고 남에게는 전수하지 않았다. 뒤에 그가 참소를 입어 죽게 되자, 처형되기 직전에 거문고를 가져다 〈광릉산〉 한 곡을 타고는 탄식하여 말하기를 "예전에 원효니가 나에게서 〈광릉산〉을 배우려고 하였으나, 내가 매양 아끼고 가르쳐 주지 않았더니, 〈광릉산〉 고상한 곡조가 이제부터 끊어지게 되었다.〔昔袁孝尼嘗從吾學廣陵散, 吾每靳固之, 廣陵散於今絶矣.〕"라고 한 데서 온 말이다. 《晉書 卷49 嵇康列傳》 여기서는 저자의 스승이 이미 죽어서 그의 깊은 학문을 더 이상 들을 수 없음을 〈광릉산〉의 고사에 빗대서 한 말이다.

175 사위 황간(黃榦) : 송대(宋代)의 유학자로, 주희(朱熹)의 사위이며 수제자였다. 여기서는 이연경의 사위이며 제자이기도 한 저자 자신을 황간에 빗대서 한 말이다.

176 자리를……없었지 : 자리를 바꾼다는 것은 증자(曾子)가 병이 위독했을 때 아들 증원(曾元)이 모시고 있었는데, 한 동자(童子)가 한쪽 구석에 앉아 촛불을 잡고 있다가 "선생님의 대자리는 화려하고 고우니, 대부가 사용하는 자리인가 봅니다.〔華而睆, 大夫之簀與.〕"라고 하자, 증자가 선비의 신분으로 대부인 계환자(季桓子)에게서 받은 화려한 자리에서 죽어서는 안 된다 하고, 다른 자리로 바꾸게 하여 그 자리에서 운명한 고사에서 온 말이다. 《禮記 檀弓上》 여기서는 저자의 스승인 이연경에게는 아들이 없었으므로 한 말이다.

177 손녀(巽女) : 저자의 아내인 이연경의 장녀를 지칭한다. 《주역》 〈설괘전(說卦傳)〉에 "손은 나무가 되고, 바람이 되고, 장녀가 된다.〔巽: 爲木, 爲風, 爲長女.〕"라고 하였다.

멀리서 애통해할 뿐 나는 할 수가 없구려　　遙慟匪吾能

이상은 용탄(龍灘) 선생[178]을 생각하여 읊은 것이다.

이 세상에서 가장 나의 지기지우인데　　海內忘形友
구름 속의 학[179]처럼 뛰어난 기상 빼어났지　　雲中逸氣陵
안연을 희망하면 나도 곧 안연이 되려니와[180]　　顏希我則是
네가 어찌 곧 나를 관중에 비한단 말이냐[181]　　管比爾何曾

178 용탄(龍灘) 선생 : 충주(忠州) 용탄동(龍灘洞)에 살았고, 호가 탄수(灘叟)인 이연경을 지칭한다.

179 구름 속의 학 : 인품이 고결하고 지향(志向)이 고원(高遠)한 사람을 비유한다. 《삼국지(三國志)》 권11 〈위서(魏書) 병원전(邴原傳)〉 주석에 "병군은 이른바 구름 속의 백학이라, 메추라기를 잡는 그물로 몰아 잡을 수 있는 새가 아니다.〔邴君所謂雲中白鶴, 非鶉鷃之網所能羅矣.〕"라고 하였다.

180 안연(顏淵)을……되려니와 : 저자의 지기지우이며 동서(同壻) 간이기도 한 강유선(康惟善)의 처지를 저자가 대변한 것이다. 송대(宋代)의 유학자인 여대림(呂大臨)의 〈극기명(克己銘)〉에 "안연은 그 어떤 분이던가, 되려고 희망하면 곧 그렇게 되는 것이다.〔顏何人哉? 希之則是.〕"라고 한 데서 온 말이다. 강유선은 중종(中宗) 때의 성균관 유생(成均館儒生)으로, 자는 원숙(元叔), 호는 주천(舟川)이다. 1537년(중종 32) 사마시(司馬試)에 합격하여 성균관 유생이 되고, 문장으로 이름이 있었으며, 인종(仁宗) 초기에는 성균관의 유생들을 이끌고 상소하여 조광조(趙光祖)를 신원(伸冤)시키기도 했다. 그러나 뒤에 이홍윤(李洪胤)의 옥사(獄事)에 연루되어 장살(杖殺)당하였다. 저자는 소년 시절에 일찍이 강유선과 함께 이연경에게서 수학하였다.

181 네가……말이냐 : 이 역시 강유선의 처지를 저자가 대변한 것이다. 혹자가 증자(曾子)의 손자인 증서(曾西)에게 묻기를 "그대가 자로와 비교하면 누가 더 어진가?〔吾子與子路孰賢〕" 하자, 증서가 불안해하며 말하기를 "우리 선자께서 두려워하신 바이니라.〔吾先子之所畏也〕" 하므로, "그렇다면 그대가 관중과 비교하면 누가 더 어진가?〔然則吾子與管仲孰賢〕" 하자, 증서가 발끈 화를 내며 "네가 어찌 나를 관중에게 비교하는

깨끗하고 바름은 양폐[182]를 부끄럽게 여기고　瑩正羞涼弊
강직하고 방정함은 열징[183]을 조소하였지　剛方笑熱懲
정정당당히 만인의 으뜸이었던 그대여　堂堂萬夫表
꿈속에서나마 한번 만나 줄 수 있겠나　一入夢中能

이상은 주천(舟川)[184]을 생각하여 읊은 것이다.

유순한 아내는 가문이 피폐해졌고　婉娩門闌弊
쇠잔한 나는 감옥에 갇힌 몸이로다　龍鍾犴獄陵
생각하니 경경은 누가 다시 불러 줄꼬[185]　卿卿念誰復

가. 관중은 군주의 신임을 저렇게 독차지했으며, 국정을 저렇에 오래 하였는데도 공렬이 저렇게 낮았거니, 네가 어찌 나를 관중에게 비교하는가.〔爾何曾比予於管仲? 管仲得君, 如彼其專也; 行乎國政, 如彼其久也; 功烈如彼其卑也, 爾何曾比予於是?〕"라고 하였다. 《孟子 公孫丑上》

182 양폐(涼弊) : 양박스러운 세속의 병폐를 이른다.

183 열징(熱懲) : 《초사(楚辭)》 〈구장(九章) 석송(惜誦)〉에 "뜨거운 국에 데인 뒤엔 냉채도 불어 먹거늘, 어찌하여 이 뜻을 변하지 않는고.〔懲熱羹而吹虀兮, 何不變此志也?〕"라고 한 데서 온 말이다. 여기서는 한번 신상에 위험을 느낀 뒤로는 바른말 한마디도 하지 않고 매사에 지나칠 정도로 경계심을 갖는 자들을 지칭한다.

184 주천(舟川) : 강유선의 호이다. 101쪽 주180 참조.

185 경경(卿卿)은……줄꼬 : 경경은 당신 또는 자네라는 뜻으로, 아내가 남편을 친근하게 부르는 말이다. 진(晉)나라 왕융(王戎)의 아내가 왕융을 당신이라고 부르자, 왕융이 말하기를 "부인이 남편을 당신이라고 부르는 것은 불경(不敬)스러우니, 다시는 그렇게 부르지 마오." 하니, 부인이 말하기를 "당신을 친하고 당신을 사랑하기 때문에 당신을 당신이라고 부르는 것이니, 내가 당신을 당신이라고 부르지 않는다면 누가 당신을 당신이라고 부르겠소.〔親卿愛卿, 是以卿卿. 我不卿卿, 誰當卿卿.〕"라고 하였다. 《世說新語 惑溺》 여기서는 저자 자신에게는 당신이라고 불러 줄 아내가 곁에 없기 때문에 한 말이다.

기억건대 부부는 내가 진작 불렀지[186] 婦婦記吾曾
남은 생에 부부의 의리는 이미 무너졌지만 義已殘生墜
아홉 번 죽어도 부부의 정은 억제하지 않으리 情靡九死懲
따라서 늙도록 봉양받을 자식이 없으니[187] 無兒可從老
인간 세상에 머물기가 참 어렵겠구려 人世住難能

이상은 형처(荊妻)[188]를 생각하여 읊은 것이다.

바싹 마른 몰골로 상강 늪가에서 읊고[189] 枯槁吟湘澤
오랜 병치레로 무릉에 누워 있노라니[190] 沈綿臥茂陵
따뜻한 옷은 호학과 맞먹을 만하거니와[191] 暄衣當狐貉

186 기억건대……불렀지 : 부부(婦婦)는 아내를 보고 부인, 부인 하고 부른 것을 이른다. 저자가 예전에 아내와 동거할 적에 이렇게 부른 것을 기억하여 한 말이다.

187 따라서……없으니 : '따라서'라는 말은 《예기》 〈교특생(郊特牲)〉에 "부인은 남에게 따르는 자이니, 어려서는 부형을 따르고, 시집가서는 남편을 따르고, 남편이 죽으면 자식을 따른다.〔婦人, 從人者也. 幼從父兄, 嫁從夫, 夫死從子.〕"라고 한 데서 온 말이다. 여기서는 저자의 본부인에게 자식이 없기 때문에 이른 말이다.

188 형처(荊妻) : 후한(後漢)의 처사(處士) 양홍(梁鴻)의 아내 맹광(孟光)이 가시나무로 만든 비녀〔荊釵〕를 꽂고, 거친 베로 지은 치마를 입던 데서 온 말로, 가난한 집 부녀라는 뜻이다. 자기 아내의 겸칭으로도 쓰인다.

189 바싹……읊고 : 저자 자신의 처지를 굴원에 빗대서 한 말이다. 80쪽 주118 참조.

190 오랜……있노라니 : 무릉(茂陵)은 한대(漢代)의 문장가인 사마상여(司馬相如)의 고향이다. 사마상여가 소갈병(消渴病)으로 벼슬을 그만두고 고향인 무릉으로 가서 요양한 데서 온 말이다. 《史記 卷117 司馬相如列傳》 여기서는 병치레하고 있는 저자 자신을 사마상여에 빗대서 한 말이다.

191 따뜻한……만하거니와 : 호학(狐貉)은 여우 갖옷과 담비 갖옷을 병칭한 말인데, 대단히 호사스럽고 귀한 옷이다. 여기서는 거칠고 낡은 베옷이라도 따뜻하게 껴입으면

늦게 먹으면 하증의 밥상과 같고말고[192] 晩食等何曾
재앙을 내린 건 응당 하늘의 사랑이련만[193] 災釐應天愛
형서는 끝내 누가 징계한단 말인가[194] 荊舒竟孰懲
외로운 나그네는 수컷 부리가 묶인 채[195] 羈孤束雄咮
큰소리로 한번 외쳐 볼 수 없음이 한스럽네 一叫恨無能

이상은 스스로 내 감정을 풀기 위해 읊은 것이다.

호학이 부럽지 않다는 뜻으로 한 말이다. 공자가 이르기를 "해진 솜옷을 입고 여우 갖옷, 담비 갖옷 입은 사람과 같이 서 있어도 부끄러워하지 않는 사람은 자로뿐이로다.〔衣敝縕袍, 與衣狐貉者, 立而不恥者, 其由也與.〕"라고 하였다. 《論語 子罕》

192 늦게……같고말고 : 늦게 먹는다는 말은 배가 고픈 뒤에 음식을 먹는 것이다. 배가 고픈 뒤에 음식을 먹으면 그 맛이 절로 좋아서 고기 먹는 것과 같다는 뜻이다. 《전국책(戰國策)》〈제책(齊策) 4〉에 "늦게 먹어서 고기와 맞먹게 한다.〔晩食以當肉〕"라고 하였다. 하증(何曾)은 진 무제(晉武帝) 때 사람으로 벼슬이 태위(太尉)에 이르렀다. 그는 호사(豪奢)하기를 좋아하여 궁실, 거마, 의복, 음식 등에서 모두 왕자(王者)보다 지나칠 만큼 극도로 사치하였고, 날마다 만 전(萬錢)어치의 음식을 차려 먹으면서도 오히려 "젓가락을 내려 집을 것이 없다."라고까지 하였다. 《晉書 卷33 何曾列傳》

193 재앙을……사랑이련만 : 하늘의 사랑이라고 한 것은 하늘이 사람에게 재앙을 내려서 그로 하여금 지난 과오를 깨닫고 경계하도록 한다는 뜻이다.

194 형서(荊舒)는……말인가 : 형서는 초(楚)나라와 서(舒)나라를 병칭한 말인데, 이들은 다 남쪽 오랑캐이다. 《시경》〈노송(魯頌) 비궁(閟宮)〉에 "융적을 치니, 형서가 이에 징계되었다.〔戎狄是膺, 荊舒是懲.〕"라고 하였다. 오랑캐인 왜국(倭國)을 형서에 빗대서 한 말인 듯하다.

195 외로운……채 : 유종원(柳宗元)의 〈조굴원문(弔屈原文)〉에 "암탉이 시끄러이 울어 댐이여, 외로운 수탉은 부리를 묶이었도다.〔牝雞咿嚘兮, 孤雄束咮.〕"라고 한 데서 온 말이다. 《柳河東集 卷19》 이는 현자(賢者)는 당연히 해야 할 말도 하지 못하고, 소인들이 득세하여 서로 떠들어 대는 것을 비유한다.

취하여 훈도 김우에게 주다 병진년[196] 7월이다.

醉贈金訓導瑀 丙辰七月

도성에선 그 어느 해에 작별했던고 京洛何年別
오두막집에선 칠월 밤에 서로 만났네 茅茨七月宵
다정도 하여라 전괘령을 넘어서 多情掛錢嶺
옛 자취 따라 배다리를 내려왔구려 舊迹下船橋
술은 있으니 마시기에 거리낄 것 있으랴만 有酒何妨飮
삶이 없다는 것은 헤아릴 수가 없다네[197] 無生不可料
나는 도깨비 막는 일[198]이나 감수할 테니 惟應甘禦魅
교목으로 옮겨 가는 건[199] 물을 것 없다오 不用問遷喬

196 병진년 : 1556년(명종11)으로, 이때 저자는 42세였다.

197 삶이……없다네 : 삶이 없다는 것은 불교 용어로, 삶도 없고 죽음도 없다는 '무생무멸(無生無滅)'의 경지를 의미한다. 여기서 헤아릴 수 없다는 것은 그런 경지가 있는지를 알 수 없다는 뜻이다.

198 도깨비 막는 일 : 유배 생활을 의미한다. 86쪽 주134 참조.

199 교목(喬木)으로……건 : 교목은 높은 나무를 말하는데, 높은 나무로 옮겨 간다는 것은 높은 지위로 승천(升遷)하는 것을 의미한다. 《시경》 〈소아(小雅) 벌목(伐木)〉에 "나무를 쩡쩡 베거늘, 새는 꾀꼴꾀꼴 우는도다. 깊은 골짜기에서 나와, 높은 나무로 옮겨 가도다.〔伐木丁丁, 鳥鳴嚶嚶. 出自幽谷, 遷于喬木.〕"라고 하였다.

또 크게 취하여 차운하다

又大醉次韻

삼추 동안의 학질[200]로 바람은 쐴 수 없지만	痁瘧三秋不可風
반평생의 이 신세는 술잔 속에 살고 있다네	半生身世酒杯中
옛 친구와 만났으니 응당 마셔야 하고말고	相逢故好唯須飮
취하고 나니 만사가 뜬구름처럼 흔적도 없네	醉後浮雲萬事空

200 삼추(三秋) 동안의 학질 : 89쪽 주145 참조.

훈도 송사침[201]에게 주어 작별하다 8월이다.

贈別宋訓導士琛 八月

난리 뒤에 만나도 반가움은 마찬가진데　　亂後猶青眼
사람은 절로 다 같이 백발이 되었구려　　人間自白頭
망적산에는 아직도 봉화 연기가 끼었고　　煙塵望敵峴
청조루에서는 고각 소리가 울려 퍼지네　　鼓角聽潮樓
술이야 어찌 남은 생에 경계할 게 되랴만　　酒豈殘年戒
시는 응당 수척해진 사람은 그만둬야지[202]　　詩應太瘦休
가을 풍광이 슬픈 눈물 속에 들어오니　　秋光入危涕
이별하기 겁나서 몹시 근심이 되는구려　　怯別劇悠悠

연진(煙塵)이 다른 본에는 봉연(烽煙)으로 되어 있다.

201 송사침(宋士琛) : 1543년(중종38) 생원시(生員試)에 3등으로 입격하였다.

202 시는……그만둬야지 : 이백(李白)의 〈희증두보(戲贈杜甫)〉에 "반과산 꼭대기에서 두보를 만났는데, 머리엔 대삿갓 썼고 해는 마침 정오로다. 묻노니 작별한 뒤로 어찌 그리 수척해졌나, 모두가 종전에 괴로이 시 읊조린 탓이로세.〔飯顆山頭逢杜甫, 頭戴笠子日卓午. 借問別來太瘦生? 總爲從前作詩苦.〕"라고 하였다.《李太白集 卷25》 저자 자신이 수척해졌기 때문에 시를 그만둬야 한다는 뜻이다.

상산으로 돌아가는 서숙부[203]를 전송하다 9월이다.

送孼叔父歸商山 九月

거의 죽다가 겨우 생명만 살아남았는데 萬死餘生在
끝까지 서로 따른 이는 유독 숙부였네 相隨獨叔看
전란 중에는 피난 생활을 함께하였고 風塵共逃難
오랜 세월에 온갖 어려움도 다 겪었지 日月備嘗艱
짚신은 터진 데를 그런대로 기워 신겼지만 草履穿猶補
누더기옷은 벗어 입혔어도 역시 춥겠구려 鶉衣解亦寒
유배 생활 십 년의 눈물을 몽땅 가져다가 都將十年淚
원천[204]의 물굽이에 한번 뿌리노라 一灑遠川灣

내 옷을 벗어서 입혀 주었지만, 그래도 옷이 엷어 마음이 아팠다.

203 서숙부(庶叔父) : 저자의 서숙부로 이름은 붕(鵬)이다. 《소재집》 제2권에 나온다.

204 원천(遠川) : 경상북도 상주시(尙州市) 화남면(化南面)에 위치한 지명으로, 이곳에 저자의 조부 묘소가 있었다.

최익겸에게 주다. 이때 사천에서 술을 마셨다 10월이다.

贈崔益謙時飮斜川 十月

세월은 사천에서 저물어 가는데	歲月斜川晩
천지간에는 낙엽의 시름 처량도 하여라	乾坤落木愁
외로운 구름은 뿌린 눈물에 비치고	孤雲照揮淚
세상만사는 머리를 득득 긁게 하누나[205]	萬事入搔頭
싱거운 술은 일이 없어 마시거니와	薄酒無何飮
한가로운 담화는 갑자기 그만두노라	閑談取次休
취중에 무한한 뜻을 말하고 싶지만	醉中無限意
돌아가는 나그네를 만류하지 못하겠네	歸客不相留

무하(無何)는 별다른 일이 없다는 뜻이다.

205 세상만사는……하누나 : 세상일들이 몹시 고민스러워 머리를 긁으며 많은 생각을 하게 됨을 의미한다.

또 제하다

又題

해가 넘어간 걸 같이 애석해하며	共惜日色死
서로 손잡고 옛 다리에 올랐네	相携登古橋
실컷 취하는 걸 사양하지 말게나	無辭十分醉
먼 여정 길에 서로 그리워질 걸세	情境逈迢迢

박선의 초대를 받아 당동암에서 두부를 먹다

朴宣邀食豆腐于唐洞菴

비탈의 사찰에선 맑은 샘물이 흐르고	崖寺泉流碧
농갓집에는 콩이 막 노랗게 익었네	田家豆子黃
회남왕의 술법 따라 처음 두부를 만들어[206]	淮王術初辦
박 노인이 초대하여 새 두부 먹게 하누나	朴老喚新嘗
반듯하게 잘라 놓은 건 녹은 눈 액체 같은데	割正還融雪
밥 짓는 향기 풍겨라 또 보드라운 햅쌀밥일세	炊香復軟粳
남은 생에 마음껏 배부르게 먹고 나니	殘年恣飽喫
쇠한 창자 상한 게[207] 끝내 부끄럽구나	終媿毒衰腸

206 회남왕(淮南王)의……만들어 : 회남왕은 한대(漢代)의 황족(皇族)으로 회남왕에 봉해진 유안(劉安)을 가리킨다. 《본초강목(本草綱目)》 〈두부(豆腐)〉에 "두부 만드는 법은 한나라 회남왕 유안에게서 비롯되었는데, 흑두, 황두 및 백두, 이두, 완두, 녹두 등 모든 콩으로 다 만들 수 있다.〔豆腐之法, 始於漢淮南王劉安. 凡黑豆、黃豆及白豆、泥豆、豌豆、綠豆之類, 皆可爲之.〕"라고 하였다.

207 쇠한……게 : 두보(杜甫)의 〈하야탄(夏夜歎)〉에 "기나긴 해를 저물게 할 수 없는지라, 무더위에 내 창자가 상하는구나.〔永日不可暮, 炎蒸毒我腸.〕"라고 하였다. 《杜少陵詩集 卷7》 여름 내내 무더위로 위장이 상하였음을 이른다.

당동암 기둥에 제하다

題唐洞菴楹

성 동쪽의 초막집이 수레만큼 조그마한데	城東草幕小如車
서리 이슬 젖은 잣나무 등덩굴이 절벽에 어우러졌네	露柏霜藤斷壁虛
이 한 언덕에서 만년을 보내도록 허락만 해 준다면	政許一丘存晩計
원숭이랑 새들과 서로 친근해지기에 무방하련만	未妨猿鳥與相於

하서[208]의 시에 수답하여 부치다
酬寄河西

멀리 하늘 남쪽에 귀양 간 나그네가 있어	謫遠天南客
외로운 회포를 십생에게 부치노라[209]	孤懷寄十生
추풍이 불면 귀뚜리가 침상 아래 들어오고	秋風入蟋蟀
봄날이 되면 꾀꼬리가 그 얼마나 울었던가	春日幾倉庚
도성을 떠나서는 상심이 응당 컸을 게고	去國心應折
어버이를 생각하면 눈물이 절로 쏟아졌으리	思親淚自傾
정성은 천지를 감동시키고	精誠天地感
절묘한 시구는 귀신을 놀래키네[210]	妙句鬼神驚
바다에 가닿은 구름은 섬에 어리었고	際海雲凝島
산을 둘러싼 눈은 온 성에 가득하리	環山雪滿城
태평성대라 응당 버림받지 않으리니	明時知不廢
그 어느 날이나 서로 웃고 맞이할꼬	何日笑相迎

이상은 하서가 부쳐 온 시이다.

208 하서(河西) : 김인후(金麟厚)의 호이다.

209 멀리……부치노라 : 십생(十生)은 십생구사(十生九死)의 약칭으로, 극히 위험한 고비를 넘기고 다행히 살아남은 것을 의미한다. '귀양 간 나그네'와 '십생'은 모두 저자를 가리킨다.

210 절묘한……놀래키네 : 두보(杜甫)가 이백(李白)에게 부친 시에 "붓 들어 쓰면 비바람을 놀래키고, 시를 이루면 귀신을 울렸네.〔筆落驚風雨, 詩成泣鬼神.〕"라고 한 데서 온 말로, 시문이 뛰어남을 형용한다. 《杜少陵詩集 卷8》

친구가 있어 많은 시편을 지어서	有友多篇翰
인편을 인하여 생사의 소식을 물어 왔네	因人問死生
명년의 해는 사년이요[211]	明年歲在巳
초여름날 경자일 석양이겠지[212]	孟夏日斜庚
잠깐 사이에 음성 용모는 변해 버렸고	頫仰音容改
작은 과오로 사업은 기울어 버렸다오	毫氂事業傾
갈매기 뜬 물결은 만 리나 광활한데	波鷗萬里闊
마구간의 말은 오경 밤에 놀라 깨었네[213]	櫪馬五更驚
남도포에는 새벽달이 져 가고	落月南桃浦

211 명년의 해는 사년(巳年)이요 : 사년은 1557년 정사년(丁巳年)을 가리킨다. 후한(後漢)의 경학자인 정현(鄭玄)이 꿈을 꾸었는데, 공자가 "일어나라, 일어나라, 금년의 태세는 진에 있고, 내년의 태세는 사에 있다.〔起, 起, 今年歲在辰, 來年歲在巳.〕"라고 일러 주었다. 꿈을 꾸고 나서, 참서(讖書)로 맞추어 보고 스스로 자기의 수명이 다했음을 알았는데, 이윽고 병이 깊어져서 죽었다는 고사에서 온 말이다.《後漢書 卷35 鄭玄列傳》 여기서 사년을 말한 것은 저자 자신도 사년에는 죽을 수 있으리라는 뜻이다.

212 초여름날 경자일 석양이겠지 : 가의(賈誼)의 〈복조부(鵩鳥賦)〉에 "태세로는 묘년이요, 사월이라 초여름날, 경자일 석양에, 복조가 내 집에 날아들어, 자리 한구석에 앉으니, 그 모습이 매우 한가롭구나. 괴이한 물건이 날아들었기에, 속으로 그 까닭을 괴이하게 여기어, 점서를 펴 놓고 점을 쳐 보니, 내 운명을 예언했는데, 그 점사에 '들새가 방에 들어가면 주인이 곧 떠나게 된다.'고 한다.……〔單閼之歲, 四月孟夏, 庚子日斜, 鵩集余舍, 止于坐隅, 貌甚閒暇. 異物來集兮, 私怪其故, 發書占之兮, 筴言其度. 曰野鳥入室, 主人將去.……〕"라고 하였는데, 가의가 그 후 얼마 안 되어 죽었다.《史記 卷84 賈生列傳》 여기서는 저자 자신도 명년에는 가의처럼 불길하게 되리라는 뜻이다.

213 마구간의……깨었네 : 마구간의 말이란 속박받는 처지를 비유하는데, 여기서는 저자 자신의 처지를 말한다. 5경(更) 밤에 놀라 깨었다는 것은 상대방이 보낸 서신을 아침 일찍 전해 받고 반가움에 깜짝 놀랐다는 뜻인 듯하다.

고갑성에는 구름이 잔뜩 끼었구려　　屯雲古岬城
모름지기 지하에선 서로 만나려니와　　須成地下會
우선 꿈속에서나 서로 맞이해 주기를　　且許夢中迎

천명을 받듦은 유자가 귀히 여기는 바이니　　立命儒爲貴
허무한 도를 즐기던 가생이 애석하구려[214]　　耽虛惜賈生
어느 해에 진이 갑에서 일어났으며　　何年辰起甲
그 몇 번이나 술은 경에 돌아왔던고[215]　　幾度戌回庚
서북쪽으로 천행은 아득하기만 하고[216]　　西北天行遠
동남쪽으로 지축은 기울어져 있구려[217]　　東南地軸傾
경예[218]가 하룻저녁에 성을 내거든　　鯨鯢一夕怒
비호[219]가 잠시 놀라기도 하는 걸세　　貔虎片時驚

214 허무한……애석하구려 : 가생(賈生)은 가의(賈誼)를 가리킨다. 허무한 도란 도가(道家)의 학설을 의미하는데, 가의가 허무한 도를 즐겼다는 것은 자세하지 않다.

215 어느……돌아왔던고 : 갑진년(甲辰年)이 어느 해였고, 경술년(庚戌年)은 몇 번이나 돌아왔느냐는 뜻인데, 무슨 일을 두고 한 말인지는 자세하지 않다.

216 서북쪽으로……하고 : 천행(天行)은 천체의 운행을 말하는데, 여기서는 대궐 또는 임금의 동정(動靜)을 의미한다.

217 동남쪽으로……있구려 : 지축(地軸)은 대지를 지칭한다. 대지가 동남쪽으로 기울었다는 것은 동남쪽에 왜구가 창궐하여 큰 난리를 겪었던 일을 가리키는 듯하나 자세하지 않다.

218 경예(鯨鯢) : 수고래와 암고래를 병칭한 말이다. 이들은 작은 고기들을 잡아먹기 때문에 항상 불의한 흉악인들을 비유한다.

219 비호(貔虎) : 표범과 호랑이를 병칭한 말이다. 흔히 용감한 장사(將士)를 비유하는데, 여기서는 당시의 충직한 선류(善類)들을 비유한 듯하다.

나라가 태평함은 윗사람의 덕에 달렸거니와　國泰由懷德
인심이 화합하면 성을 쌓을 것도 없다오[220]　人和不用城
천심은 응당 천리에 순응한 이를 돕나니　自天應佑順
꿈속에나 만나자는 말은 하지 말게나　休說夢中迎

정사년[221] 1월이다.

이상은 하서가 재차 보내온 시이다.

금오산 상상봉에 걸린 저 달은　金鰲山上月
그 빛이 벽파정을 환히 비추누나[222]　影落碧波亭
귤로의 풍도는 아스라이 먼데[223]　橘老風期遠
매선의 기골은 향기롭기만 하네[224]　梅仙氣骨馨

220 인심이……없다오 : 맹자가 이르기를 "시기를 잘 이용하는 것이 성지의 험고함만 못하고, 성지의 험고함이 인심이 화합함만 못하다.〔天時不如地利, 地利不如人和.〕"라고 하였다.《孟子 公孫丑下》

221 정사년 : 1557년(명종12)으로, 이때 저자는 43세였다.

222 금오산(金鰲山)……비추누나 : 금오산은 전라도 장성현(長城縣)의 북쪽 1리에 있는 진산(鎭山)이고, 벽파정(碧波亭)은 진도에 있는 정자이다.

223 귤로(橘老)의……먼데 : 귤로란 귤 속의 노인이란 뜻이다. 옛날에 파공 사람이 자기 귤원(橘園)에 대단히 큰 귤이 있었는데, 이를 이상하게 여겨 쪼개어 보니, 귤 속에 수미(鬚眉)가 하얀 두 노인이 서로 마주 앉아 바둑을 두면서 즐겁게 담소를 나누고 있었다. 그중에 한 노인이 말하기를 "귤 속의 즐거움은 상산의 네 노인에 뒤지지 않으나, 다만 뿌리가 깊지 못하고 꼭지가 튼튼하지 못한 탓으로, 어리석은 사람이 따 내릴 수가 있었다.〔橘中之樂, 不減商山, 但不得深根固蒂, 爲愚人摘下耳.〕"라고 하였다.《玄怪錄 卷3》 여기서는 귤로를 귤나무의 미칭(美稱)으로 전용하였는데, 귤나무는 진도에 있기 때문에 풍도가 멀다고 말한 듯하다.

224 매선(梅仙)의……하네 : 매선은 한대(漢代)의 선인(仙人)인 매복(梅福)을 가리

그 누가 구령의 학을 타고　誰乘緱嶺鶴
초강의 평실을 함께 물어볼꼬[225]　與問楚江萍
해 저무니 그리워 못 견디겠네　歲晩相思苦
네 벽에 가을벌레 소리만 들리는구려　秋蟲四壁聽

갈팡질팡 길을 잃은 지 천 년 뒤라서[226]　倀倀千年後

킨다. 그가 남창위(南昌尉)로 있을 때 왕망(王莽)이 한나라를 찬탈하자 벼슬을 그만두고 처자를 버리고 홀로 홍애산(洪崖山)에 들어가 득도하여 신선이 되었다는 고사가 전한다. 여기서는 매화를 성이 매씨(梅氏)인 신선 매복에 빗대서 한 말이다.

225 그……물어볼꼬 : 구령(緱嶺)은 구지산(緱氏山)의 약칭이다. 《일주서(逸周書)》에 의하면, 주 영왕(周靈王)의 태자인 왕자교(王子喬)가 도사(道士) 부구공(浮丘公)을 따라 숭고산(嵩高山)에 올라가서 선술(仙術)을 배운 지 30여 년 만에 구지산에서 백학을 타고 승천했다는 고사가 있다. 또 《열선전(列仙傳)》에 의하면, 왕자교가 환량(桓良)이란 사람에게 이르기를 "우리 집에 고하라. 7월 7일에 내가 구지산 꼭대기에 나타나는 것을 볼 수 있으리라.〔告吾家. 七月七日, 待我於緱氏山頭.〕"라고 하더니, 과연 그날 왕자교가 백학을 타고 구지산 꼭대기에 있다가 사람들에게 하직 인사하고 승천했다고 한다. 평실(萍實)은 과실 이름이다. 춘추 시대 초왕(楚王)이 강을 건너다가, 둥글고 붉으며 크기가 말〔斗〕만 한 물체를 보고 이것을 취하여 사람을 시켜 노(魯)나라에 가서 공자에게 물어보게 하였다. 공자가 이르기를 "이것은 평실이란 것으로 쪼개서 먹을 수 있는데, 이것을 얻은 것은 길상의 조짐이다.〔此所謂萍實者也, 可剖而食之, 吉祥也.〕"라고 하였다. 《孔子家語 致思》 두보(杜甫)의 〈독좌(獨坐)〉에 "노인을 다습게 하자니 연옥이 생각나고, 주린 배를 채우려니 초나라 평실이 생각나네.〔煖老思燕玉, 充饑憶楚萍.〕"라고 하였다. 《杜少陵詩集 卷20》 다만 이 시에서 왕자교가 구지산에서 학을 탄 고사와 초강(楚江)의 평실에 대한 고사를 서로 연결 지은 뜻은 자세하지 않다.

226 갈팡질팡……뒤라서 : 공자가 이르기를 "나라를 다스리는 데 예가 없으면, 마치 장님에게 옆에서 부축해 주는 자가 없는 것과 같다. 갈팡질팡 길을 잃고 그 어디로 가겠는가.〔治國而無禮, 譬猶瞽之無相與. 倀倀乎其何之?〕"라고 한 데서 온 말로, 예가 없어 나라를 다스릴 수 없는 말세(末世)를 의미한다. 《禮記 仲尼燕居》

속절없이 고정[227]만을 사모하였네　空懷慕考亭
종신토록 끊어진 소리를 두드려 본들[228]　終身扣絶響
어드메서 끼친 여운을 이어받을꼬　何處襲遺馨
어둑어둑 평림에 안개비가 내리는 듯[229]　暗暗平林雨
유유해라 강한에 뜬 부평초 같기도 하네[230]　悠悠江漢萍
내가 원하는 건 깨달은 바를 미루어　願言推所覺
보고 듣는 이들을 개도해 주는 거라오　開發視兼聽

이상의 두 수는 하서가 내가 남에게 준 시를 보고 여기에 창화한 것이다.

수많은 넋들이 모두 저승길로 들었는데　萬魄俱泉路
남은 이 생명은 잠시 세상에 머물고 있네　殘生少旅亭
명성은 완전히 묻혀 버렸지만　聲名儘汨沒
의기만은 이렇게 충천함을 어찌하랴　意氣奈寧馨
우둔한 나는 아직도 돌을 소중히 간직하는데[231]　愚陋猶藏石

227 고정(考亭) : 주희(朱熹)가 살던 곳의 지명으로, 주희를 가리킨다.

228 종신토록……본들 : 끊어진 소리란 진(晉)나라 때 죽림칠현(竹林七賢)의 한 사람인 혜강(嵇康)에 관한 고사이다. 100쪽 주174 참조. 여기서는 공자, 주자의 도학이 끊어진 것을 혜강의 〈광릉산〉에 빗대서 한 말이다.

229 어둑어둑……듯 : 주희의 〈무이도가(武夷櫂歌)〉 제오곡(第五曲)에 "오곡은 산이 높고 구름 기운이 하 깊어라, 늘상 안개비가 평원의 숲에 어둑히 내리네.〔五曲山高雲氣深, 長時煙雨暗平林.〕"라고 한 데서 온 말이다. 여기서는 청명하지 못한 암울한 세상을 비유한 듯하다.

230 유유(悠悠)해라……하네 : 인간 세계의 정처 없고 무상함을 말한 것이다.

231 우둔한……간직하는데 : 옛날 송(宋)나라의 한 어리석은 사람이 옥(玉) 비슷한 돌인 연석(燕石)을 오대(梧臺)의 동쪽에서 얻어 가지고 돌아와서는 매우 소중히 간직

고명한 그대는 이미 평실을 쪼개 먹었네[232] 高明已剖萍
나의 저서는 남들이 허여해 주지 않지만 著書人不與
그대의 비결은 귀신이 응당 들어주리라[233] 祕訣鬼應聽

어느 해에 과회[234]를 이별했던고 寡悔何年別
남쪽 바다 초수에도 봄이 왔으리[235] 南溟楚樹春
못난 나도 몇 해를 나그네로 지내는데 龍鍾幾歲客
강풀이 또 한 번 새로워졌구려 江草一番新

경운[236] 어린 새벽에 태양은 굴러 오르고 日轉卿雲曙

하여 큰 보배로 여겼다. 주(周)나라 사람이 그 소문을 듣고 구경하러 가자, 주인이 깊이 갈무리해 놓은 연석을 꺼내 보이므로, 주나라 사람이 보고는 입을 가리고 웃으면서 "이것은 연석이니, 기와 조각이나 다를 것이 없다.〔此燕石也, 與瓦甓不異.〕"라고 하자, 주인은 대단히 화를 내면서 그 연석을 더욱 깊이 갈무리했다는 고사에서 온 말로, 어리석은 사람이 진귀하지 않은 것을 잘못 진귀하게 여기는 것을 비유한다.《太平御覽 卷51 闞子》 여기서는 저자 자신이 우둔하다는 겸사로 위의 고사에 빗대서 한 말이다.

232 평실(萍實)을 쪼개 먹었네 : 평실은 과실 이름으로, 이것을 얻은 것은 길상(吉祥)의 조짐이다. 춘추 시대 초왕(楚王)이 강을 건너다가 평실을 취하였다는 고사에서 온 말이다. 평실에 대한 자세한 내용은 117쪽 주225 참조.

233 그대의……들어주리라 : 이 시는 하서(河西) 김인후(金麟厚)에게 수답한 것인데, 이 말은 무엇을 의미하는지 자세하지 않다.

234 과회(寡悔) : 저자 노수신(盧守愼)의 자이다.

235 남쪽……왔으리 : 초수(楚樹)는 남녘의 나무란 뜻이다. 남쪽 바다나 남녘의 나무는 모두 저자가 유배 중인 진도(珍島)를 가리킨다.

236 경운(卿雲) : 상서로운 운기(雲氣)이다.《사기(史記)》 권27 〈천관서(天官書)〉에 "연기 같으나 연기가 아니요, 구름 같으나 구름도 아닌 것이 성대하고 번다하고

넓은 바다 봄이라 봄바람은 돌아 부네　風回洋海春
쓸데없는 묵은 시름은 다 털어 버리고　閒愁渾失舊
기쁜 기운만 차츰차츰 새로 생기는구려　喜氣漸生新

이상 두 수는 하서의 시이다.

구름 비는 아침이요 또 저녁에 흩어지고[237]　雲雨朝還暮
나뭇잎 피고 시듦은 가을이요 또 봄이로다[238]　枯榮秋復春
어이하여 본래의 마음 그대로 간직하여　如何素心舊
백발이 되도록 처음 만난 것[239]처럼 되지 않는고　不作白頭新

열두 해 전에 만났던 그 얼굴을　十二年前面
어느 때인들 잊을 수가 있겠는가　何時可得忘
벽파정 아래로 죽 뻗은 길이　碧波亭下路
아스라이 꿈속에 들어온다오　魂夢入茫茫

쓸쓸하고 높고 크나니, 이것을 경운이라 하는데, 경운이란 바로 기쁜 기운이다.〔若煙非煙, 若雲非雲, 郁郁紛紛, 蕭索輪囷, 是謂卿雲. 卿雲喜氣也.〕"라고 하였다.

237 구름……흩어지고 : 친구들이 서로 헤어져 있어 만나지 못하는 것을 비유한 듯하다.

238 나뭇잎……봄이로다 : 무상하게 흐르는 세월을 말한다.

239 백발이……것 : 옛 속담에 "백발이 되도록 오래 사귀었어도 서로 지기(知己)가 되지 못하면 처음 만난 사이나 다름이 없고, 길을 가다가 일산을 맞대고 처음 서로 잠깐 만났더라도 의기투합하면 예전부터 사귄 친구와 같다.〔白頭如新, 傾蓋如故.〕"라고 한 데서 온 말이다.《史記 卷83 魯仲連鄒陽列傳》 또《공자가어(孔子家語)》〈치사(致思)〉에 의하면, 공자가 담(郯)나라로 가던 도중에 정자(程子)를 처음 만나 서로 수레의 일산을 맞대고 온종일 담화를 나누며 매우 친밀해졌다고 한다. 여기서는 친구들 간에 지기(知己)의 옛 정분이 전혀 변함이 없음을 말한다.

머나먼 남해에서 편지가 오니 尺素從南海
그대 풍도를 더욱 못 잊겠구려 風期益未忘
밀랍 촛불 앞에 눈은 어른거리고 蠟頭花眩轉
치고의 생각은 아득하기만 하네[240] 雉膏思微茫

볼 날이 얼마 없다고 어찌 말하랴 豈曰無幾見
아 어느 날인들 서로 잊을쏜가 於乎何日忘
임금과 어버이 은혜는 그지없으니 君親恩[241]罔極
하늘처럼 바다처럼 넓고 높다오 天闊海茫茫

이상 세 수는 하서의 시이다.

십 년 동안 문려를 바라보고 계시면서 十載門閭望
어느 때인들 그 회포를 잊으시리오[242] 何時懷抱忘

240 치고(雉膏)의……하네 : 치고는 꿩고기인데, 맛이 좋기로 유명하다. 황정견(黃庭堅)의 〈증혜홍(贈惠洪)〉에 "자주 만나니 양의 어깨가 기쁘고, 시를 논하매 꿩고기처럼 맛이 좋네.〔數面欣羊胛, 論詩喜雉膏.〕"라고 하였다. 《山谷內集詩注 卷20》 여기서는 김인후가 저자와 만나서 시를 논하며 즐겁게 지내고자 하나 너무 멀리 있어 이룰 수 없음을 아쉬워하는 뜻이다.

241 恩 : 원문은 '思'인데, 문맥을 살펴 수정하였다.

242 십 년……잊으시리오 : 문려(門閭)를 바라본다는 것은 어머니가 항상 마을 문에 기대서서 자식이 돌아오기를 간절히 기다릴 것이라는 뜻으로 한 말이다. 전국 시대 제(齊)나라 왕손가(王孫賈)가 민왕(閔王)을 섬기다가 어느 날 민왕이 달아났는데도 왕손가는 왕의 소재(所在)를 알지 못한 채 집으로 돌아왔다. 그러자 그의 어머니가 왕손가에게 이르기를 "네가 아침에 나가서 저녁에 돌아오거든 내가 문에 기대서서 너 오기를 기다렸고, 네가 저녁에 나가서 돌아오지 않을 때는 내가 마을 문에 기대서서

개돼지 같은 자식은 모진 생명 죽지 못하고　　犬豚頑性命
아득한 바닷가에 서서 시가를 읊조리노라　　歌咏立蒼茫

너 오기를 기다렸다. 그런데 지금 네 임금이 나가 버렸는데 너는 그의 소재도 알지 못하고 어떻게 집엘 돌아온단 말이냐.〔女朝出而晚來, 則吾倚門而望; 女暮出而不還, 則吾倚閭而望. 今王出, 汝不知處, 尙何歸?〕"라고 하였다.《戰國策 齊策6》 저자의 어머니 또한 자식이 돌아오기를 왕손가의 어머니처럼 기다리고 계시리라는 뜻이다.

병을 앓고 난 뒤에 송사침이 방문하였으므로, 취중에 써서 주다 11월이다.

病後宋士琛相訪醉中題贈 十一月

약과[243]들은 거미줄에 덮여 있고　　藥裹披蛛網
서소는 마구간 문으로 가리었네[244]　　書巢掩午門
쌀 구걸해다 주는 중은 전혀 없지만[245]　　儘無僧乞米
도리어 넋을 불러 준 나그네는 있구려[246]　　還有客招魂

243 약과(藥裹) : 한약재(韓藥材)들을 한 가지씩 따로따로 넣어 둔 봉지이다.

244 서소(書巢)는……가리었네 : 서소는 '책 둥지'라는 뜻으로, 아주 협소한 서실(書室)을 가리킨다. 송(宋)나라 시인 육유(陸游)가 만년에 거처하던 서실이 매우 협소하여, 서책을 어지러이 쌓아 둔 것이 마치 마른 나뭇가지를 쌓아 놓은 것 같았으므로, 그 서실을 '서소'라 한 데서 온 말이다.《渭南文集 卷18 書巢記》'오문(午門)'은 위 구의 '거미줄'과 대를 이루는 뜻에서 '마구간의 문'으로 번역했으나, '한낮의 문'을 뜻할 수도 있다.

245 쌀……없지만 : 한유(韓愈)의 〈기노동(寄盧仝)〉에 "옥천 선생은 낙양성 안에 사는데, 허름한 집 두어 칸이 있을 뿐이네……선생은 젊어서부터 속된 무리들을 미워하여, 집에 들앉아 세상에 안 나온 지 어느덧 십여 년이 되었네. 지금까지 이웃 중이 쌀을 구걸해다 보내 줄 정도이니, 현윤이 된 내가 부끄럽지 않을 수 있겠는가.〔玉川先生洛城裏, 破屋數間而已矣.……先生結髮憎俗徒, 閉門不出動一紀. 至今隣僧乞米送, 僕忝縣尹能不恥.〕"라고 하였다.《韓昌黎集 卷5》저자의 곤궁함을 노동에 빗대서 한 말이다.

246 넋을……있구려 : 넋을 불러 준다는 것은 굴원(屈原)의 제자 송옥(宋玉)이 조정에서 쫓겨나 늪가를 방황하다가 정신이 점차 사위어 가는 스승을 보고는 안타깝게 여겨 그의 정신을 회복시키고자 〈초혼(招魂)〉을 지어 노래한 데서 온 말이다. 저자를 찾아온 송사침(宋士琛) 또한 송씨(宋氏)인 데다 저자를 방문해서 함께 술을 마셔 저자의 정신을 새롭게 해 준 것을 굴원과 송옥의 고사에 빗대서 한 말이다.

일어나고 일어나매 의상은 썰렁하고[247]	起起衣裳冷
서로 바라보면서 담소는 온화하여라	看看語笑溫
응당 복사[248]가 협소하여 불편하지만	應須少鵩舍
우선 사준[249]이나 남김없이 기울이세나	且爲盡蛇尊

247 일어나고……썰렁하고 : 일어나고 일어난다는 것은 《예기》〈곡례(曲禮)〉에 "선생을 모시고 앉았을 때에 선생이 무엇을 물으면 묻는 말이 끝난 뒤에 대답하며, 선생에게 수업을 청할 때에는 일어서서 청하며, 더 상세한 설명을 청할 때에도 일어서서 청한다.〔侍坐於先生, 先生問焉, 終則對. 請業則起, 請益則起.〕"라고 한 데서 온 말이다. 여기서는 저자를 방문한 송사침이 저자에게 묻고 배우면서 행한 몸놀림을 가리킨다.

248 복사(鵩舍) : 유배지의 거처를 가리킨다. 가의(賈誼)가 일찍이 장사왕 태부(長沙王太傅)로 폄척되어 나갔을 때, 장사 지방은 본래 땅이 낮고 습기가 많아 스스로 오래 살지 못하리라 생각했는데 그의 집에 복조(鵩鳥)가 날아들자, 그는 복조를 상서롭지 못한 새라고 여겨 불길한 생각에 〈복조부(鵩鳥賦)〉를 지어 스스로를 위로하였다. 23쪽 주6 참조.

249 사준(蛇尊) : 뱀의 그림자가 비친 술잔이란 뜻이다. 후한(後漢) 때 급군 태수(汲郡太守) 응침(應郴)이 일찍이 주부(主簿) 두선(杜宣)을 초청하여 술을 대접했는데, 그때 청사(廳事)의 벽에 걸린 쇠뇌가 뱀의 형상으로 술잔에 비쳤다. 두선은 이것을 보고 술잔에 뱀이 들어간 것으로 잘못 알고 그 술을 먹기가 싫었지만, 상관 앞이라 감히 사양 못 하고 억지로 마시고 돌아가서는 그 뱀이 자기 배 속으로 들어갔다고 생각한 나머지 병이 나서 곧 죽게 되었다. 응침이 이 소식을 듣고 앓고 있는 두선을 가마에 실어 오게 하여 전일에 그가 앉았던 자리에 다시 그를 앉히고 잔에 술을 따르니, 또 술잔에 뱀이 나타났다. 응침이 이것은 벽에 걸린 쇠뇌의 그림자이고 다른 변괴가 아니라고 일러 주자, 그제야 두선은 의혹이 풀려 병이 나았다고 한다.《風俗通 怪神》 진(晉)나라 악광(樂廣) 또한 자기 친구와 술을 마시는데, 친구가 술잔에 비친 뱀의 그림자를 보고는 마음이 섬뜩하여 그 길로 병이 났다가, 뒤에 뱀의 그림자가 청사(廳事)의 벽에 걸린 각궁(角弓)의 그림자였음을 알고는 병이 저절로 나았다는 고사도 있다.《晉書 卷43 樂廣列傳》 여기서는 단지 벽에 활이 걸려 있는 것을 가지고 위의 고사를 인용한 듯하다.

점마 권 동년[250]이 내방하였다

點馬權同年來訪

내가 먼저 취해 쓰러졌다가 다음 날에 이 시를 부쳤다.

병치레하며 남쪽 타관살이하는 날에	抱病南羈日
뗏목 타고 온 한나라 객성을 만났네[251]	浮査漢客星
십삼 년 전에 보았던 그 얼굴이요[252]	十三年外面

250 점마(點馬) 권 동년(權同年) : 점마는 각처에 있는 목장의 말들을 점고(點考)하기 위해 파견한 임시 벼슬로, 점마관(點馬官), 또는 점마별감(點馬別監)이라고도 한다. 권 동년은 1543년(중종38) 문과(文科)에서 저자와 동방급제(同榜及第)한 권벽(權擘)을 가리킨다. 그런데 권벽이 이때 진도(珍島) 지방의 점마관으로 파견된 것이다. 권벽은 문과에 급제한 이후 사관(史官)에 기용되었고, 그 후 예조 정랑 등을 역임하고, 춘추관 기주관(春秋館記注官), 편수관(編修官)이 되어 《중종실록(中宗實錄)》, 《명종실록(明宗實錄)》 등의 편찬에 참여했다. 벼슬은 오위장(五衛將)에 이르렀고, 시문에 뛰어났다.

251 뗏목……만났네 : 한 무제(漢武帝) 때 장건(張騫)이 사명(使命)을 받들고 서역(西域)에 나간 길에 뗏목을 타고 황하(黃河)의 근원을 찾아 한없이 거슬러 올라갔다. 그러다 한 성시(城市)에 이르러 보니, 한 여인은 방 안에서 베를 짜고, 한 남자는 소를 끌고 은하(銀河)의 물을 먹이고 있었다. 그들에게 "여기가 어디인가?" 하고 묻자, 그 여인이 지기석(支機石) 하나를 장건에게 주면서 "성도(成都)의 엄군평(嚴君平)에게 가서 물어보라."고 하였다. 그가 돌아와서 엄군평을 찾아가 지기석을 보이자, 엄군평이 말하기를 "이것은 직녀의 베틀 괴는 돌이다. 아무 연월일에 객성이 견우, 직녀를 범했는데, 지금 헤아려 보니, 그때가 바로 이 사람이 은하에 당도한 때였구려.〔此織女支機石也. 某年月日, 有客星犯牽牛宿, 正此人到天河時也.〕"라고 했다는 전설에서 온 말이다. 《太平御覽 卷51 荊楚歲時記》 여기서는 점마관의 사명을 받들고 내려온 사람을 장건에 빗대서 한 말이다.

용호방[253]에 동방급제한 그 정분이로다 龍虎榜中情
그대 높은 의리는 맑은 담화를 보내오는데 高義輸淸話
나의 쇠한 창자는 진한 술에 녹초가 되었다오 衰腸困綠醽
어떻게 하면 재차 서로 만날 수 있을까 何由得再覿
잠시 형나무 깔고 얘기하다[254] 작별했구려 取別暫班荊

252 십삼 년……얼굴이요 : 저자가 권벽과 동방급제한 해가 13년 전이었다.

253 용호방(龍虎榜) : 당 덕종(唐德宗) 연간에 구양첨(歐陽詹)이 한유(韓愈), 이강(李絳) 등 23인과 함께 육지(陸贄)의 방중(榜中)에 줄지어 급제했는데, 그들이 모두 당시의 준걸이었으므로, 당시 사람들이 그들을 용호방이라 일컫은 데서 온 말이다. 여기서는 문과(文科)를 의미한다.

254 형나무 깔고 얘기하다 : 《춘추좌씨전》 양공(襄公) 26년 조에 "초나라 오거가 정나라로 도망갔다가 다시 진나라로 도망가던 도중, 그의 친구인 채나라의 성자 또한 진나라로 가던 길에 정나라의 교외에서 서로 만나 형나무를 깔고 앉아서 함께 밥을 먹으면서 오거의 초나라 복귀에 대한 이야기를 나누었다.〔伍擧奔鄭, 將遂奔晉. 聲子將如晉, 遇之於鄭郊, 班荊相與食, 而言復故.〕"라고 한 데서 온 말이다. 친구 간에 서로 만나 회포를 나누는 것을 의미한다.

다시 앞의 운을 사용하여 답하다

復用前韻答之

뛰어난 시구는 명월주를 던져 준 듯한데[255]	秀句投明月
맑은 피리 소리는 새벽별 아래 울려 퍼지네	淸笳發曉星
바다 가운데는 나그네의 한이 서렸거니와	海中爲客恨
산 밖으로는 그대 바라보는 정이 얼마런가	山外望君情
호흡이 곤란함은 다년간 폐질환 때문이지만	患氣多年肺
시름을 없애기 위해선 닷 말 술을 마신다오[256]	消愁五斗醽
공중에 돌돌을 쓰며[257] 앉아 휘파람 부노라니	書空咄坐嘯

255 뛰어난……듯한데 : 명월주(明月珠)는 야광주(夜光珠)를 가리킨다. 그 맑은 광채가 마치 밝은 달빛 같다 하여 이렇게 이름한 것이다. 명월주를 던져 준다는 것은 《사기(史記)》 권83 〈추양열전(鄒陽列傳)〉에 "신은 들으니, 명월주나 야광벽을 어두운 밤 길 가는 사람에게 던져 줄 경우, 칼을 어루만지며 노려보지 않을 사람이 없다고 합니다. 왜냐하면 까닭 없이 보물이 앞에 이르기 때문입니다.〔臣聞明月之珠夜光之璧, 以闇投人於道路, 人無不按劍相眄者. 何則? 無因而至前也.〕"라고 한 데서 온 말이다. 여기서는 상대방의 시가 매우 아름다워 깜짝 놀랐다는 의미이다.

256 시름을……마신다오 : 닷 말 술을 마신다는 것은 애주(愛酒)를 의미한다. 진(晉)나라 때 죽림칠현의 한 사람인 유령(劉伶)의 전(傳)에 '닷 말로 해정을 한다.〔五斗解酲〕'는 말이 있고, 당(唐)나라 때 왕적(王績)도 술을 아주 즐겨 한번에 닷 말을 마셨고〔一飮五斗〕, 스스로 〈오두선생전(五斗先生傳)〉을 지어 자신의 뜻을 나타내기도 하였다.

257 돌돌을 쓰며 : 돌돌(咄咄)은 돌돌괴사(咄咄怪事)의 준말로, 뜻밖의 놀랄 만한 괴이쩍은 일이란 뜻이다. 이는 진(晉)나라 때 은호(殷浩)가 조정에서 쫓겨난 뒤로는 집에서 종일토록 허공에다 '돌돌괴사' 네 글자만 쓰고 있었다는 고사에서 온 말이다. 《晉書 卷77 殷浩列傳》 여기서는 저자 자신의 처지를 은호에 빗대서 한 말이다.

눈보라가 만형[258] 천지에 자욱하구려 風雪暗蠻荊

258 만형(蠻荊) : 춘추 시대 남방(南方) 초(楚)나라 지역을 가리키는데, 여기서는 조선의 남방에 위치한 진도(珍島)를 남방 초나라에 빗대서 한 말이다.

송씨, 조씨 두 상사[259]가 술을 가지고 방문해 주어 크게 취하여 써서 주다 12월이다.

宋曺二上舍携酒見訪大醉題贈 十二月

초여름에는 군석을 만났고	孟夏逢君錫
깊은 겨울에는 옥여를 만났네[260]	窮冬見沃如
어찌 알았으랴 반밤의 대화가	那知半夜話
일 년 동안 글 읽은 것보다 나을 줄을	勝讀一年書
차가운 달은 처마를 지나 조그마하고	苦月經簷小
차가운 구름은 바다를 지나 텅 비었네	寒雲過海虛
응당 두 사람을 머무르게 할 터이니	應須屈二子
종세토록 서로 친근하게 지내겠구려	終歲與相於

두 서생이 군관(郡館)에 머무르고 있다.

259 상사(上舍) : 생원(生員)이나 진사(進士)를 달리 이르는 말이다.

260 초여름에는……만났네 : 군석(君錫)과 옥여(沃如)는 송 아무〔宋某〕와 조 아무〔曺某〕의 자인 듯하나, 누구의 자인지는 자세하지 않다.

금릉의 수령[261]이 네 가지 식물을 보내 주었으므로, 시로써 사례하다

金陵宰見餉四件詩以謝之

수령이 내가 자신과 같은 파〔同派〕라는 뜻으로 깨우쳐 주었다.

도헌은 나의 현조이시니[262]	都憲吾玄祖
지금 공께서는 바로 친척의 존장이로다	今公乃戚尊
삼가 생각건대 오세의 유택[263]이	恭惟五世澤
정히 한집의 근원에서 시작되었고말고	正自一家源
근자에 금릉현의 원이 되어	近作金陵宰
섬에 갇혀 있는 넋을 자주 깨워 주누나	頻招海島魂
공연히 채소 단은 부족할까 의심하였고[264]	虛疑菜把罕

261 금릉(金陵)의 수령 : 금릉은 강진현(康津縣)의 고호이다. 이 시제(詩題) 아래 자주(自註)에서 동파(同派) 운운한 것으로 보아, 저자와 일가인 노 아무〔盧某〕가 당시 강진 현감(康津縣監)으로 있던 듯한데, 그의 이름은 자세하지 않다.

262 도헌(都憲)은 나의 현조(玄祖)이시니 : 도헌은 사헌부 대사헌의 별칭이다. 광주 노씨(光州盧氏) 족보에 의하면 현조는 저자의 오대조인 노덕기(盧德基)를 가리킨다. 그는 일찍이 공조 참의를 지냈고, 가선대부(嘉善大夫) 동지중추부사에 이르렀다. 그러나 여기서 대사헌이었다는 말에 대해서는 자세하지 않다.

263 오세(五世)의 유택 : 맹자가 이르기를 "군자의 유택도 오세가 되면 끊어지고, 소인의 유택도 오세가 되면 끊어지느니라.〔君子之澤, 五世而斬; 小人之澤, 五世而斬.〕"라고 하였다. 《孟子 離婁下》

264 채소……의심하였고 : 두보(杜甫)의 〈원관송채(園官送菜)〉에 "맑은 새벽에 채소 단을 보내오니, 항상 지주의 은혜를 흠뻑 입노라.〔淸晨送菜把, 常荷地主恩.〕"라고

실로 서신은 번거로이 늘 보내 주었네　　實致簡書煩
두어 마장 앞서부터 향내가 먼저 나더니　　數里香先聞
아침 내내 죽을 다스운 채로 보내왔네　　終朝粥已溫
새벽이라 관솔불은 곧 끌 때가 되자　　松明且退舍
주모는 술항아리를 만지려 하누나　　酒母欲當罇
내가 어찌 모직물 뜯어 먹던 소무이랴만[265]　　豈是飡氈武
나는 본래 눈 속에 누웠던 원안이라오[266]　　從來臥雪袁
단사표음이나마 자주 굶지는 않거니와[267]　　簞瓢不屢空
죽고 삶이야 하늘땅에 맡길 뿐이라오　　生死任乾坤

하였다.《杜少陵詩集 卷19》 두보가 지주(地主)에게 채소 단을 받았듯이, 저자 또한 상신 현삼(康津縣監)이 보내온 채소 단을 자주 받았다는 뜻이다.

265 내가……소무(蘇武)이랴만 : 한 무제(漢武帝) 때 소무가 흉노(匈奴)에 사신으로 갔다가 억류되었는데 먹을 것이 없어 눈〔雪〕과 깃발의 모직물〔旃毛〕을 뜯어 먹은 데서 온 말이다.《漢書 卷54 蘇武傳》 저자 자신은 소무처럼 먹을 것이 없지는 않다는 뜻이다.

266 나는……원안(袁安)이라오 : 후한(後漢)의 명상(名相) 원안이 미천했을 때, 한 번은 낙양(洛陽)에 큰 눈이 와서 낙양 영(洛陽令)이 민가를 순행하였다. 다른 사람들은 모두 나가서 눈을 치우고 걸식(乞食)하는데, 원안의 집만 유독 눈도 치우지 않은 채 방 안에 드러누워 있으므로, 사람을 시켜 왜 나오지 않느냐고 물었다. 원안이 말하기를 "큰 눈이 와서 사람들이 모두 굶주리는 때에 남에게 요구를 해서는 안 된다.〔大雪人皆餓, 不宜干人.〕"라고 하므로, 낙양 영이 그를 어질게 여겨 효렴(孝廉)으로 천거하였다.《後漢書 卷45 袁安列傳》 저자 자신은 원안과 같은 마음으로 지내고 있다는 뜻이다.

267 단사표음(簞食瓢飮)이나마……않거니와 : 단사는 도시락밥이고, 표음은 표주박에 담은 음료이다. 공자가 이르기를 "어질도다, 안회여. 한 도시락밥과 한 표주박 음료로 누추한 시골에서 사는 것을, 다른 사람은 그 고통스러움을 견디지 못하거늘, 안회는 도를 즐기는 마음을 고치지 않으니, 어질도다, 안회여.〔賢哉回也! 一簞食, 一瓢飮, 在陋巷, 人不堪其憂, 回也不改其樂, 賢哉回也!〕" 하고, 또 이르기를 "안회는 도에 가깝구나, 늘상 끼니를 굶어도 변함이 없구려.〔回其庶幾乎, 屢空.〕" 하였다.《論語 雍也, 先進》 자신은 도시락밥 한 그릇 표주박 음료 한 사발이나마 안회처럼 늘 굶지는 않는다는 뜻이다.

세모에 장난삼아 제하다
歲暮戲題

중원 천지의 동쪽이요 조선의 남쪽 섬 땅　天地之東國以南
옥주성 밖 두어 칸 암자에 귀양살이하는데　沃州城外數間庵
사면 못 받을 죄에 낫기 어려운 병을 지녔으니　有難赦罪難醫病
이야말로 불충한 신하요 불효한 자식이로다　是不忠臣不孝男
타관살이 삼천사백 일은 그저 다행이거니와[268]　客日三千四百幸
을해생으로 병진년까지 살아온 건 부끄럽구려[269]　行年乙亥丙辰慙
너 노수신아 앞으로는 취하지 않아서　汝盧守愼將無醉
공사 간에 보임되면 무슨 일을 감당할 수 있을지　補得公私底事堪

취(醉)가 다른 본에는 사(死)로 되어 있다.

268 타관살이……다행이거니와 : 저자의 유배 생활이 모두 3400일인데, 다행하다는 것은 죄인으로서 아직까지 목숨을 보전하고 있다는 뜻이다.

269 을해생으로……부끄럽구려 : 저자가 을해년인 1515년(중종10)에 태어나서 병진년인 1556년(명종11)까지 살아온 것을 말한다. 부끄럽다는 것은 나라에 죄 짓고 귀양살이하기 때문에, 임금에겐 불충하고 부모에겐 불효하므로 자책한다는 뜻이다.

선달 그믐날 밤에 울면서 쓰다

除夜泣書

병진년(丙辰年)을 보내고 정사년(丁巳年) 새해를 만나게 되어, 두 어버이의 생년(生年)을 만났는지라,[270] 느껍고 걱정스러워 울면서 쓰노라니, 정이 말에 드러나 있다.

귀신의 이치는 시종이 없거니와	神鬼無終始
용사는 신년 구년으로 나뉘었네[271]	龍蛇有舊新
나이를 기억함은 효자를 두렵게 하거니와[272]	知年懼孝子
해를 꿈꿀 때는 현인을 일어나라고 했다지[273]	夢歲起賢人
닭은 부모님 계신 고당의 새벽을 울어 보낼 텐데	鷄送高堂曉
호가 소리는 외진 군영의 봄에 울려 퍼지네	笳生絶戍春

270 병진년(丙辰年)을……만났는지라 : 저자의 양친(兩親) 중에 한 분은 병진년(丙辰年) 생이고, 한 분은 정사년(丁巳生) 생임을 말하는데, 어느 분이 병진년 생이고, 어느 분이 정사년 생인지는 분명하지 않다.

271 용사(龍蛇)는……나뉘었네 : 용사는 지지(地支)의 진(辰)과 사(巳)를 달리 일컫는 말로, 병진년과 정사년을 이른다. 이 시를 지은 날이 병진년 섣달 그믐날 밤이니, 그다음 날부터는 정사년 새해가 된다.

272 나이를……하거니와 : 공자가 이르기를 "부모의 나이는 기억하지 않아서는 안 되니, 오래 사시면 한편으로 기쁘고, 노쇠해지면 한편으로 두려운 것이다.〔父母之年, 不可不知也. 一則以喜, 一則以懼.〕"라고 하였다. 《論語 里仁》

273 해를……했다지 : 후한(後漢) 때의 경학자(經學者)인 정현(鄭玄)의 꿈에 공자가 "일어나라, 일어나라, 금년의 태세는 진에 있고, 내년의 태세는 사에 있다.〔起, 起, 今年歲在辰, 來年歲在巳.〕"라고 일러 준 고사가 있다. 진년(辰年)과 사년(巳年)이 든 해를 만났기 때문에 정현의 고사를 인용한 것이다. 정현에 대한 고사는 114쪽 주211 참조.

내일 아침에 거울 속의 내 얼굴 비춰 보더라도 明朝鏡中色
훈업은 내 몸과는 하등 상관이 없다마다[274] 勳業不關身

274 내일……없다마다 : 두보(杜甫)의 〈강상(江上)〉에 "훈업을 염려해 자주 거울을 보고, 출처엔 어두워 홀로 누각에 기대노라.〔勳業頻看鏡, 行藏獨倚樓.〕"라고 하였다. 《杜少陵詩集 卷15》 여기서 저자는 훈업을 위해 몸이 쇠해 가는 것을 두보처럼 걱정하지는 않는다는 뜻이다.

이 상사[275]가 시로써 나를 초대하였으므로, 그의 운에 차하다

정사년[276] 2월이다.

李上舍以詩邀之次其韻 丁巳二月

늙어 갈수록 형용은 바싹 말라 가는데　老去形枯槁
잠에서 깨면 뜻은 조해로 흩어진다네[277]　眠回意兆垓
치마 걷고 좋은 비를 밟아 거닐어　褰裳踏好雨
서로 만나고자 밤중에 찾아왔노라　相見夜歸來

275 이 상사(李上舍) : 상사는 생원이나 진사를 지칭하는데, 이 상사가 누군지는 자세하지 않다.

276 정사년 : 1557년(명종12)으로, 이때 저자는 43세였다.

277 잠에서……흩어진다네 : 조해(兆垓)는 각각 수(數)의 단위를 나타낸다. 《풍속통(風俗通)》에 의하면 "십만을 억이라 하고, 십억을 조라 하며, 십조를 경이라 하고, 십경을 해라 한다.〔十萬謂之億, 十億謂之兆, 十兆謂之經, 十經謂之垓.〕"라고 하였다. 《太平御覽 卷750》 뜻이 조해로 흩어진다는 것은 천 갈래, 만 갈래로 복잡해진다는 의미인 듯하다.

이 상사의 집에서 술을 마시면서 차운하다

飮李邸次韻

시절은 예로부터 어긋난 때가 많거니와	天時自古多迂舛
인간의 일은 지금 이미 실컷 경험하였네	人事如今已飽更
술자리의 깊은 술잔에 나그네 흥취 동하여라	席上深杯動客興
처마 앞 가랑비에 봄의 소리가 떨어지누나	簷前細雨落春聲

이 상사가 다시 급하게 시를 요구하므로, 애오라지 근체시를 제하다

李復索詩甚急聊題近體

지금은 삼천 리나 먼 초택[278]에 와 있으니	楚澤三千里
태학에 있던 시절은 이십 년 전이라오	虞庠二十春
회상컨대 그 몇 사람하고나 작반했던가	回頭幾箇伴
눈을 비비고 봐도 이 외론 신하뿐이었지	刮[279]目獨孤臣
처마 제비는 바람 가린 장막 위에 번득이고	簷燕飜風幕
못가의 버들은 비 맞은 성문을 태질하누나	池楊拂雨闉
술 마시며 격렬한 담론을 다하고 나니	銜觴劇談盡
세상 피해 온 늙은이 맘이 한결 새로워지네	違世老心新

278 초택(楚澤) : 굴원이 조정에서 쫓겨난 뒤 방황하며 지내던 늪지대로, 전하여 유배지를 의미한다. 여기서는 저자의 유배지인 진도를 초택에 빗대서 한 말이다.

279 刮 : 원문은 '聒'인데, 문맥을 살펴 수정하였다.

노복을 보내서 어머니의 환후가 회복되셨다는 소식을 전해 듣고 입으로 읊조려 기록하다 3월이다.

遣奴得萱堂愆候復常口占記之 三月

늦은 봄 삼월 초순이 다 되어 갈 제	春晩初旬盡
노복이 두어 마디 소식을 가지고 돌아왔네	奴歸數語將
창 앞에 약 달이던 돌솥은 엎어져 있고	窓前石鼎覆
당 위에선 색동옷 입은 자손이 춤을 추었다지	堂上綵衣翔
다 물어보기도 전에 넋을 먼저 잃어버렸고	未問魂先隕
겨우 듣고 나자마자 눈물이 줄줄 흘러내리네	才聽淚更滂
어버이 나이 기억하매 한편 두려움이 더해져라[280]	知年澌一懼
하늘의 빛은 단지 푸르고 푸를 뿐이로다[281]	天色只蒼蒼

문(問)이 다른 본에는 힐(詰)로 되어 있다.

280 어버이……더해져라 : 어버이의 나이가 많아지면서 점차 더 노쇠해져 감을 걱정한다는 뜻이다. 133쪽 주272 참조.

281 하늘의……뿐이로다 : 심중의 소망을 하늘에 하소연할 길이 없음을 의미한다. 백거이(白居易)의 〈효도잠체시십육수(效陶潛體詩十六首)〉에 "사물 이치는 헤아릴 수 없거니와, 귀신의 도리 또한 헤아리기 어려워라. 머리를 들고 우러러 하늘에 물어봐도, 하늘의 빛은 다만 푸르고 푸를 뿐이네.〔物理不可測, 神道亦難量. 擧頭仰問天, 天色但蒼蒼.〕"라고 하였다.《白樂天詩集 卷5》

완계[282]에게 주어 작별하다

贈別浣溪

십이 년 전에 서로 이별했는데	十二年前別
삼천 리 밖까지 나를 찾아왔구려	三千里外尋
성 구름은 뿌려 대는 눈물 위에 모여들고	城雲集揮淚
조수 위의 햇살은 토로하는 흉금을 비추누나	潮日照開襟
가는 자 머무는 자는 꿈속에 서로 그리려니와	去住相思夢
하늘과 땅은 예나 지금이나 그대로라오	乾坤自古今
용문에 오르거든[283] 나의 병통을 말해 주게나	登龍說我病

282 완계(浣溪) : 이다음 시에서 김희년(金禧年)의 호인 극재(克齋)가 나온 것으로 보아 '완계' 역시 그의 별호인 듯하다. 김희년은 을사사화(乙巳士禍) 때 부정한 말을 퍼뜨렸다는 혐의로 정평(定平)에 유배되었다가 풀려났다. 그는 저자와 생원시(生員試)의 동년(同年)이기도 하다. 《을사전문록(乙巳傳聞錄)》의 〈김희년전(金禧年傳)〉에 "김희년의 자는 경광이고 청풍 사람이다. 갑오년 사마시에 합격하였다. 정미년에 대간이 아뢰기를 '김희년이 을사 연간에는 이상한 말을 날조하여 유생들을 교란하기를 좋아하더니, 이제 다시 꺼림 없이 말하기를 「지금의 사화가 무오년, 갑자년의 사화와 똑같다.」 하여 부정한 말을 고동시켜서 사람들의 이목을 미혹시키고 있습니다. 잡아다가 국문하소서.'라고 하였다. 앞서 승문원 정자 임복이 유언비어를 날조하여 대사간 윤인서에게 촉탁했던 것인데, 아뢰고 난 뒤에야 비로소 무함임을 알고는 다시 형신을 정지하기를 청하자, 상이 특명으로 정평에 유배하였다. 뒤에 풀려 돌아와서 벼슬이 정에 이르렀다.〔金禧年字景光, 淸風人也. 中甲午司馬. 丁未臺諫啓: 以在乙巳年間, 喜造異語, 以亂儒生. 乃復昌言曰今之士禍, 有同戊午甲子之禍, 鼓動邪說, 以惑人聽, 請拿鞫. 初正字林復造飛語, 以囑大司諫尹仁恕. 旣啓之後, 方知其誣, 請停刑訊, 自上特命流于定平. 後放還, 官至正.〕"라고 하였다.

부박함이 극하여 문득 침체를 이뤘더라고　　　浮極便成沈

완계가 장차 이일재(李一齋)에게 들르려고 한다.

283 용문(龍門)에 오르거든 : 용문은 성망(聲望)이 아주 높은 사람의 집을 말한다. 후한(後漢) 때의 고사(高士) 이응(李膺)의 성망이 당대에 가장 높아서 후진(後進)의 선비로 그의 당(堂)에 한번 올라간 자가 있으면, 세상 사람들이 모두 그를 일러 '용문에 올랐다.〔登龍門〕'고 한 데서 온 말이다. 여기서는 당대에 성리학자로 성망이 높던 일재(一齋) 이항(李恒)을 후한의 이응에 빗대서 한 말이다. 이항이 저자에게는 외당숙(外堂叔)이기도 한다.

따라 나가 전송하면서 차운하여 그를 희롱하다
追餞次韻戲之

먼 데 손이 타관 나그네[284]를 찾아와서	遠客尋羈客
소재가 극재를 전송하게 되었구려	穌齋送克齋
애오라지 이레 동안 담화는 나누었지만	聊成七夜話
십 년 간의 회포는 다 토로하지 못했네	不盡十年懷
돌아가는 새는 저녁 구름 속으로 날아가는데	歸鳥黃雲暮
손과 주인은 바닷가에서 술을 마시누나	浮觴碧海涯
이별의 자리에서 다섯 글자[285]를 주노니	臨歧贈五字
사람을 대해서는 매양 좋다고 말을 하게나	遇物每言佳

대체로 '굽은 것을 바로잡다가 중정함을 초과해 버린 것〔矯枉過其正〕'이다. 호는 극재(克齋)이다.

284 먼……나그네 : 먼 데 손은 극재(克齋) 김희년(金禧年)을 가리키고, 타관 나그네는 저자 자신을 가리킨다.

285 다섯 글자 : 바로 아래의 '사람을 대해서는 매양 좋다고 말을 하게나.〔遇物每言佳〕'라는 말을 지칭한다. 바로 아래 자주(自註)에서 말했듯이, 김희년은 성격이 과격하여 남의 허물을 아주 심하게 책망했기 때문에 저자가 이런 충고를 한 듯하다.

문익세가 와서 배우기를 청하므로, 문득 사운시를 지어서 사절하여 보내다 11월이다.

文益世來請學輒書四韻謝遣 十一月

아침 해돋이에 좋은 선비를 만났어라	旭日逢佳士
의관 차리고 적막한 이곳을 배알하였네	衣冠拜索居
오직 진한 술이나 마시는 게 마땅코	唯宜飮醇酒
시서는 내가 말할 수가 없구려	不得說詩書
장기 어린 비 자욱해 바다에 뜨긴 헷갈리고[286]	瘴雨迷浮海
차가운 바람은 여문 기댄 곳을 진동하리라[287]	寒風動倚閭
빨리 집에 돌아가 출입을 삼가고	遄歸謹出入
여가가 있으면 배우는 것이 어떻겠는가[288]	餘力學何如

286 장기(瘴氣)……헷갈리고 : 바다에 뜬다는 것은 공자가 천하에 현군(賢君)이 없어 도(道)를 행할 수 없음을 탄식하며 "도가 행해지지 않으니, 떼를 타고 바다에 떠서 떠나리라. 나를 따라올 사람은 자로일 것이다.〔道不行, 乘桴浮于海. 從我者, 其由與!〕"라고 한 데서 온 말이다.《論語 公冶長》여기서는 저자를 찾아와서 배우기를 청한 문익세(文益世)에게 현재 바다에 떠 있는 자신을 따라와서 배우기는 곤란하다는 뜻이다.

287 차가운……진동하리라 : 전국 시대 제(齊)나라 왕손가(王孫賈)의 모친이 여문(閭門)에 의지하여 왕손가가 돌아오기를 기다렸던 고사에서 온 말이다. 121쪽 주242 참조. 여기서는 문익세의 부모가 아들을 애타게 기다리고 계시리라는 뜻이다.

288 여가가……어떻겠는가 : 여가가 있으면 배우라는 것은 공자가 이르기를 "제자가 들어가서는 효도하고, 나와서는 공손하며, 삼가고 신실하게 하며, 두루 여러 사람을 사랑하되 인한 사람을 친해야 하니, 이런 일들을 다 행하고 여가가 있으면 글을 배우는 것이다."라고 한 데서 온 말이다.《論語 學而》여기서는 저자가 문익세에게 글을 배우기 전에 이상의 일들을 행하고 여가가 있으면 글을 배우라는 뜻으로 한 말이다.

지은의 시축 안에 제하다. 지은은 옛날 풍악산에서 처음 알게 된 승려이다 무오년[289] 1월이다.

題智訔軸中訔蓋楓岳舊也 戊午正月

지루하고도 분란스러운 한바탕 한단몽을 꾼 듯	悠悠擾擾邯鄲夢
아스라하고 한가로운 세상 밖에서 노닌 듯해라[290]	莫莫休休汗漫遊
한번 남쪽 바다에 떨어져 몸은 이미 늙었는데	一落南溟身已老
동해를 굽어보던 때[291] 생각하니 눈물이 흐르누나	憶臨東海淚長流
간성군 소재지는 바삐바삐 지나갔고[292]	杆城郡治趨過迹
건봉사는 올 때 갈 때 들이기 쉬웠지	乾鳳庵棲往返由
십칠 년 전의 일이 어제 일처럼 환히 떠올라	十七年前耿如昨
스님과 서로 만나니 문득 고개가 떨구어지네	上人相見却垂頭

289 무오년 : 1558년(명종13)으로, 이때 저자는 44세였다.

290 지루하고도……듯해라 : 한단몽(邯鄲夢)에 대해서는 75쪽 주105 참조. 여기서는 저자가 17년 전 금강산(金剛山)에 가서 승려 지은(智訔)을 처음 만나 담화를 나누고 헤어진 이후의 일들이 마치 한바탕 꿈을 꾼 듯하다는 뜻이다. 세상 밖에서 노닌 듯하다는 것도 저자의 현재까지 살아온 생활을 표현한 말이다.

291 동해(東海)를 굽어보던 때 : 저자가 17년 전 금강산을 유람할 때 동해를 내려다본 것을 이른다. 그때 동해를 내려다보며 시를 읊곤 했다.

292 간성군(杆城郡)……지나갔고 : 추과(趨過)는 공자의 아들 리(鯉)가 일찍이 '총총걸음으로 뜰앞을 지났다.〔趨而過庭〕'라는 말에서 온 것으로 해석할 수도 있다. 저자의 조부(祖父) 노후(盧珝)가 일찍이 간성 군수(杆城郡守)를 지냈는데, 그때 저자의 부친 노홍(盧鴻)이 아버지를 따라 간성에 가서 지낸 일을 지금 저자가 회상한 것으로 볼 수도 있기 때문이다.

유승제의 〈관지의 날개 잘린 기러기〉라는 시 15운에 화답하다. 나는 지금 두 구절을 더하여 성률을 맞추었다

和柳承霽官池鎩翮雁十五韻今增兩句以諧聲律

기러기는 양지를 따라 다니는 새이거니	有鳥隨陽動
어느 해에 변새 밖에서 날아왔던고	何年出塞飛
오히려 계절에 잘 순응할 수는 있거니와	猶能順時序
가거나 머무는 데도 어리석지만은 않건만	未必昧行違
먹이를 넉넉히 갖추는 꾀는 조금 있으되	足稻謀才有
갈대를 입에 무는 일이 문득 잘못되었네[293]	銜蘆事却非
어찌 어망 설치하는 걸 금할 수 있으랴	那禁設魚網
부질없이 노복들의 포위로 놀래키었구려[294]	浪作警奴圍
어찌 붙잡아 매서 새의 성정을 해쳤으랴	俘縶何傷性
서로 도와서 굶주림까지 면해 주었는 걸	煦濡更救饑

293 갈대를……잘못되었네 : 기러기가 갈대를 입에 물고 날아가는 것은 일종의 호신책(護身策)이다. 《시자(尸子)》 권하(卷下)에 "기러기는 갈대를 입에 물고 날아서 그물을 방어하고, 소들은 서로 군진 형세를 이루어 호랑이를 물리친다.〔雁銜蘆而捍網, 牛結陣而却虎.〕"라고 하였다. 또 《회남자(淮南子)》 〈수무훈(修務訓)〉에 "대저 기러기는 바람 따라 날아서 기력을 아끼고, 갈대를 입에 물고 날아서 주살에 대비한다.〔夫雁順風以愛氣力, 銜蘆而翔, 以備矰弋.〕"라고 하였는데, 그 주석에 "기러기가 갈대를 입에 무는 것은 주살이 날아와서 제 날개를 끊지 못하게 하기 위해서이다.〔銜蘆 所以令繳不得截其翼也〕"라고 하였다. 여기서는 기러기가 호신책을 잘못하여 날개가 잘리게 되었다는 뜻이다.

294 부질없이……놀래키었구려 : 기러기가 노복(奴僕)들의 물고기 몰이에 놀라서 쫓겨가다가 관지(官池)의 어망(魚網)에 걸려 날개가 부러졌으므로 한 말인 듯하다.

웅덩이서 쪼아 먹고 물 마시게 놓아두었으니	洿池放飮啄
은택을 제 스스로 의탁한 것이고말고	恩澤自因依
병든 부리엔 진흙이 항상 묻어 있고	病觜泥常染
차가운 깃엔 이슬이 마르지를 않았네	寒翎露不晞
바람이 지나도 기럭 소리는 단절되었고[295]	風過聲斷絶
달이 떠올라도 기럭 그림자는 희미하구나[296]	月上影熹微
육지로 점진했으니 길함을 만나긴 어렵고[297]	漸陸難逢吉
회안봉에 머물러 기심은 이미 식어 버렸네[298]	回峯已息機
아침저녁으로 줄지어 날던 건 연련하려니와	晨昏戀行齒
콩이랑 물이랑은 홀어미한테 의탁했구려	菽水托嫠妃
예를 행하자면 어찌 손으로 잡을 수 있으랴[299]	爲禮寧堪執

295 기럭 소리는 단절되었고 : 기러기가 날지 못하고 한곳에 머물러 있기 때문에 한 말이다. 전설에 의하면, 기러기가 형산(衡山) 72봉 가운데 하나인 남쪽 회안봉(回雁峯)에 머물러 있다가 봄이 되면 다시 북쪽으로 돌아간다고 한다. 왕발(王勃)의 〈등왕각서(滕王閣序)〉에 "고깃배에서 석양에 노래 부르니, 메아리가 팽려의 물가에까지 들리고, 기러기 떼가 추위에 놀라니, 울음 소리가 형산 남쪽 포구에서 끊어진다.〔漁舟唱晩, 響窮彭蠡之濱; 雁陣驚寒, 聲斷衡陽之浦.〕"라고 하였다. 《王子安集 卷5》

296 기럭 그림자는 희미하구나 : 이 역시 기러기가 날지 못하기 때문에 이른 말이다.

297 육지로……어렵고 : 《주역(周易)》〈점괘(漸卦) 구삼(九三)〉에 "기러기가 육지로 점진하니, 남자는 가면 돌아오지 않고, 부인은 잉태하더라도 낳아 기르지 못하여 흉하다.〔鴻漸于陸, 夫征, 不復, 婦孕, 不育, 凶.〕"라고 하였다.

298 회안봉에……버렸네 : 회안봉에 머물렀다는 것은 기러기가 날지 못하고 한곳에 머물러 있음을 말한다. 기심(機心)이 식어 버렸다는 것은 기러기가 스스로 날 수 없기 때문에 하늘 높이 날고자 하는 욕망이나 먹이를 탐하는 욕망 등을 다 잊어버렸다는 뜻이다.

299 예(禮)를……있으랴 : 옛날 혼례 때 신랑이 신부의 집에 가서 신부를 맞으면서

서신을 가지고 돌아가려 하지도 않누나[300]	將書不肯歸
원거도 또한 곤경을 겪었거니와[301]	鶢鶋亦蹭蹬
닭과 오리는 되레 살이 통통 쪘다오[302]	鷄鶩自腴肥

기러기를 바쳤는데, 이것을 전안(奠雁)이라고 한다. 《의례(儀禮)》〈사혼례(士昏禮)〉에 "주인은 당 위로 올라가 서쪽으로 향하여 서고, 손은 올라가서 북쪽으로 향하여 서서 기러기를 바치고 두 번 절하고 머리를 조아린다.〔主人升, 西面. 賓升, 北面, 奠雁, 再拜稽首.〕"라고 하였다. 여기서는 기러기의 날개가 잘렸으므로 예를 행하는 데에 사용할 수 없다는 뜻이다.

300 서신(書信)을……않누나 : 기러기가 서신을 전한다는 전설에서 온 말이다. 돌아가려 하지 않는다는 것 역시 이 기러기는 날 수 없기 때문이다. 한 무제(漢武帝) 때에 소무(蘇武)가 흉노(匈奴)에 사자(使者)로 갔다가 억류되었다. 19년 만에 소제(昭帝)가 흉노와 화친을 하며 사자를 보내 흉노 선우(單于)에게 소무를 보내 달라고 요구하였다. 선우가 북해(北海) 가에 억류시켜 둔 소무를 거짓으로 이미 죽었다고 말하자, 소무의 사절(使節) 일원으로 갔다가 그곳에 억류되어 있던 상혜(常惠)가 한밤중에 은밀히 한나라 사자를 만나서 거짓으로 선우에게 "천자가 상림원에서 기러기를 쏘아 잡았는데, 기러기의 발목에 비단 조각에 쓴 서신이 묶여 있었다. 거기에 '소무 등이 아무 늪 가운데 있다.'는 내용이 쓰여 있었다.〔天子射上林中得雁, 足有係帛書, 言武等在某澤中.〕"라고 말하게 하였다. 한나라 사자가 상혜의 말대로 선우를 책망하니, 선우가 깜짝 놀라면서 사자에게 사과하고 소무를 돌려보냈다고 한다. 《漢書 卷54 蘇武傳》

301 원거(鶢鶋)도……겪었거니와 : 원거는 바닷새의 일종이다. 원거가 노(魯)나라 교외에 날아가 앉자, 노나라 임금은 그 새를 정중히 모셔다가 종묘(宗廟)에서 환영연을 베풀었다. 순(舜) 임금의 소악(韶樂)을 연주하고 소, 양, 돼지의 고기를 대접하였는데, 그 새는 눈이 부시고 근심과 슬픔이 교차하여 고기 한 점도 먹지 못하고 술 한 잔도 마시지 못한 채 3일 만에 죽었다고 한다. 《莊子 至樂》

302 닭과……쪘다오 : 《초사(楚辭)》〈구장(九章) 회사(懷沙)〉에 "봉황새가 새장 안에 갇혀 있음이여, 닭과 오리는 날며 춤을 추도다.〔鳳凰在笯兮, 雞鶩翔舞.〕"라고 하였다. 이는 큰 새는 곤경에 처해 있는데, 자잘한 새는 잘 먹어서 살이 쪘다는 뜻으로, 현인은 곤경에 처해 있고, 소인이 득세한 것을 의미한다.

기러기는 본디 인개[303]도 먹지 않는데	素不食鱗介
왜 굳이 고사리와 고비는 먹을 것 있으랴	何須茹蕨薇
울지 않아서 죽음 당함은 감수하려니와[304]	甘心不鳴戮
잘린 날개 휘저을 생각은 전혀 않는구나	阻意鎩翰揮
어찌할 수 없는 것은 운명이거니와	無可奈何命
알기가 어려운 것은 도의 기미이고말고	鮮能知者幾
구름 위의 벗을 서로 잃지 말거라[305]	雲儔莫相失
쑥대밭 메추리가 또 어찌 너를 조롱하랴[306]	蒿鷃且渠譏

303 인개(鱗介) : 어패류(魚貝類)를 통틀어 일컫는 말이다.

304 울지……감수하려니와 : 장자(莊子)가 친구의 집을 찾아가자, 친구가 기뻐하면서 종아이에게 기러기를 잡아 요리하게 하였다. 그러자 종아이가 묻기를 "한 놈은 잘 울고 한 놈은 울지를 않는데, 어떤 놈을 잡을까요?〔其一能鳴, 其一不能鳴, 請奚殺?〕" 하자, 그 주인이 말하기를 "울지 않는 놈을 잡아라.〔殺不能鳴者〕"라고 하였다. 《莊子 山木》

305 구름……말거라 : 구름 위의 벗이란 봉황이나 학 같은 큰 새를 가리키고, 서로 잃지 말라는 것은 기러기도 큰 새이기 때문에 봉황이나 학 같은 새들과 함께 하늘 높이 날라는 뜻이다.

306 쑥대밭……조롱하랴 : 《장자》 〈소요유(逍遙遊)〉에 "붕새가 남쪽 바다로 옮겨 갈 때에는 물결을 치는 것이 삼천 리요, 회오리바람을 타고 구만 리를 올라가 여섯 달을 가서야 쉰다.……메추리는 붕새를 보고 웃으며 말하기를 '저 붕새는 어디를 가려는가? 나는 뛰어올라 두어 길도 못 가서 도로 내려와 쑥대밭 사이에서 빙빙 돌 뿐이다.……' 하였다.〔鵬之徙於南冥也, 水擊三千里, 搏扶搖而上者九萬里. 去以六月息者也.……斥鷃笑之曰: 彼且奚適也? 我騰躍而上, 不過數仞而下, 翶翔蓬蒿之間.……〕"라고 한 데서 온 말이다. 여기서는 메추리가 하늘 높이 나는 기러기는 조롱하지 않으리라는 뜻이다.

혜원의 운에 차하다

次惠遠韻

이때 청량암(淸涼菴)에 가서 그와 담화를 나누었다.

평생 도를 배운다면서도 계제를 밟지 못해	平生學道欠階梯
끝내 제가 한번 변한 것만 구구하게 지켜 왔네[307]	終守區區一變齊
마음은 묶인 매가 찬 두뇌를 기울인 것 같고[308]	心似羈鷹側寒腦
몸은 궁한 사향노루가 배꼽을 떼 버리듯 한다오[309]	身如窮麝剔香臍
큰 바다 가운데 청량산 꼭대기를 한번 올라서	一登瀛海淸涼頂
바람 구름 해와 달이 나직함을 문득 보았네	便見風雲日月低
십 년 동안 갇힌 나그네는 노병의 몸 일으켜 오니	滯客十年扶老病
머문 스님은 한나절 동안 동서 지방을 얘기하누나	留僧半日話東西

307 평생……왔네 : 공자가 이르기를 "제나라가 한번 변화하면 노나라의 경지에 이르고, 노나라가 한번 변화하면 선왕의 도에 이를 것이다.〔齊一變, 至於魯; 魯一變, 至於道.〕"라고 하였다. 《論語 雍也》 여기서는 저자 자신은 도를 배운다면서도 계제를 제대로 밟아 닦지 못해서 끝내 도의 깊은 경지에 이르지 못했다는 뜻인 듯하다.

308 마음은……같고 : 두보(杜甫)의 〈화골행(畫鶻行)〉에 "머리를 기울여 푸른 하늘을 보나니, 어찌 뭇 새들처럼 풀숲에 숨을쏜가.〔側腦看青霄, 寧爲衆鳥沒.〕"라고 하였다. 《杜少陵詩集 卷6》 여기서는 자유가 구속되어 있음을 의미한다.

309 몸은……한다오 : 사향노루는 배꼽의 사향 때문에 사냥꾼에게 잡히는데, 이미 잡힌 뒤에는 제 배꼽을 물어뜯어 없애려 해도 어쩔 수 없다는 고사에서 온 말로, 일을 한번 실패한 뒤에는 후회해도 어쩔 수 없음을 비유한다. 여기서는 죽음에 대한 두려움을 의미한다. 《춘추좌씨전》 장공(莊公) 6년 조에 "등국을 멸망시킬 자는 반드시 이 사람일 것입니다. 만일 일찍 도모하지 않으면 후일 군주께서 마치 사향노루가 제 배꼽을 물어뜯는 격이 될 것입니다.〔亡鄧國者, 必此人也. 若不早圖, 後君噬臍.〕"라고 하였다.

원 상인[310]을 작별하다

別遠上人

일찍이 비로봉 밤에 한번 작별했는데[311]	一別鑪峯夜
푸른 바다 봄날 세 번째 나를 방문했네	三廻碧海春
배 타고 들어와 노쇠한 질병 물어 주고	浮杯問衰疾
석장을 세워 놓고는 근진[312]을 얘기하누나	卓錫話根塵
가슴속엔 막힌 것이 전혀 없고[313]	滯礙胸中盡
정신은 특별히 새로워졌구려	精神分外新
산 향기는 산초 껍질을 벗긴 듯 맑게 풍기고	山香剝椒淨

310 원 상인(遠上人) : 원은 바로 위의 시제에 나온 승려 혜원(惠遠)이고, 상인은 승려에 대한 존칭이다.

311 일찍이……작별했는데 : 저자가 25세 때인 1539년(중종34) 금강산(金剛山)을 유람했는데, 이때 비로봉(毘盧峯) 아래 방광암(放光庵)에서 혜원 스님을 처음 만났다. 《소재집》 제1권에 〈방광암에서 차운하다〔放光庵次韻〕〉가 있다.

312 근진(根塵) : 근진은 불가(佛家)의 용어이다. 근(根)은 육식(六識)을 일으키는 육근(六根), 즉 안(眼), 이(耳), 비(鼻), 설(舌), 신(身), 의(意)를 가리킨다. 진(塵)은 이상의 육근을 통하여 사람의 몸속에 들어가서 정심(淨心)을 더럽히고 진성(眞性)을 흐리게 하는 육진(六塵), 즉 색(色), 성(聲), 향(香), 미(味), 촉(觸), 법(法)을 가리킨다.

313 가슴속엔……없고 : 한유(韓愈)의 〈여맹간상서서(與孟簡尙書書)〉에 "내가 조주에 있을 적에 호가 태전인 한 노승이 있었는데, 자못 총명하여 도리를 알았고……그와 더불어 말해 보니, 비록 모두 이해되지는 않았으나, 요컨대 가슴속에 아무런 막힘이 없기에 얻기 어려운 사람이라고 여겼다.〔潮州時, 有一老僧號太顚, 頗聰明, 識道理.……與之語, 雖不盡解, 要自胸中無滯礙, 以爲難得.〕"라고 하였다. 《東雅堂昌黎集註 卷18》

시내 그림자는 등넝쿨을 고루 펴 놓은 듯하네 溪影展藤勻
교목으로 옮겨 갈 뜻이 있음은 기쁘거니와[314] 喜有遷喬志
백련사에 들어갈 길이 없는 게 부끄럽구려[315] 慙無入社因
나는 도잠의 취한 거나 배울 생각이거니 惟思學陶醉
어찌 한유의 인을 이어서 설명하겠는가[316] 何說繼韓仁
내 부쳐 사는 집엔 올빼미가 급히 날아드는데[317] 僑舍鴞飛急

314 교목(喬木)으로……기쁘거니와 : 교목은 높은 나무를 말한다. 105쪽 주199 참조. 교목으로 옮겨 간다는 것은 학문이나 지위 같은 것이 한층 더 전진하는 것을 의미한다. 여기서는 저자 자신이 도(道)에 더 깊이 진보하고자 하는 뜻을 의미한 듯하다.

315 백련사(白蓮社)에……부끄럽구려 : 백련사는 동진(東晉) 때 여산(廬山) 동림사(東林寺)의 고승 혜원법사(慧遠法師)가 승려 혜영(慧永), 혜지(慧持), 그리고 유자(儒者)인 유유민(劉遺民), 뇌차종(雷次宗) 등과 함께 불법(佛法)을 정수(精修)할 목적으로 결성한 단체이다. 혜원법사가 백련사를 결성하고 나서 유자이며 처사(處士)인 도잠(陶潛)에게 편지를 보내 부르자, 도잠이 말하기를 "제자는 본래 술을 좋아하니, 법사께서 술 마시는 것을 허락한다면 즉시 가겠습니다.〔弟子性嗜酒, 法師若許飮, 卽往矣.〕"라고 하자, 혜원법사가 허락해 주었다. 도잠이 법사를 찾아가자, 법사가 도잠에게 백련사에 들어와서 불법을 수행하라고 권면하므로, 도잠이 마침내 눈썹을 찌푸리고 가 버렸다고 한다.《古今事文類聚 續集 卷4》 여기서는 저자 자신은 구속된 몸이라서 혜원 스님이 불러 주더라도 갈 수 없다는 뜻이다.

316 어찌……설명하겠는가 : 한유(韓愈)의 인(仁)이란 한유의 〈원도(原道)〉에 "널리 사랑하는 것을 인이라 하고, 인을 행하여 마땅하게 하는 것을 의라 하고, 인과 의로 말미암아 가는 것을 도라 하고, 이 도가 자신에게 충족하여 밖에 기대할 것이 없음을 덕이라 하니, 인과 의는 정해진 명칭이요, 도와 덕은 빈자리인 것이다.……〔博愛之謂仁, 行而宜之之謂義. 由是而之焉之謂道, 足乎己無待於外之謂德. 仁與義爲定名, 道與德爲虛位.……〕"라고 한 데서 온 말이다. 한유는 특히 〈원도〉에서 인의(仁義)를 종주(宗主)로 강조하면서 양(楊), 묵(墨), 노(老), 불(佛)의 비뚤어진 인의도덕관(仁義道德觀)을 이단시하여 맹렬히 배척하였다.《東雅堂昌黎集註 卷11》 여기서는 저자 자신은 한유처럼 불도(佛道)를 그렇게 배척할 생각은 하지 않는다는 뜻이다.

사찰 나무숲에선 학이 자주 경계를 하겠지[318] 禪枝鶴警頻

나그네 노수신이 스님 혜원을 보내면서 羈盧送釋遠

무오년 정월 신일임을 웃으며 기록하노라 笑記午寅申

오인신(午寅申)은 연월일이다.

317 내……날아드는데 : 유배 중인 저자 자신의 처지가 몹시 두렵고 위태로움을 의미한다. 23쪽 주6 참조.

318 사찰……하겠지 : 학이 자주 경계한다는 것은 8월에 찬 이슬이 처음 내리면 학은 경계심이 많아서 소리 높이 울고 서로 경계한다는 고사에서 온 말이다. 진(晉)나라 주처(周處)의 《풍토기(風土記)》에 "우는 학은 이슬을 경계한다. 이 새의 성질은 경계심이 많아서 팔월에 이슬이 내려 초목 위에 흘러서 뚝뚝 떨어지는 소리가 나면 즉시 소리 높이 울어 서로 경계하고 자는 곳을 옮기나니, 이는 어떤 변해가 있을까를 염려해서이다.〔鳴鶴戒露. 此鳥性警, 至八月白露降, 流於草木, 滴滴有聲, 因卽高鳴相警, 移徙所宿處, 慮有變害也.〕"라고 하였다.《藝文類聚 卷90》 계절과는 상관없이 혜원 스님이 돌아갈 사찰의 광경을 말한 것이다.

상사 윤항[319]의 계정에 두 수를 부쳐 제하다 2월이다.

寄題尹上舍 衖 溪亭二首 二月

초나라 언덕엔 물이 되기가 어려워[320]	楚岸難爲水
송암으로 가서 깊은 못을 이루었네[321]	松嵓就作潭
백 년 동안 깊이 숨겨진 곳을 막 열자마자	財開百年閟
오만 경치가 작은 정자로 다 들어왔구려	盡入小亭含
새벽 종소리는 깨달음에 이바지하고[322]	撞玉供晨省
굽어 돈 산병은 만참을 받는 듯하겠지[323]	紆屛受晩參
기심 잊고 사귈 바다 갈매기가 있으니[324]	相忘海鷗在

319 상사(上舍) 윤항(尹衖) : 전라도 강진(康津) 출신으로 1534년(중종29) 저자와 함께 생원시에 합격한 윤항이다. 그의 자는 탄지(坦之)이다.

320 초(楚)나라……어려워 : 초나라 언덕은 초나라의 큰 강하(江河) 지역의 언덕을 말한다. 이 지역은 매우 큰 강하가 흐르므로, 그 앞에 작은 물은 물로 취급받기 어렵다는 뜻이다.

321 송암(松嵓)으로……이루었네 : 송암은 윤항의 계정(溪亭)이 있는 곳이다. 그곳에 깊은 못이 있으므로 한 말인 듯하다.

322 새벽……이바지하고 : 두보(杜甫)의 〈유용문봉선사(游龍門奉先寺)〉에 "……깨려던 차에 새벽 종소리 들으니, 사람으로 하여금 깊은 깨달음 얻게 하네.〔……欲覺聞晨鍾, 令人發深省.〕"라고 하였다. 《杜少陵詩集 卷1》

323 굽어……듯하겠지 : 산병(山屛)은 병풍처럼 빙 둘러싼 산봉우리이다. 만참(晩參)이란 산사에서 저녁 때 여러 승려가 사장(師匠)에게 불법을 묻는 것이다.

324 기심(機心)……있으니 : 기심은 교사(巧詐)한 마음, 즉 해치려는 마음이다. 옛날 바닷가에 살던 한 사람이 갈매기를 아주 좋아하여 매일 바닷가로 나가서 갈매기와 놀다 보니, 찾아온 갈매기가 백 마리도 넘었다. 한번은 그의 아비가 말하기를 "내가 들으매

도인이 홀로 즐길 만하겠네그려 獨樂道人堪

집은 산에 가까워 숲 빈자리 차지했고 山近從林缺
계곡은 깊어라 바다처럼 물을 탐하였네 溪深與海貪
고깃배는 한 척 한 척 가벼이 떠다니고 魚舟輕个个
꽃길은 응당 삼삼으로 통하였으리[325] 花徑敞三三
노년을 보내며 그 밖의 구하는 건 없거니와 送老無求外
벗을 맞이함엔 남쪽에서 얼마나 얻었던고[326] 來朋幾得南
지금 나는 옥주몽[327]을 꾸고 있는 터라 如今沃州夢
다시는 무릉[328]을 방문할 수가 없다오 不復武陵探

갈매기들이 모두 너를 따라 노닌다 하니, 네가 갈매기를 잡아오너라. 내가 갈매기를 완상하고 싶다.〔吾聞鷗鳥皆從汝游, 汝取來, 吾玩之.〕"라고 하였다. 그다음 날 다시 바닷가로 나가 보니, 갈매기들이 사람의 교사한 마음을 알아채고는 공중에서 빙빙 돌기만 하고 내려오지 않았다는 고사에서 온 말이다.《列子 黃帝》

325 꽃길은……통하였으리 : 삼삼(三三)이란 송대(宋代)의 시인 양만리(楊萬里)가 동원(東園)에 아홉 갈래의 오솔길을 낸 다음, 서로 다른 아홉 종류의 꽃나무들을 나누어 심고 이를 삼삼경(三三徑)이라 한 데서 온 말이다. 경삼삼(徑三三)이라고도 한다.《誠齋集 卷36》

326 벗을……얻었던고 :《주역》〈곤괘(坤卦) 괘사(卦辭)〉에 "서쪽과 남쪽은 벗을 얻고, 동쪽과 북쪽은 벗을 잃을 것이니, 안정하여 길하다.〔西南, 得朋; 東北, 喪朋. 安貞, 吉.〕"라고 하였다. 여기서는 단지 그곳에 왕래하는 친구들이 얼마나 많으냐는 뜻이다.

327 옥주몽(沃州夢) : 옥주는 진도(珍島)의 고호이다. 옥주몽은 진도의 한정된 지역에 갇혀 있는 저자 자신의 처지를 에둘러 표현한 말인 듯하다.

328 무릉(武陵) : 강진(康津)의 고호이다.

유승제와 작별하면서 차운하다 3월이다.

別柳承霽次韻 三月

시골길엔 연둣빛 신록이 펼쳐지고	嫩綠村郊路
높낮은 바람에 꽃잎은 가벼이 날리네	飛花高下風
친한 벗들은 난리를 만난 즈음이요	親朋亂離際
우주 만사는 술잔 속에 맡기었도다	宇宙酒杯中
목숨은 언제 죽을지 알 수 없거니와	性命無朝夕
충심만은 처음과 끝이 변함없고말고	心肝有始終
어찌 모든 일을 물을 것이 있으리오	何須問凡事
다만 하늘의 조화를 따를 뿐이라네	只得聽天工

붕 숙씨[329]가 서울에서 내려와 여기서 여드레를 머무르고 이제 화령으로 돌아간다

鵬叔氏來自京留八日還化寧

이별한 지 삼 년 만에 만났다가	別有三期遇
열흘도 다 못 머물고 돌아가누나	歸無十日留
나의 삶이 이런 지경에 이르렀으니	爲生到此極
죽지 않고 그 무엇을 구하려 하랴	不死欲何求
광활한 바다는 서울까지 통하건마는	滄海通京口
구름 덮인 산은 고향을 막아 버렸네	雲山閉故州
봄바람 속에 만 리 길을 떠나보내려니	春風萬里路
백 년 죄수는 슬픈 눈물이 흐르는구나	危涕百年囚

329 붕 숙씨(鵬叔氏) : 저자의 서숙부(庶叔父)로 이름이 붕(鵬)이다.

권 직학[330]을 곡하다 5월이다.

哭權直學 五月

상고하건대, 권용(權容)의 자는 공택(公擇)이다.

공택이 평생에 지니고 있던 뜻을　擇也平生志
나는 소싯적부터 잘 알고 있었네　吾於少小知
동갑 나이로 좋은 마을 이웃하여 살았고　同庚仁里接
같이 생원이 되어 태학서도 함께 지냈지　偕擧上庠隨
노위처럼 차례로 문과에 장원하였고[331]　魯衛魁金榜
좋은 시운 만나서 높은 품계에 이르렀네　風雲步玉墀
근심 걱정거리 또한 서로 대략 같아라　憂虞亦略等
돌아보니 그대도 나도 다 자식이 없구려　相顧儘無兒

상제께서 회심하여 슬피 여겨 돌보사　上帝回哀眷

330 권 직학(權直學) : 직제학 권용(權容, 1509～1558)이다. 본관은 안동(安東), 자는 공택(公擇), 호는 기재(奇齋)이다. 1544년(중종39) 생원으로 별시 문과(別試文科)에 장원하였다. 명종(明宗) 때 수찬, 부교리를 지내면서 경연 시독관(經筵侍讀官)을 겸했고, 춘추관 기주관(春秋館記注官)으로 《중종실록(中宗實錄)》 편찬에 참여했으며, 그후 전한(典翰) 등을 거쳐 직제학에 이르렀다.

331 노위(魯衛)처럼……장원하였고 : 노위는 춘추 시대 노나라와 위나라를 병칭한 말이다. 공자가 이르기를 "노나라와 위나라의 정치가 형제간이로다.〔魯衛之政, 兄弟也.〕"라고 한 데서 온 말로, 흔히 형제간을 의미한다. 《論語 子路》 저자는 1543년 문과에 장원했고, 권용은 다음 해에 문과에 장원했으므로, 형제처럼 차례로 문과에 장원했다고 말한 것이다.

그대의 집이 보시를 받았는데 君家受報施
어찌하여 두 어버이를 불러 가고도 如何二老召
한 아들을 남겨 둘 수 없었단 말인가 莫得一身遺
내야 뒤에 죽어도 뒤에 죽는 게 아니건만[332] 後死不爲後
이런 사람에게 이런 불행이 있단 말인가 斯人而有斯
나는 오랜 병치레 속에 외론 섬에 누워서 沈綿臥孤島
북쪽을 바라보며 눈물만 줄줄 흘리노라 北望涕漣洏

332 내야……아니건만 : 저자 자신은 죄인의 몸이므로 목숨은 살아 있지만 진작 죽은 몸이었다는 뜻이다.

해남 현감에게 부치다 윤념이다.

寄海南宰 尹恬

내가 하도 누룩을 구할 길이 없어 윤 동년(尹同年)[333]을 통하여 누룩을 요구하는 시를 부치려고 했다가, 이윽고 생각해 보니 마음이 불쾌하여 마침내 그만두었다.

투빈[334]의 원님에게 삼가 묻노니	敬問投濱宰
요즘은 기미가 편안하신지	如今氣味康
임기가 찼는데도 도리어 유임을 받았으니	瓜時却見借
왜놈의 요기를 다시 물리쳐야 하기 때문일세	蠻祲更須攘
흰누룩으로 빚은 막걸리는 달보드레하고	白麴香醪嫩
맛 좋은 국엔 좋은 미역이 기다랗겠지	甛羹粉藿長
근심을 잊고 배도 다습게 할 수 있으리니[335]	忘憂幷煖腹
만일이나마 쇠약한 사람을 생각해 주셨으면	萬一念衰尫

해남 현감이 이때 임기가 이미 찼는데도 변고가 많다는 이유로 유임되었다.

333 윤 동년(尹同年) : 전라도 강진(康津) 출신으로 1534년(중종29) 생원시에 저자와 함께 합격한 윤항(尹衖)이다.

334 투빈(投濱) : 전라도 해남현(海南縣)의 고호이다.

335 근심을……있으리니 : 근심을 잊는다는 것은 망우물(忘憂物)이라 칭하는 술을 가리키고, 배를 다습게 한다는 것은 미역을 가리킨다.

무제[336] 6월이다.

無題 六月

노자[337]가 새벽에 글을 읽는데	盧子晨讀書
여종이 성난 말로 끼어들어 떠들어 대길	婢以慍言儳
항아리를 보니 일백스무 홉이 담겼는데	檢得百廿合
다시 수일 후엔 항아리가 텅 빌 거라 하네	復數日罄甔
내 이르길 너는 이런 형편을 순히 받아들이고	汝能順受之
인간사를 우선 잠시 기다려 보잤구나	人事且待暫
장사꾼이 우리 배에 화물을 싣고 와서	有商貨我艇
밀물이 들어오자 이미 닻줄을 매었으니	汐至已繫纜
우리에게 보리 네 가마를 나눠 주거든	分我四斛麰
속히 방아 찧어 놓고 삼가 남용하지 말거라	急舂愼無濫
우리 가족 식량이 부족할까 걱정이다 하였네	八口恐不贍
다시 와서 온갖 하소연을 늘어놓고 걱정하며	復來群愬憛
보아하니 주인께선 식사량이 날로 줄어들고	觀主飯日減
역질 앓는 아이는 아예 입도 벌리지 않으니	疫兒苦不啗
원컨대 주인께선 한번 생각해 보소서	願主試一思
내가 어찌 두세 번만 생각해 봤겠냐고 하네	我思豈止三

336 무제(無題) : 고인(古人)의 시에서 제목을 붙이기 마땅치 않은 경우 제목 대신 사용하는 시제(詩題)이다.

337 노자(盧子) : 저자 자신을 지칭한다.

마침 이웃에서 양식을 내다 팔 계획이 있어	隣策糶糧餉
이걸 사는 건 곧 법이요 탐하는 게 아니기에	乃法匪瀆慍
서찰을 작성하여 늙은 노복한테 부쳤는데	裁牒付長鬚
아침에 갔다가 저녁에 와서 짐을 내려놓으니	朝赴夕弛擔
왕겨만 벗긴 현미가 천 약[338]쯤 되는지라	長腰糲千龠
온 식구가 서로 내려다보고 웃음을 지으며	衆面笑相瞰
반백 노인은 각각 옷소매를 펼쳐서 받고	頭頒各袖受
틈새로 떨어진 건 손가락으로 더듬어 찾네	隙墜仍指探
경계하노니 너희들은 배부르길 요구하지 말라	戒爾勿求飽
단지 거친 음식의 맛없음만 면하면 그만이지	苟救糠籺醶
가을 곡식이 풍년 들면 무역하기 편리할 테니	秋稔便互市
여분으론 혹 막걸리라도 빚을 수 있지 않겠나	有餘或可醓
일찍이 들으니 저렇게 광대한 천지에 대해서도	嘗聞天地大
사람이 오히려 한하는 바가 있다고 하였는데[339]	人猶有所憾
더구나 나는 일개 곤궁한 죄수이거니	況我一窮囚
먹을 것 안 떨어진 것만도 이미 다행이고말고	已幸不絶噉
재물을 많이 가지면 죄만 보탤 뿐이니	多財祇益罪
죄가 있는데 재물로 어떻게 속죄를 하랴	有罪焉用贉

338 천 약(龠) : 약은 분량(分量)의 단위로, 1홉의 10분의 1에 해당한다. 10홉이 1되, 10되가 1말이므로, 1000약은 1말이다.

339 일찍이……하였는데 : 《중용장구》 제12장에 "불초한 보통의 부부라도 능히 행할 수 있으되, 그 지극함에 미쳐서는 성인이라도 능하지 못한 바가 있으며, 광대한 천지에 대해서도 사람이 오히려 한하는 바가 있는 것이다.〔夫婦之不肖, 可以能行焉. 及其至也, 雖聖人, 亦有所不能焉. 天地之大也, 人猶有所憾.〕"라고 하였다.

이미 나는 살아서도 먹을 것이 없거니　既分生無食
죽어서도 의당 반함[340]할 것도 없어야 하리라　亦宜死無含
생각건대 너는 나 때문에　顧爾以我故
도리어 흐리멍덩한 기운을 받은 것 같구나　還如受黯黮
그러나 사람은 본디 만족해할 줄 모르나니　然人不知足
만족함을 또한 어느 때에 정할 것인가　足亦何時勘
너는 지금 쌀 섞은 명아주 국을 편안히 여기니[341]　爾今安藜糝
네가 응당 선짓국까지 먹기를 생각하여　爾當思羹餡
구하는 것마다 반드시 다 얻고 나서야　有求無不得
마음이 편안해지겠구나　然後心憺憺
나는 군부의 은혜를 저버린 죄인이니　我負君父恩
고통 속에 맛없는 음식이나 먹어야 한다　第攻苦食淡
내가 죽은 뒤엔 네 욕심대로 하거나 말거나　我死任爾慾
사는 동안엔 맛있는 것으로 날 꾀지 말라 하니　生毋我利啗

340 반함(飯含) : 옛 상례(喪禮)에 주(珠), 옥(玉), 패(貝), 미(米) 등의 물건을 사자(死者)의 입에 넣는 의식이다.

341 너는……여기니 : 쌀 섞은 명아주 국이란, 《장자(莊子)》 〈양왕(讓王)〉에 "공자가 일찍이 진나라와 채나라 사이에서 곤궁한 액운을 당했을 때, 7일 동안이나 밥을 지어 먹지 못하고 명아주 국에 쌀 한 톨도 넣지 못한 채로 멀건 국만 마시다 보니, 얼굴빛이 매우 초췌했는데도 방 안에 앉아서 거문고를 타며 노래를 불렀다.〔孔子窮於陳蔡之間, 七日不火食, 藜羹不糝, 顏色甚憊, 而絃歌於室.〕"라고 한 데서 온 말로, 쌀 한 톨 안 섞은 국보다는 괜찮은 음식임을 의미한다. 두보(杜甫)의 〈풍질주중복침서회……(風疾舟中伏枕書懷……)〉에 "나는 쌀 한 톨 안 섞은 국도 편안히 여기는데, 너희들은 옥이 보배 된 것만 귀히 여기도다.〔吾安藜不糝, 汝貴玉爲琛.〕"라고 하였다. 《杜少陵詩集 卷23》

늙은 노복이 눈물을 닦고 말하기를 長鬚收涕言
천한 것들이 진실로 미혹하였다 하네 小輩固迷暗
노복이 물러가자 그 사실을 기록하여 旣退乃筆之
후일 나 혼자 열람할 거리로 삼노라 爲後日私覽

고(苦)가 다른 본에는 토(吐)로 되어 있다.

최형의 모당에 부쳐 제하다 7월이다.

寄題崔兄茅堂 七月

최형이 보은(報恩)의 금적산(金積山) 속에 모당을 지어 놓고 내게 오는 승려를 통하여 제영(題詠)한 것을 보여 주면서 화답해 주기를 요구하였다.

금적산 천 년 동안 숨겨져 온 곳에	金積千年閟
어느 날 갑자기 모당이 세워졌네	茅堂一日開
처량한 시름은 물을 임한 데서 가득해지고	淸愁滿臨水
초탈한 생각은 대를 오르는 데서 모이겠지	遐想集登臺
구렁은 고요하여 구름이 늘 덮여 있으련만	壑靜雲長在
숲은 하도 깊숙해 새도 날아오지 않으리라	林深鳥不來
도공은 일찍이 국화를 따서 나눠 주었고[342]	陶公采分菊
주로와는 일찍이 매실을 함께 먹었네[343]	朱老喫同梅

342 도공(陶公)은……주었고 : 도공은 동진(東晉)의 처사(處士) 도잠(陶潛)이다. 국화를 딴다는 것은 도잠이 국화를 좋아하여 정원에 많이 심었고, 또 그의 〈음주(飮酒)〉에 "동쪽 울 밑에서 국화를 따고, 하염없이 남산을 바라보네.〔採菊東籬下, 悠然見南山.〕"라고 한 데서 온 말이다. 《陶淵明集 卷3》 보은의 김태암(金泰巖) 노인을 도잠에 비유한 것인데, 그와 저자 사이에 국화를 주고받은 일은 자세하지 않다.

343 주로(朱老)와는……먹었네 : 주로는 두보(杜甫)의 이웃에 살던 주씨 노인이다. 두보의 〈절구사수(絶句四首)〉 첫 번째 시에 "집 서쪽에 죽순 기르느라 문을 딴 데로 내놓으니, 못 북쪽에 늘어선 산초나무는 도리어 마을을 등졌네. 매실이 익거든 주로와 함께 먹기를 허락하고, 솔이 높거든 완생과 마주해 담론을 하고자 하노라.〔堂西長筍別開門, 塹北行椒却背村. 梅熟許同朱老喫, 松高擬對阮生論.〕"라고 하였다. 《杜少陵詩集 卷13》 여기서는 보은의 성대곡(成大谷)을 주로에 빗대서 한 말인데, 성대곡과 저자 사이에 매화(梅花)에 관해 어떤 일이 있었는지는 알 수 없다.

끝의 두 구절은 김(金), 성(成) 두 노인의 시자(侍者)에게 붙인 것이다. 두 노인은 모두 보은 사람이다.○최형은 곧 최기림(崔起霖)이고, 두 노인은 김태암(金泰巖),[344] 성대곡(成大谷)[345]이다.

늙도록 옥살이에 옥문은 조석으로 닫혀 있고	老獄晨昏閉
쇠락한 문호는 안팎으로 다 열려 버렸네[346]	衰門表內開
넋은 보은의 경계로 날아가고	魂飄報恩界
눈물은 망향대에서 다 흘린다오	淚盡望鄕臺
흰 학[347]은 산중으로 돌아갔는데	白鶴山中去
가을바람은 해상으로 불어오누나	秋風海上來
파공의 귤은 쪼개어 볼 길이 없거니와[348]	無由剖巴橘

344 김태암(金泰巖) : 1477~1554. 자는 탁이(卓爾), 호는 희암(希菴)이고, 보은(報恩) 사람이다. 학행(學行)으로 천거를 받아 연원도 찰방(連原道察訪)이 되었으나, 기묘사화(己卯士禍) 때 삭직(削職)되었다. 1556년인 이때는 이미 세상을 떠난 뒤이다.

345 성대곡(成大谷) : 성운(成運, 1497~1579)으로 자는 건숙(健叔), 호는 대곡이다. 중종(中宗) 때 사마시(司馬試)에 합격했으나, 보은의 속리산(俗離山)에 은거하였다. 그 후 선조(宣祖) 때까지 여러 차례 임관(任官)되었으나 나아가지 않았고, 이지함(李之菡), 서경덕(徐敬德), 조식(曺植) 등과 교유하며 학문에 전념하였다.

346 쇠락한……버렸네 : 저자의 가문이 비운(否運)을 만났음을 의미하는 듯하다.

347 흰 학 : 보은의 금적산(金積山)에 모당(茅堂)을 지은 최기림(崔起霖)을 지칭하는 듯하다.

348 파공(巴邛)의……없거니와 : 옛날에 파공 사람이 자기 귤원(橘園)에 대단히 큰 귤이 있었는데, 이를 이상하게 여겨 쪼개어 보니, 귤 속에 수미(鬚眉)가 하얀 두 노인이 서로 마주 앉아 바둑을 두면서 즐겁게 담소를 나누고 있었다는 고사에서 온 말이다. 116쪽 주223 참조. 여기서는 보은(報恩)에 거주했던 김태암, 성대곡 두 노인을 귤 속의 두 노인에 빗대면서 그들을 알현할 길이 없음을 아쉬워한다는 뜻이다.

어느 곳에서 선매를 찾아본단 말인가[349] 何處覓仙梅

아버지께서 상주(尙州) 화령현(化寧縣)에 사시는데, 화령현에서 보은까지 거리는 겨우 20여 리이다.

349 어느……말인가 : 선매(仙梅)는 한대(漢代)의 선인(仙人) 매복(梅福)을 가리킨다. 116쪽 주224 참조. 여기서는 보은의 산중에 모당을 짓고 은거한 최기림을 선인 매복에 빗대면서 그 역시 만날 길이 없음을 아쉬워한다는 뜻이다.

돌아가는 승려 각조가 시를 요구하다

歸僧覺祖乞詩

풍증으로 머리 흔들림은 금치 못하고　風頭不禁掉
어른어른한 눈은 환히 떠 본 적 없다네　霧眼未曾開
인진도에서 한번 만나고 보니　一遇因珍島
갑자기 옛 보대[350]가 생각나누나　飄思舊寶臺
오늘 아침에 여귀[351]를 하직하고 떠나면　今朝辭女貴
어느 날에나 왕래를 들어갈런고　何日入王來
용화회를 베푸는 때가 오기도 전에[352]　不待龍華會
넋은 이미 고향 뜨락 매화에 가 있구려　歸魂着砌梅

왕래(王來)는 바로 보은(報恩)의 지명인데, 화령(化寧)과 맞닿아 있어 화령을 왕래할 때에 경유하는 길이 되어 있다. 우리 집 뜨락 가에 늙은 매화나무가 있으므로 그것을 의탁하여 말한 것이다.

350 보대(寶臺) : 불사(佛寺)나 불탑(佛塔)을 지칭하는데, 어느 불사인지는 알 수 없다.

351 여귀(女貴) : 진도(珍島)에 있는 산명(山名)이다.

352 용화회(龍華會)를……전에 : 용화회는 불교 용어로, 미륵보살(彌勒菩薩)이 용화수(龍華樹) 아래서 법회를 열어 세 차례에 걸쳐 세상 사람들을 제도(濟度)한다는 법회이다. 불경(佛經)에 의하면 "장차 미륵보살이 이 용화수 아래서 법회를 열어 세상 사람을 제도할 것이되, 세 차례의 법회가 있다. 첫 법회에서는 먼저 석가모니가 제도하지 못한 자들을 제도하고 다음으로 그 나머지를 제도하여 그 숫자는 모두 육십팔억 인이 되고, 두 번째 법회에서는 육십육억 인을 제도하며, 세 번째 법회에서는 육십사억 인을 제도하게 된다. 그래서 '용화삼회'라 한다."라고 하였다. 갇혀서 아직 풀려나지 못하고 있는 저자 자신의 처지를 미륵보살의 제도를 만나지 못한 데에 빗대서 한 말이다.

내 자신에 대한 만사

自挽

스스로는 뛰어난 남자라 생각했지만	自謂奇男子
세상에서는 어리석은 사내라 일컬었네	時稱惷丈夫
광활한 산하는 눈 안에 쏙 들어오고[353]	山河眼孔入
뱃속에는 털끝만 한 거리낌도 없었지[354]	纖芥腹中無
선비들은 술에 솜 담가 조문하려 하고[355]	士欲懷綿漬
관에서는 의당 포무[356]를 살펴 지급하리	官須檢布幠
외로운 넋은 문득 먼저 고향에 돌아가	孤魂却先返
두 어버이 두 아우의 곁에 있으련다	兩弟二親隅

353 광활한……들어오고 : 포부(抱負)가 장대했음을 의미한다.

354 뱃속에는……없었지 : 한대(漢代)의 문장가인 사마상여(司馬相如)의 〈상림부(上林賦)〉에 "초나라에는 칠택이 있다. 그중에 하나인 운몽택은 사방이 구백 리인데, 운몽택 같은 것 여덟아홉 개를 삼켜도 가슴속에 조금도 거리낌이 없다."라고 하였다. 《漢書 卷57 司馬相如傳》 여기서는 포부나 문장이 아주 뛰어남을 비유한다.

355 선비들은……하고 : 후한(後漢) 때의 고사(高士) 서치(徐穉)의 일에서 온 말이다. 서치는 평소 고관들로부터 천거를 받았으나 한 번도 취임하지 않았다. 하지만 상사(喪事)가 있으면 반드시 조문하였다. 그는 닭구이 한 마리를 준비하고, 솜을 술 항아리에 담근 후 바싹 말렸다가, 그 솜으로 닭구이를 싸 가지고 고관의 묘소 근처에 가서는 솜에 물을 적시어 술기운이 나게 한 다음, 묘 앞에 흰 띠〔白茅〕를 깔고 닭구이를 놓고 술 한 잔을 땅에 부어 예를 마치고는 상주도 보지 않고 떠나 버렸다. 《後漢書補逸 卷12 徐穉》 저자가 죽고 나면 흠모하던 선비들이 많이 찾아와 조문할 것이라는 뜻이다.

356 포무(布幠) : 포는 매장할 때 사자(死者)의 관(棺)을 덮는 대공포(大功布)이고, 무는 소렴(小殮) 때 시신을 덮는 이불이다.

영암 군수가 멀리서 벌꿀과 좋은 미역을 보내왔으므로, 시를 지어 사례하다 8월이다.

靈巖郡守遠餉蜂淸粉藿作詩謝之 八月

영암 군수에게 하도 감사하여라	多謝靈巖宰
외론 섬의 죄수를 몹시 불쌍히 여기었네	深矜絶島囚
온 가족이 굶어 죽지 않기를 기대하거니와	家門待不死
은혜로 돌봐 줌이 바라지 않는 데까지 미쳤네	惠養及無求
달인 벌꿀은 노란 송화 빛이 찬란하고	錬蜜松花爛
향기로운 국은 좋은 미역이 보드랍구려	香羹海藿柔
비장을 보하고 또 배를 다습게 해 주니	補脾仍煖腹
덧없는 세상에 조금 더 머물러야겠네	浮世少須留

해곽(海藿)이 다른 본에는 해대(海帶)로 되어 있다.

김후지가 윤탄지의 정자에 부쳐 제한 시운에 차하다 9월이다.

次金厚之寄題尹坦之亭子韻 九月

상고하건대, 후지는 하서(河西)의 자이고, 탄지는 윤항(尹衖)의 자이다.

이 별장 또한 어찌 그리 멀단 말인가	此墅亦何遠
친구를 가까이 대할 수가 없구려	夫君不可親
구름은 백련동[357]에 드리워 있고	雲垂白蓮洞
바람은 벽파진[358]을 끊어 놓았네	風斷碧波津
늙어 갈수록 재주가 다한 것을 알겠으니	老去知才盡
가을이 오매 흥취가 새로워짐이 겁나누나	秋來怯興新
천지간에 한 나그네 귀신[359]이요	乾坤一羈鬼
시내와 바닷가의 두 한가론 사람[360]이로다	溪海兩閑人

하서의 시에 "누워서 고래 붕새 노닒을 상상해 보니, 계산 또한 사람 마음에 썩 드는구려.〔臥想鯨鵬戲 溪山亦可人〕"라고 하였다.

357 백련동(白蓮洞) : 전라남도 해남군(海南郡) 해남읍(海南邑)에 위치한 동명(洞名)이다.

358 벽파진(碧波津) : 해남군과 진도군(珍島郡)의 경계를 이루고 있는 진명(津名)이다.

359 한 나그네 귀신 : 저자 자신을 지칭한다.

360 시내와……사람 : 두 한가론 사람이란 장성(長城)의 계산(溪山)에서 소요하며 지내던 김인후(金麟厚)와 해남(海南)의 해변에 정자를 지은 윤항(尹衖)이다.

두 동년이 서로 창화한 시에 차운하다

次韻二同年相和

김경로(金慶老)[361]가 윤탄지(尹坦之)를 방문하여 시를 창화했는데, 이 두 사람은 모두 나의 동년이다.

어찌 동년으로 도만 서로 합할 뿐이랴	道豈同年合
정리도 세대를 뛰어넘는 친분이 있네	情猶隔世親
서로 창수한 시는 마치 주옥 같아서	相酬唾成玉
한번 읽어 보니 치아에 진액이 생기누나	一讀齒生津
나그네 꿈은 때때로 뒤숭숭한데	客夢時時錯
가을바람은 곳곳마다 새롭구려	秋風處處新
응당 친구 의리를 흙처럼 버려서	不應如棄土
지금 사람처럼 끝내 친분을 끊지 않으리[362]	終斷屬今人

361 김경로(金慶老) : 을사사화(乙巳士禍) 때 부정한 말을 퍼뜨렸다는 혐의로 정평(定平)에 유배되었다가 풀려난 김희년(金禧年)을 가리킨다. 경로는 그의 자이다. 자세한 내용은 139쪽 주282 참조. 그리고 《소재집》 제1권의 〈원숙이 경로의 을사년 봄에 지은 시구를 외자……〔元叔誦慶老乙巳春之句……〕〉라는 시제(詩題) 아래 주석에 '경로'를 김희년의 자라고 하였다. 그렇다면 김희년의 자를 경로, 경광 두 가지로 썼던 것은 분명하다.

362 응당……않으리 : 친구의 의리를 흙처럼 버린다는 것은 두보(杜甫)의 〈빈교행(貧交行)〉에 "손 뒤집으면 구름이요 손 엎으면 비로다. 경박한 작태 분분함을 어찌 셀 거나 있으랴. 그대는 못 보았나 관중 포숙의 가난할 때 사귐을, 지금 사람들은 이 도를 흙처럼 버린다네.〔翻手作雲覆手雨, 紛紛輕薄何須數? 君不見管鮑貧時交? 此道今人棄如土.〕"라고 한 데서 온 말이다. 《杜少陵詩集 卷2》 이 시는 세인(世人)들의 교제하는 태도가 반복무상함을 비유하는데, 저자의 친구들은 그런 사람들과 같지 않다는 뜻이다.

백생[363] 광훈이 와서 밤에 술을 마시다 10월이다.

白生 光勳 至夜飮 十月

시월이라 초사흗날에	十月初三日
친구가 먼 곳에서 왔네	朋來自遠方
깊은 교정은 오래전 명성을 들은 때부터요	神交久名聞
의기투합은 나이를 잊을 만하다마다	義合可年忘
담소를 나눌 땐 속마음을 오로지 기울이고	語笑專傾倒
형체는 취하여 넘어지거나 말거나	形骸任醉僵
내 생애는 이런대로 지낼 뿐이거니와	此生聊爾耳
후일의 회합은 언제 다시 가져 본단 말인가	後會更何當

363 백생(白生) : 생은 서생(書生)이란 뜻으로, 저자에게 수업(受業)했던 시인 백광훈(白光勳, 1537~1582)을 가리킨다. 그가 처음에는 박순(朴淳)을 사사(師事)했고, 뒤에는 또 저자를 사사했다. 1564년(명종19) 진사가 되었고, 1572년(선조5) 명(明)나라 사신(使臣)이 오자, 저자를 따라서 백의(白衣)로 제술관(製述官)이 되어 명나라 사신을 감탄케 했다고 한다. 벼슬은 여러 곳의 참봉을 지냈을 뿐이다. 최경창(崔慶昌), 이달(李達)과 함께 성당(盛唐)의 시풍(詩風)에 들어갔다 하여 삼당시인(三唐詩人)으로 일컬어지기도 하였다.

크게 취하여 장난삼아 백생에게 주다

大醉戲贈白生

늙은 손은 술잔 잡기를 좋아하거니와　　老手持杯好
타는 입술은 술 마시기에 마땅하지　　焦昏飮酒宜
나는 평상시에 악객[364]을 싫어하여　　尋常嗔惡客
내 울타리에도 가까이 못 오게 한다네　　不使近吾籬
늪가에서 깨어 있음을 어디에 쓸 건가[365]　　澤畔醒何用
인간의 취향을 알 수가 없구려　　人間趣未知
평생에 취향[366]과 벗 삼아서　　平生醉鄕友
애오라지 그럭저럭 지내련다　　聊可與棲遲

364 악객(惡客) : 술을 마시지 않는 사람을 지칭하나, 후세에는 그와 반대로 통음(痛飮)하는 사람을 가리킨다. 94쪽 주157 참조. 여기서는 전자(前者)의 뜻으로 쓰였다.

365 늪가에서……건가 : 굴원(屈原)처럼 깨어 있을 필요가 없다는 뜻으로 한 말이다. 80쪽 주118 참조.

366 취향(醉鄕) : 당대(唐代)의 문신 왕적(王績)이 지은 〈취향기(醉鄕記)〉에서 온 말이다. 94쪽 주155 참조. 이 시에서 말한 취향은 넌지시 왕적을 지칭한 말로 쓰인다.

내일은 백생과 작별할 예정인데, 백생이 한마디 해 주기를 청하므로, 이에 취하여 써서 주다

來日將別白生生請一語乃醉書與之

어떤 일이 먼저 할 일인가 하면	何事是先務
글 읽는 것이 가장 마땅한 일일세	讀書爲最宜
요컨대 다리 밑의 길을 확 넓히고[367]	要開脚下路
눈 안의 울타리를 없애야 하리[368]	當拔眼中籬
어느 곳도 사물 아닌 것이 없나니	在處無非物
장차 모르는 것이 있으면 어찌하랴	將如有不知
나는 노쇠하도록 두려운 존재가 못 됐지만[369]	吾衰不足畏
자네는 영민하니 학문을 지체하지 말아야지	子邁莫須遲

367 다리……넓히고 : 대도(大道)를 향해서 학문을 하라는 뜻인 듯하다.

368 눈……하리 : 사리(事理)를 환히 꿰뚫어 볼 수 있도록 눈을 밝게 떠야 한다는 뜻인 듯하다.

369 나는……됐지만 : 공자가 이르기를 "후생이 두려울 만하니, 앞으로 나오는 후생들이 지금의 나보다 못하리라는 것을 어찌 알겠는가. 그러나 사십, 오십 세가 되도록 알려진 것이 없으면 그 또한 두려울 것이 없다.〔後生可畏, 焉知來者之不如今也? 四十五十而無聞焉, 斯亦不足畏也已.〕"라고 하였다. 《論語 子罕》 저자 자신은 늙도록 알려진 것이 없어 두려워할 만한 존재가 될 수 없다는 뜻이다.

방생[370]과 술을 마시면서 운을 불러 시를 지었다가, 다음 날 점마관 조희문[371]에게 부치다

與房生飮唱韻有賦明日寄趙點馬希文

사신이 사원을 순찰하는 길에[372] 有使巡沙苑
벗을 더불고 바다를 들러 주었는데 携朋過海天
술항아리는 다행히 비지 않았고 壺尊幸不空
담화는 끝없이 이어졌네 說話到無邊
문사의 모임이 늘 이와 같거니와 文會長如此
덧없는 인생에겐 또한 우연이겠지 浮生亦偶然

370 방생(房生) : 방응현(房應賢, 1523~1589)을 가리킨다. 전라도 남원(南原) 출신으로 자는 준부(俊夫), 호는 사계(沙溪)이며, 본관은 남양(南陽)이다. 조식(曺植), 이항(李恒)에게 수학하였고, 효성과 행의(行誼)가 뛰어났다. 《月沙集 卷46 沙溪房君墓碣銘》

371 점마관(點馬官) 조희문(趙希文) : 조희문은 하서(河西) 김인후(金麟厚)의 제자이며 사위이기도 한데, 이때 제주 점마관(濟州點馬官)으로 남쪽 지방에 있었다. 1557년(명종12) 별시 문과(別試文科)에 급제한 이후, 성균관 사성, 사헌부 장령, 이조 좌랑, 홍문관 교리 등 여러 관직을 역임하였다.

372 사신(使臣)이……길에 : 사신은 제주 점마관 조희문을 가리킨다. 사원(沙苑)은 섬서성(陝西省) 대려현(大荔縣) 남쪽에 위치한 지명이다. 위수(渭水) 위에 자리하여 동서로 80리, 남북으로 30리쯤 되는 땅이다. 이곳이 목축하기에 알맞아, 당(唐)나라 때 처음 이곳에 사원감(沙苑監)을 두어 목축을 했다고 한다. 두보(杜甫)의 〈유화문(留花門)〉에 "사원이 맑은 위수를 임하여 있으니, 샘은 향기롭고 목초는 풍성하고 깨끗하네.〔沙苑臨淸渭, 泉香草豐潔.〕"라고 하였다. 《杜少陵詩集 卷7》 제주의 목마장(牧馬場)을 중국의 사원에 빗대서 한 말이다.

아직도 생각나네 하지장처럼 잔뜩 취하여　　猶思賀章醉
말 타는 게 배 탄 듯 흔들거리던 모습이[373]　　騎馬似乘船

끝의 두 구는 하서(河西)에게 붙인 것인데, 하서가 바로 조희문의 부옹(婦翁)이다.

373 아직도……모습이 : 두보(杜甫)의 〈음중팔선가(飮中八仙歌)〉에서 당시 풍류 시인으로 술을 매우 즐겨 마셨던 하지장(賀知章)을 가리켜 "하지장의 말 타는 건 배를 탄 듯이 흔들흔들, 눈은 어지러워 우물 속에 빠져 자는 듯했다네.〔知章騎馬似乘船, 眼花落井水底眠.〕"라고 하였다. 《杜少陵詩集 卷2》 저자가 하서 김인후의 술 즐기던 풍류를 하지장에 빗대서 한 말이다.

밤에 술을 마시면서 다시 차운하다
夜飮復次韻

남쪽 눈도 땅에까지 내리고[374]	南雪亦到地
북쪽 구름은 항상 하늘에 가득하네	北雲常滿天
세월은 슬픈 눈물의 밖에 흐르고	年華危涕外
친구는 취하여 읊는 곁에 있구나	親舊醉吟邊
사업은 왕적보다 앞설 만도 하지만[375]	事業先王績
생애는 계연에게 뒤질 수밖에 없네[376]	生涯後計然
정장의 역마는 비치하기가 어렵고[377]	難爲鄭莊驛
공연히 자유의 배는 정박해 놓았네[378]	空繫子猷船

374 남쪽……내리고 : 남쪽 지방은 원래 다스워서 눈이 땅에 닿기 전에 녹는데, 이때 땅에까지 내렸다는 것은 남쪽에도 날씨가 매우 추웠음을 의미한다.

375 사업(事業)은……하지만 : 사업이란 술 즐기는 풍류를 의미한다. 왕적(王績)에 대해서는 94쪽 주155 참조. 저자 자신의 술 즐기는 풍류가 왕적보다 앞설 만하다는 뜻이다.

376 생애(生涯)는……없네 : 계연(計然)은 춘추 시대 월(越)나라 사람으로 치부술(致富術)에 뛰어났다. 월왕(越王) 구천(句踐)과 범려(范蠡)가 모두 그의 계책을 이용하여 치부했다고 한다.《史記 卷129 貨殖列傳》여기서 '계연에게 뒤진다.'라고 한 것은 저자 자신은 계연 같은 치부술이 없다는 뜻이다.

377 정장(鄭莊)의……어렵고 : 정장은 한대(漢代)의 문신으로 자가 장(莊)인 정당시(鄭當時)를 가리킨다. 그는 빈객(賓客) 접대하기를 매우 좋아하여 태자 사인(太子舍人)으로 있을 때 휴일마다 장안(長安)의 여러 교외에 역마를 비치해 두고 빈객을 초치하여 접대하였다.《史記 卷120 汲鄭列傳》저자 자신은 정당시처럼 역마를 비치해 두고 빈객을 초치할 수 없다는 뜻이다.

방생과 함께 조희문을 생각했기 때문에 끝의 두 구절을 읊은 것이다.

378 자유(子猷)의……놓았네 : 자유는 진(晉)나라 왕휘지(王徽之)의 자이다. 자유의 배란 왕휘지가 어느 날 밤 큰 눈이 막 개고 달빛이 휘영청 밝은 것을 보고는 홀로 술을 마시면서 좌사(左思)의 〈초은시(招隱詩)〉를 읊조렸다. 이때 섬계(剡溪)에 사는 친구인 은사(隱士) 대규(戴逵)가 생각나, 즉시 자기가 사는 산음(山陰)에서 거룻배를 타고 밤새도록 가서 다음 날 아침에 섬계에 당도했는데, 대규의 집 문 앞까지 가서는 흥(興)이 다했다 하여 집에는 들어가지 않고 그대로 되돌아왔던 고사에서 온 말이다. 《晉書 卷80 王徽之列傳》 저자 자신은 왕휘지처럼 달밤에 배 타고 친구를 찾아갈 수도 없다는 뜻이다.

방생이 자기 친구들의 정사를 읊은 시운[379]을 내보이면서 화답해 주기를 급하게 요구하였다

房出示諸友詠其精舍韻索和甚急

풍운 일월이 빛나는 나라의 바다 동쪽까지[380]	風雲日月海之東
누가 미생에게도 중을 타고나게 하였던고[381]	誰許微生得受中
포구에 연한 만 그루 쓸모없는 대는 제거하고	連浦萬竿除惡竹
가파른 절벽의 새 소나무는 천 척으로 길러야지[382]	斷崖千尺長新松
꿈이면 강가를 지나는 학 그림자를 따르고[383]	夢隨過鶴江皐影

379 방생(房生)이……시운(詩韻) : 방생은 방응현(房應賢)을 가리킨다. 174쪽 주370 참조. 정사(精舍)는 그가 남원군 주생면 영천리에 세운 사계정사(沙溪精舍)인데, 여러 친구들이 이 사계정사를 두고 시를 읊은 것이다.

380 풍운 일월(風雲日月)이……동쪽까지 : 풍운은 현신(賢臣)에 해당하고, 일월은 명왕(明王)에 해당한다. 풍운 일월이 빛나는 나라는 중원(中原)을 지칭하고, 바다의 동쪽은 조선을 지칭한다.

381 누가……하였던고 : 미생(微生)은 미천한 생명이란 뜻으로, 여기서는 저자 자신을 지칭한다. 중(中)은 천지간의 중화지기(中和之氣)를 말하는데, 이것이 인간에게 부여되면 선량한 본성이 된다. 여기서는 저자 자신 또한 선량한 본성을 타고났다는 뜻이다. 《춘추좌씨전(春秋左氏傳)》 성공(成公) 13년 조에 "백성은 천지의 정기를 받아서 태어나니, 이것이 이른바 명이다.〔民受天地之中而生, 所謂命也.〕"라고 하였다.

382 포구에……길러야지 : 두보(杜甫)의 〈장부성도초당도중유작선기엄정공오수(將赴成都草堂途中有作先寄嚴鄭公五首)〉의 네 번째 시에 "새로 심은 소나무는 천 척까지 못 큰 게 한스럽고, 쓸모없는 대 만 그루는 응당 베어 내야겠네.〔新松恨不高千尺, 惡竹應須斬萬竿.〕"라고 하였다. 《杜少陵詩集 卷13》 여기서는 사계정사의 주변 경치를 가지고 한 말이다.

때로는 나는 선인[384]의 영롱한 패옥 소리도 들으리 時聽飛仙玉佩瓏
문득 사계정사에 들어가 하룻밤을 묵으면서 便入沙溪精舍宿
일생의 회포를 하룻밤에 다 풀어 보고 싶네 百年懷抱一宵窮

사계(沙溪)는 바로 정사(精舍)의 이름이다.

383 꿈이면……따르고 : 소식(蘇軾)의 〈후적벽부(後赤壁賦)〉에, 임술년 10월 보름달 밝은 밤에 객(客)과 함께 적벽(赤壁) 아래서 선유(船遊)를 하노라니, 한밤중 사방이 적막한 때에 마침 학 한 마리가 강을 가로질러 동쪽에서 날아와 울면서 소식이 선유하는 배를 스쳐서 서쪽으로 날아갔다. 이윽고 객은 가고, 소식은 잠이 들었었다. 꿈에 한 도사(道士)가 깃으로 지은 옷자락을 펄럭이면서 임고정(臨皐亭) 밑을 지나다가 소식에게 읍(揖)하며 말하기를 "적벽의 놀이가 즐거웠소?〔赤壁之遊樂乎〕" 하므로, 그의 성명을 물어보니, 그는 고개를 숙이고 대답하지 않았다. 이때 소식이 말하기를 "아, 슬프도다. 나는 알겠도다. 지난밤에 울면서 나를 스쳐 날아간 그가 바로 그대가 아닌가?〔嗚呼噫嘻! 我知之矣. 疇昔之夜, 飛鳴而過我者, 非子也耶?〕"라고 하자, 그 도사가 고개를 돌리며 웃었다. 소식 또한 놀라 잠에서 깨어 문을 열고 내다보니, 그가 간 곳을 알 수 없었다고 한다.《東坡全集 卷33》 여기서는 사계정사(沙溪精舍)의 주변 경치를 적벽강(赤壁江)의 경치에 빗대서 한 말이다.

384 나는 선인〔飛仙〕 : 절경(絶境)인 사계정사를 찾아오는 당대의 훌륭한 선비들을 선인에 빗대서 한 말이다.

창평의 수령이 쌀, 누룩, 꿀을 편지와 함께 보내왔으므로, 시를 지어 사례하다 11월이다.

昌平宰書致米麴蜜作詩謝之 十一月

창인국[385]에서 병들어 누워 있는데	病臥傖人國
공씨향[386]에서 서신을 보내왔구려	書從孔氏鄕
하얀 쌀이 이천 홉[387]이나 되니	長腰二千合
여러 식구가 수십 일을 먹을 식량이로다	衆口數旬糧
상서론 보리[388]로는 새로 누룩을 만들었고	瑞麥新成麴
꿀벌의 집은 넉넉히 베어 꿀을 내렸네	衙蜂賸割房
갚지 못할 나에게 능히 은혜를 베풀어 주니	能施不報地
고마운 뜻을 더욱 감당하기 어렵구려	盛意益難當

385 창인국(傖人國) : 창인은 비루하고 촌스러운 사람을 멸시하는 말로, 위진(魏晉) 시대 이후 강동(江東) 사람들이 남초(南楚) 지방 사람을 멸시하여 이렇게 호칭하였다. 여기서는 조선의 가장 남방에 위치한 진도(珍島)를 남초 지방에 비유한 것이다.

386 공씨향(孔氏鄕) : 공자가 탄생한 창평향(昌平鄕) 추읍(陬邑) 궐리(闕里)를 가리킨다. 여기서는 창평현(昌平縣)을 공자의 탄생지인 창평향에 빗대서 한 말이다.

387 이천 홉 : 쌀 두 가마이다.

388 상서론 보리〔瑞麥〕 : 한 줄기에 두 이삭이 달리는 보리를 말하는데, 이는 지방관의 선정(善政)에 의하여 풍년이 들 길조를 칭한다. 후한(後漢) 때 장감(張堪)이 어양 태수(漁陽太守)로 있으면서 수많은 전토(田土)를 개간하게 하고 백성들에게 부지런히 농사를 짓도록 권면하여 백성들이 부(富)를 이루자, 이에 노래하기를 "뽕나무는 서로 붙은 가지가 없고, 보리는 한 줄기에 두 이삭이 달려 나오네. 장군이 정사를 하매, 즐거움을 감당할 수 없도다.〔桑無附枝, 麥穗兩岐. 張君爲政, 樂不可支.〕"라고 하였다. 《後漢書 卷31 張堪列傳》 여기서는 창평현의 수령을 선정하는 지방관으로 추앙한다는 뜻이다.

무제

無題

성지에 애경을 설치한 건 그 몇 해나 되었나[389]	城池幾歲設崖瓊
천지간에 그 사정을 헤아려 알 기약이 없구려	天地無期得事情
오른쪽은 선창포를 띠었으되 썩은 노만 남았고	右帶船倉殘朽櫓
동쪽으론 금갑영과 연했으되 영은 텅 비어 있네	東連金甲只空營
왕총현이란 거짓 명호[390]는 그 누가 전해 왔던고	君王僞塚誰傳號
관노산은 제 스스로 한 산의 명칭이 되었네	奴僕專山自立名
다만 나는 끝내 음곡[391]의 귀신이 되고 말 테니	顧我終爲陰谷鬼
남들이 진도의 촌놈으로 간주하거나 말거나	從人看作沃州傖

선창포(船倉浦), 금갑영(金甲營), 왕총현(王塚峴), 관노산(官奴山)이 있다.

389 성지(城池)에……되었나 : 성지는 성곽(城郭)과 해자(垓字)이다. 애경(崖瓊)은 경애(瓊崖)의 글자를 바꿔 쓴 것으로, 중국 해남도(海南島)의 별칭이다. 후세에는 해남도를 유배지의 뜻으로 전용하였는데, 여기서도 저자의 유배지인 진도(珍島)를 빗대서 말한 것으로, 이러한 요새지를 어느 때에 만들었는지 알 수 없다는 뜻이다.

390 왕총현(王塚峴)이란 거짓 명호 : 왕총현이란 명칭은 있으나 왕총의 흔적은 없기 때문에 한 말이다.

391 음곡(陰谷) : 저자의 고향인 상주(尙州)의 한 골짜기 이름으로 추측된다.

선달 밤에 외삼촌[392]을 마주하다

臘夜對舅氏

납일[393]이 가까워지매 교하엔 눈이 내리고	臘近交河雪
닭이 처음 울면 종남산엔 새벽이 오리라	鷄初木覔晨
만 리 밖에서 온 외삼촌을 더불고 앉아	相携萬里舅
십 년의 친면을 마주하여 홀로 우노라	獨泣十年親
초나라의 죄수처럼 슬퍼하질랑 말고[394]	莫作悲囚楚
오히려 진에 있겠단 얘기나 들어야겠네[395]	猶聽話在秦

392 외삼촌 : 저자의 서외숙(庶外叔)인 이수부(李秀夫)이다.

393 납일(臘日) : 납제(臘祭) 지내는 날을 말하는데, 납제는 동지(冬至) 후 세 번째 술일(戌日)에 지내는 제사이다. 섣달을 가리키기도 한다.

394 초(楚)나라의……말고 : 춘추 시대 초나라의 악관(樂官)인 종의(鍾儀)가 정인(鄭人)에 의해 진(晉)나라에 잡혀가 갇혀 있었다. 이때 진 혜공(晉惠公)이 군부(軍府)를 시찰하다가 그를 보고는 유사(有司)에게 "남관을 쓰고 갇혀 있는 자가 누구인가?〔南冠而縶者誰也〕" 하고 묻자, 유사가 "정인이 바친 초나라의 죄수입니다.〔鄭人所獻楚囚也〕"라고 하였다. 진 혜공이 그를 불러 여러 가지 일을 물어보고 그에게 거문고를 주면서 타 보라고 하니, 그는 그곳에서도 자기 고향인 초나라의 음악을 타서 고향을 애타게 그리워했다.《春秋左氏傳 成公9年》 저자 자신도 초나라 죄수처럼 갇혀 있지만 그렇게 슬퍼하지는 않겠다는 뜻이다.

395 진(秦)에……들어야겠네 : 진은 장안(長安)이다. 두보(杜甫)가 멀리 헤어져 있던 아우 관(觀)이 전쟁에서 가까스로 빠져나와 형에게 온 것을 기뻐하여 지은 〈희관즉도부제단편(喜觀卽到復題短篇)〉에 "무협은 일천 산이 어둑해지니, 종남산은 만리가 봄이리라. 병중에 내가 아우를 만나 볼 수 있었으니, 네 편지를 보매 네가 아직 죽지 않았더구나. 아이들의 물음엔 뜻으로 대답했더니, 네가 올 때엔 새로워진 전쟁 속을

내 아우랑 단란하게 마주하길 기다리노니　　團圓待吾弟
오늘 밤에는 그 어드메서 잠을 자는고　　今夜宿誰濱

외조부의 산소는 교하(交河)에 있고, 어머니는 종남산(終南山) 아래에 계신다. 근래에 듣자니, 아우가 곧 능성(綾城)으로 와서 회합할 것이라고 하므로, 시편(詩篇) 가운데서 갖추 언급하였다.

지나왔구나. 배를 정박하고 서로 슬퍼하고 기뻐한 다음엔, 완곡히 장안으로 돌아가리라 말하누나.〔巫峽千山暗, 終南萬里春. 病中吾見弟, 書到汝爲人. 意答兒童問, 來經戰伐新. 泊船悲喜後, 款款話歸秦.〕"라고 하였다. 《杜少陵詩集 卷18》 저자 또한 아우가 온다는 소식을 듣고, 아우를 만나고 나면 아우도 서울로 가겠다는 말을 하리라는 뜻이다.

다시 차운하다

復次

놓아 버리고 언제 되찾은 적 있던가	放去何曾返
어두워져 새벽이 오려 들지 않누나[396]	昏來不肯晨
누군들 본성이야 잃어버릴 수 있으랴	誰能失却性
간혹 어버이를 기쁘게 하기도 한다오[397]	或得悅乎親
이번 회합엔 간담이 서로 만났다가[398]	此會還肝膽
다음 날 아침엔 다시 진월이 되겠지[399]	明朝復越秦

396 놓아……않누나 : 놓아 버렸다는 것은 외물(外物)에 유혹되어 선심(善心)을 잃게 됨을 말한다. 맹자가 이르기를 "공자가 이르기를 '잡으면 보존되고 놓으면 잃게 되어, 드나듦이 정해진 때가 없으며, 그 정한 방향을 알 수 없는 것은 오직 마음을 두고 이른다.'라고 하셨다.〔孔子曰: 操則存, 舍則亡, 出入無時, 莫知其鄉, 惟心之謂與.〕"라고 하였다.《孟子 告子上》 여기서는 저자의 서외숙(庶外叔)인 이수부(李秀夫)를 가리키는 말인지, 자신을 가리키는 말인지 자세하지 않다. 어두워져 새벽이 오려 들지 않는다는 것은 어두워진 마음이 밝아지지 않음을 의미하는데, 이 역시 저자의 서외숙을 가리키는 말인지, 저자 자신을 가리키는 말인지 자세하지 않다.

397 간혹……한다오 : 맹자가 이르기를 "어버이를 기쁘게 하는 데는 방도가 있으니, 자기 몸에 반성해 보아 성실하지 못했으면 어버이를 기쁘게 하지 못한 것이다.〔悅親有道, 反身不誠, 不悅乎親矣.〕"라고 하였다.《孟子 離婁上》 그러나 여기서는 자식이 착한 행실을 하여 어버이에게 기쁨을 드리는 것을 이른 듯하다.

398 이번……만났다가 : 간담(肝膽)은 인체 내의 두 기관이다. 담(膽)이 간부(肝府)에 속하여 간과 담은 서로 친근한 사이를 비유한다. 여기서는 가장 친근한 형제간이 서로 만나는 것을 의미한다.

399 다음……되겠지 : 진월(秦越)은 춘추 시대 두 나라의 이름이다. 진나라는 서북쪽,

매화는 포구 마을을 빙 둘러 피었는데	梅花浦周里
외기러 그림자는 한강 가를 날아가리[400]	雁影漢江濱

월나라는 동남쪽에 있어 서로 거리가 멀었으므로, 흔히 소원(疎遠)한 사이를 비유하지만, 여기서는 다음 날 아우가 떠나고 나면 서로 멀리 떨어지게 된다는 것을 의미한다.

400 외기럭……날아가리 : 형제간을 '줄지어 날아가는 기러기〔雁行〕'에 비유하는데, 여기서는 저자의 아우가 형과 떨어져 외기러기처럼 홀로 서울을 향해 갈 것이라는 뜻이다.

재차 차운하다

再次

서로 만나서 슬피 눈물 흘리고	泣血相逢地
쇠한 몸 일으켜 홀로 새벽에 앉았네	扶衰獨坐晨
아우 온단 소식은 끝내 들리지 않는데	弟行終不聞
공이 떠나고 나면 다시 누구와 친할꼬	公去更何親
등불꽃은 송나라보다 희미하고	燈焰微於宋
바람 위세는 매섭기가 진나라 같구려[401]	風威劇似秦
슬픈 새는 창공 밖으로 내려앉고	悲鳥落空外
대는 서쪽 물가에서 바람에 울어 대누나	啼竹在西濱

401 바람……같구려 : 진 시황제(秦始皇帝)가 몹시 강포(强暴)하였기 때문에 매서운 한풍(寒風)에 빗대서 한 말이다.

세 번째 차운하다

三次

덧없는 인생이 또 새해를 맞게 됐는데　浮生又新歲
좋은 만남은 맑은 새벽이 아까워라[402]　良會惜淸晨
선비는 자신을 알아줄 이 없는 걸 걱정하고[403]　士患無知己
인척은 의당 친함을 잃지 않아야지　因宜不失親
부절 가진 소무를 스스로 가련해하거니와[404]　自憐持節武
낡은 갖옷 차림의 소진은 누가 불쌍히 여길꼬[405]　誰悶弊裘秦

402 좋은……아까워라 : 아침 시간이 지나면 헤어져야 하기 때문에 한 말이다. 두보(杜甫)의 〈증왕이십사시어설사십운(贈王二十四侍御契四十韻)〉에 "덧없는 인생은 먹는 것을 버리기 어려우니, 좋은 만남의 맑은 새벽이 아까워라.〔浮生難去食, 良會惜淸晨.〕"라고 하였다. 《杜少陵詩集 卷13》

403 선비는……걱정하고 : 공자가 이르기를 "지위가 없음을 걱정하지 말고, 지위에 설 수 있는 재능을 걱정하며, 자신을 알아줄 이가 없음을 걱정하지 말고, 알려질 만한 실상을 갖추어야 한다.〔不患無位, 患所以立. 不患莫己知, 求爲可知也.〕"라고 하였다. 《論語 里仁》

404 부절(符節)……가련해하거니와 : 한 무제(漢武帝) 때 소무(蘇武)가 흉노(匈奴)에 사신(使臣)으로 갔을 때 그곳에 억류되어 모진 고통을 다 겪다가 19년 만에 풀려나 고국에으로 돌아왔다. 《漢書 卷54 蘇武傳》 저자 자신 또한 소무와 같은 처지이므로 스스로 가련하게 생각한다는 뜻이다.

405 낡은……여길꼬 : 소진(蘇秦)은 전국 시대 유세가(遊說家)로 합종설(合縱說)을 제창한 인물이다. 진(秦)나라에 가서 벼슬을 하기 위해 진왕(秦王)에게 열 번이나 글을 올려 설득하려 했지만, 벼슬을 얻지 못하였다. 검은담비 갖옷이 다 해지고, 여비로 가져간 황금 백 근도 다 떨어져 마침내 고향으로 돌아가자, 그의 형수, 제수, 처첩

방리[406]가 응당 나의 안부를 물으리니 房李應相問

만 번 죽을 지경에서 고충만 지녔더라고 하오 孤忠萬死濱

폐구(弊裘)가 다른 본에는 속구(屬舅)로 되어 있다.

등 가족들이 모두 그를 냉대했다는 고사에서 온 말이다. 《史記 卷69 蘇秦列傳》 저자의 서외숙인 이수부(李秀夫)의 딱한 처지를 소진에 빗대서 한 말인 듯하다.

406 방리(房李) : 모두 저자의 친구로 방성(房姓)을 가진 아무와 이성(李姓)을 가진 아무를 지칭한 말인 듯하나 자세하지 않다.

전괘령의 협정에서 차운하여 외삼촌을 전송하다

錢掛嶺莢亭次韻送舅氏

산과 바다 사이엔 헝클어진 두 귀밑이요[407]	山海雙蓬鬢
천지간에는 하나의 협정이로다	乾坤一莢亭
식은 재[408] 같은 마음은 아직 그대로이건만	灰心猶有素
눈물 젖은 눈은 기쁜 기색 띤 적이 없다네	淚眼不曾青
노인을 다습게 하는 건 연옥이 아니거니와	煖老非燕玉
굶주림을 채우는 건 어찌 초나라 평실이랴[409]	充飢豈楚萍
덧없는 인생은 참으로 천지간에 부쳐 삶이라	浮生眞寄寓
끝내는 모두 저승으로 가고 마는 거지	畢竟盡幽冥

407 산과……귀밑이요 : 헝클어진 두 귀밑은 저자 자신을 가리킨다. 두보(杜甫)의 〈모춘제양서신임초옥(暮春題瀼西新賃草屋)〉에 "신세는 헝클어진 두 귀밑이요, 천지간에는 하나의 초정이로다.〔身世雙蓬鬢, 乾坤一草亭.〕"라고 하였다. 《杜少陵詩集 卷18》

408 식은 재 : 불 꺼진 재처럼 마음이 외물(外物)에 전혀 동요하지 않는다는 의미이다. 자세한 내용은 90쪽 주148 참조.

409 노인을……평실(萍實)이랴 : 두보(杜甫)의 〈독좌(獨坐)〉에 "노인을 다습게 하자니 연옥이 생각나고, 주린 배를 채우려니 초나라 평실이 생각나네.〔煖老思燕玉, 充饑憶楚萍.〕"라고 하였다. 《杜少陵詩集 卷20》 연옥(燕玉)은 미인을 가리킨다. 두보의 시는 노인 곁에 미인이 있어야 다스함을 느낀다는 뜻인데, 저자는 그와 반대의 뜻으로 말하였다. 평실은 길상의 조짐을 나타내는 과실 이름이다. 평실에 대한 자세한 내용은 117쪽 주225 참조. 평실에 대해서도 두보의 시는 주린 배를 채운다는 의미인데, 저자는 역시 그와 반대의 의미로 말하였다.

섣달 그믐날 밤에 아우에게 보이다 12월이다.

除夕示弟 十二月

사랑스러운 아우가 거센 파도를 건너와서	愛弟風濤涉
형을 찾아보고는 맑은 눈물을 줄줄 흘리네	尋兄雪涕垂
예전에 오늘 저녁 즐기던 일은 저버렸지만	歡娛負今夕
술잔 마시는 것은 그 당시와 똑같구나	罇酒似當時
새로 취임한 당장은 해학을 잘했고	善謔新堂長
예전 여의는 고운 소리로 창가를 했었지[410]	淸歌舊女醫
평생을 파상에서 노닐던 자취[411]를	平生灞上跡
적막한 바다 가운데서 생각할 뿐이네	寂寞海中思

410 새로……했었지 : 당장(堂長)은 학당(學堂)의 장(長)이고, 여의(女醫)는 혜민서(惠民署)에 속한 여자 의원이다.

411 파상(灞上)에서 노닐던 자취 : 파상은 지명으로, 지금의 서안시(西安市) 동쪽, 파수(灞水)의 서쪽에 위치한 고원(高原) 지대이다. 두보(杜甫)가 파상에 가서 노닐던 일을 생각하며 읊은 〈회파상유(懷灞上遊)〉에 "장안의 동릉 길을 서글피 바라보노니, 평생을 파상에서 노닐었더니라.〔悵望東陵道, 平生灞上遊.〕"라고 하였다. 《杜少陵詩集 卷18》 여기서는 저자 자신 또한 유배되기 전에 서울에서 노닐었음을 두보의 파상 놀이에 빗대서 한 말이다.

무회에게 보이다. 이때 외삼촌을 막 전별한 뒤였다
示無悔時初別李舅

서로 꼭 닮은 쇠리를 만났고[412]	酷似逢衰李
되기 어려운 소로를 또 만났네[413]	難爲見小盧
친한 정은 오랜만에 접하게 되었고	親情接時月
이별의 한은 잠시 느슨하게 되었네[414]	離恨閒斯須

412 서로……만났고 : 서로 꼭 닮았다는 것은 꼭 닮은 외삼촌과 생질을 가리킨다. 진(晉)나라 때 광무장군(廣武將軍) 하무기(何無忌)를 가리켜 당시에 "하무기는 유뇌지의 생질인데, 자기 외삼촌을 꼭 닮았다.〔何無忌, 劉牢之之甥, 酷似其舅.〕"라고 하였다. 《晉書 卷85 何無忌列傳》 쇠리(衰李)의 쇠(衰)는 노쇠의 뜻인 듯하다. 쇠리는 저자의 서외숙(庶外叔)인 이수부(李秀夫)이다. 나이는 저자보다도 아래지만, 외삼촌이라 이렇게 쓴 듯하다.

413 되기……만났네 : 되기 어렵다는 것은 형제가 훌륭하여 우열을 가릴 수 없어 '형 되기도 어렵고, 아우 되기도 어렵다.'라고 한 고사에서 온 말이다. 후한(後漢) 때 고사(高士) 진식(陳寔)의 두 아들인 기(紀)와 심(諶)은 모두 재덕(才德)이 뛰어나 당시에 명성이 높았다. 한번은 기의 아들 군(羣)과 심의 아들 충(忠)이 서로 자기 아버지의 공덕이 더 훌륭하다고 우기다가 결론을 내지 못하여 할아버지인 식에게 가서 묻자, 식이 이르기를 "원방은 형이 되기 어렵고, 계방은 아우가 되기 어렵다.〔元方難爲兄, 季方難爲弟.〕"라고 하였다. 원방은 기(紀)의 자이고, 계방은 심(諶)의 자이다. 《世說新語 德行》 소로(小盧)는 작은 노씨라는 뜻으로, 형인 소식(蘇軾)을 대소(大蘇), 동생인 소철(蘇轍)을 소소(小蘇)라 칭한 것처럼 저자의 동생인 노극신(盧克愼)을 가리킨다.

414 친한……되었네 : "친한 정은 오랜만에 접하게 되었고"라고 한 것은 친애하는 아우와 오랜만에 만났다는 뜻이다. "이별의 한은 잠시 느슨하게 되었네."라고 한 것은 저자가 서외숙과 이별의 한이 많았다가 지금 아우를 만나고 나서 잠시 그 한을 잊었다는 뜻이다.

기쁨과 두려움은 그렇다고 말할 뿐이요[415] 喜懼徒云爾
아침저녁 어버이 보살핌은 그만이로다[416] 晨昏已矣夫
수당의 경계를 나는 삼가 지킬 것이니[417] 垂堂愼吾守
이박의 경계로 그대는 후회가 없게 하라[418] 履薄悔君無

봉(逢)이 다른 본에는 유(惟)로 되어 있고, 견(見)이 다른 본에는 시(是)로 되어 있다.

415 기쁨과……뿐이요 : 기쁨과 두려움에 관한 자세한 내용은 59쪽 주66 참조. 여기서는 저자가 직접 부모를 모시지 못하기 때문에 부모에 대한 애정을 말로만 할 뿐이라는 뜻이다.

416 아침저녁……그만이로다 : 아침저녁 어버이 보살핌에 관한 자세한 내용은 76쪽 주107 참조. 그만이라고 한 것은 저자 자신도 어버이를 시봉(侍奉)할 수 없기 때문에 한 말이다.

417 수당(垂堂)의……것이니 : 수당의 경계란 《사기(史記)》 권101 〈원앙열전(袁盎列傳)〉에 "천금을 가진 부잣집 아이는 당 밖의 위험한 자리에 앉지 않는다고 한다.〔千金之子, 坐不垂堂.〕"라고 한 데서 온 말이다. "나는 삼가 지킬 것이니"라고 한 것은 저자 자신의 이름이 '수신(守愼)'이기 때문에 자신의 이름자를 넣어 풀이해서 자신의 몸을 보중(保重)하겠다는 뜻이다.

418 이박(履薄)의……하라 : 이박의 경계란 얇은 얼음을 밟듯 두려워하고 조심한다는 뜻이다. 《시경》 〈소아(小雅) 소민(小旻)〉에 "……두려워하고 조심하여, 깊은 못을 임한 듯, 얇은 얼음을 밟는 듯하노라.〔……戰戰兢兢, 如臨深淵, 如履薄氷.〕"라고 하였다. "그대는 후회가 없게 하라."라고 한 것은 저자의 아우인 극신(克愼)의 자가 '무회(無悔)'이므로 그 글자를 넣어 풀이해서 아우를 경계한 것이다.

취하여 장난삼아 써서 보이다 기미년[419] 1월이다.

醉戲書示 己未正月

학문은 폐한 채 시 짓기만 탐닉하고	失學荒詩律
몸은 돌보지 않은 채 술독에 빠져 버렸네	忘身汚酒盧
의당 일이 없어 술은 마시거니와[420]	宜爲無事飮
불시에 차려 낼 음식은 얻기 어렵고말고	難得不時須
또다시 현제로부터 맞았으니[421]	尙復中賢弟
응당 늙은이에게 술을 많이 권했겠지	應多酌老夫
봄옷은 계속해서 전당 잡힐 수 있으니[422]	春衣典可繼
집의 유무에 따를 필요도 없단다[423]	未用稱家無

419 기미년(己未年) : 1559년(명종14)으로, 이때 저자는 45세였다.

420 일이……마시거니와 : 전국 시대 초(楚)나라의 변사(辯士)인 진진(陳軫)이 위(魏)나라에 가서 위나라의 변사인 공손연(公孫衍)을 만나려고 했으나, 공손연이 만나 주지 않았다. 진진이 말하기를 "내가 공의 일을 위해서 왔는데, 공이 나를 만나 주지 않으니, 내가 곧 떠나면 후일은 기대할 수 없으리라."라고 하자, 공손연이 그제야 만나 주었다. 진진이 말하기를 "공은 어찌하여 술 마시기만 좋아하는가?〔公何好飮也〕" 하자, 공손연이 말하기를 "일이 없기 때문이다.〔無事也〕"라고 하였다.

421 현제(賢弟)로부터 맞았으니 : 현제는 '훌륭한 아우'라는 뜻과 함께 탁주(濁酒)를 의미한다. 89쪽 주146 참조.

422 봄옷은……있으니 : 두보(杜甫)의 〈곡강(曲江)〉에 "퇴청해서는 나날이 봄옷을 전당 잡혀, 날마다 강 머리에서 실컷 취해 돌아오네.〔朝回日日典春衣, 每日江頭盡醉歸.〕"라고 하였다. 《杜少陵詩集 卷6》

423 집의……없단다 : 공자의 제자 자유(子游)가 상구(喪具)에 대해 묻자, 공자가 이르기를 "집안의 유무에 따라서 한다.〔稱家之有無〕"라고 하였다. 《禮記 檀弓上》

느낌이 있어 써서 보이다
有感書示

비바람도 못 가리는 집은 네 벽만 서 있고[424] 風雨家徒壁
조석으로 밥 한 그릇씩만 먹을 뿐이라오 朝曛飯一盧
친구들과 이 세상 함께할 날이 얼마나 될까 朋知竝世幾
적막한 이곳에선 서신 오기만 바랄 뿐이네 書問索居須
영남에서는 병든 선비[425]가 기용되었고 嶺表起病士
하서는 취한 지아비로 세상 도피했다지[426] 河西逃醉夫
평생 사방에 뜻을 두는 것[427]이 平生四方志
그대 또한 없을 수 없음을 아노라 見爾不能無

424 비바람도……있고 : 집이 네 벽만 서 있다는 것은 몹시 가난하여 아무것도 가진 것 없다는 뜻이다. 《사기(史記)》 권117 〈사마상여열전(司馬相如列傳)〉에 "탁문군이 야반도주하여 사마상여에게 가자, 사마상여가 탁문군을 데리고 함께 성도의 고향 집으로 서둘러 돌아갔는데, 집에는 아무것도 없이 네 벽만 덩그렇게 서 있더라.〔卓文君夜亡奔相如, 相如乃與馳歸成都, 家居徒四壁立.〕"라고 하였다.

425 병든 선비 : 퇴계(退溪) 이황(李滉)을 가리킨다. 이황은 명종(明宗) 연간에 조정에서 벼슬을 내릴 때마다 병을 칭탁하여 나가지 않다가 마지못하여 부임하기를 누차 반복하였다.

426 하서(河西)는……도피했다지 : 하서는 김인후(金麟厚)의 호이다. 김인후는 고향에 은거하면서 술을 매우 즐겨 마셨다.

427 사방에……것 : 옛날에 남자 아이가 태어나면, 뽕나무로 만든 활로 쑥대 화살〔蓬矢〕 여섯 개를 천지와 사방을 향해 한 개씩 쏘아서, 그 아이에게 장차 사방을 경영하는 데에 뜻을 두게 했다는 데서 온 말이다. 《禮記 射義》 남자의 웅대한 포부를 의미한다.

사방지(四方志)가 다른 본에는 구익의(求益意)로 되어 있다.○이때 아우에게서 두 노인[428]에 대한 얘기를 들었다.

428 두 노인 : 퇴계 이황과 하서 김인후이다.

다시 제하다

復題

동쪽 나라 삼한의 선비[429]요	東國三韓士
백제의 광산 노씨[430]로세	光山百濟盧
가문이 갑자기 몰락했으니	門闌忽焉弊
부모님은 다시 무엇을 기대하랴	父母更何須
그대가 살아남은 건 천명이거니와	君在天乎耳
내가 죽는 것 또한 운명일 뿐이지	吾亡命矣夫
여경[431]을 받을지는 기약할 수 없지만	不期餘慶有
오직 실행[432]이 없을까 걱정이로다	惟患實行無

429 동쪽……선비 : 삼한(三韓)은 고대 우리나라 남부에 있던 마한(馬韓)·진한(辰韓)·변한(弁韓)이다. 여기서는 조선의 남부 지방을 가리킨다. 선비는 저자 자신과 아우를 포함해서 한 말이다.

430 백제(百濟)의 광산 노씨(光山盧氏) : 백제는 고구려 왕족(王族)인 온조(溫祚)가 우리나라의 남서쪽에 세운 나라인데, 그 지역은 지금의 호남(湖南), 호서(湖西)에 해당한다. 노씨도 저자 자신과 아우를 포함해서 한 말이다.

431 여경(餘慶) : 선조(先祖)의 적덕(積德)으로 인하여 후손이 받는 복이다.

432 실행(實行) : 효제(孝悌) 등의 덕행을 말한다.

어머니의 서신을 얻고 울면서 쓰다 2월이다.
得堂書泣書 二月

사흘 밤 봄꿈이 잦더니 春夢煩三夜
어머니의 서신이 우리 형제에게 닿았는데 慈書抵二盧
우리의 만남을 편안히 하고자 하실 뿐이요 要令安此會
자식에게 기대지 않는 듯한 의중을 보이셨네 示若不相須
아 부역 나간 내 막내아들이여 하시고[433] 行役嗟予季
강가에 떠도는 독부도 물어 주시었구려[434] 江潭問獨夫
능히 나의 백골을 수습할 수 있으리니 便能收白骨
누가 나에게 아우가 없다고 말하겠는가[435] 誰謂我爲無

433 아……하시고 : 《시경》 〈위풍(魏風) 척호(陟岵)〉에 "저 초목 우거진 산에 올라가, 어머니를 바라보노라. 어머니께서 말씀하시기를 아, 내 막내아들이 부역 가서, 밤낮으로 자지 못하리로다. 행여 몸 조심할지어다, 부디 돌아오고 죽어서 버려지지 말아야 한다."라고 한 데서 온 말이다. 여기서는 저자의 모친 또한 막내아들을 걱정하고 계시다는 뜻이다.

434 강가에……주시었구려 : 강가에 떠돈다는 것은 굴원이 조정에서 쫓겨나 초췌한 몰골로 강가를 방황한 데서 온 말로, 유배 중인 저자 자신의 처지를 굴원에 빗대서 한 말이다. 독부(獨夫)는 늙어서 아내가 없는 사람을 지칭한 말로, 저자 자신을 가리킨다.

435 능히……말하겠는가 : 백골(白骨)을 수습한다는 것은 두보(杜甫)의 〈건원중우거동곡현작가칠수(乾元中寓居同谷縣作歌七首)〉의 셋째 수에 "아우여 아우여 모두가 하 먼 곳에 있어, 세 사람이 다 수척하거니 그 누가 강강하랴.……아 세 번째 노래함이여 노래를 세 번째 부르노니, 너희들이 어디로 돌아와 이 형의 백골을 수습할거나."라고 한 데서 온 말이다. 《杜少陵詩集 卷8》 저자 자신이 객지에서 죽는다면 두보의 처지와는 달리 아우가 와서 백골을 수습해 줄 것이라는 뜻이다.

무회 아우를 전별하면서 다시 앞의 운을 사용하다 3월이다.

別無悔甫弟復用前韻 三月

여러 사람이 나루로 가는 길에 전별연(餞別宴)을 베풀었다.

중년엔 불쾌한 마음 자주 일어나는데[436]	數作中年惡
봄바람에 또 아우와 작별을 하누나	春風別此盧
술병은 기울여 남들과 함께 취하지만	壺傾人共醉
배로 건널 땐 나를 누가 기다려 주랴[437]	舟涉我何須
친밀하기는 아녀자 같기도 하지만[438]	昵昵如兒女
국량은 좁아도 장부로 자부하노라[439]	硜硜自丈夫

436 중년(中年)엔……일어나는데 : 진(晉)나라 때 사안(謝安)이 왕희지(王羲之)에게 말하기를 "중년 이후로는 슬픔과 즐거움에 마음이 상하여, 친구와 작별을 하고 나면 그때마다 수일 동안 불쾌한 마음이 이어진다오.〔中年以來, 傷於哀樂, 與親友別, 輒作數日惡.〕"라고 하였다. 《晉書 卷80 王羲之列傳》 여기서는 저자 자신도 중년 이후로는 아우나 친구와의 작별에 더욱 슬픔을 느낀다는 뜻이다.

437 배로……주랴 : 《시경》 〈패풍(邶風) 포유고엽(匏有苦葉)〉에 "뱃사공이 손짓하여 부르는데, 남들은 건너도 나는 건너지 않노라. 남들은 건너도 나는 건너지 않음은, 나는 내 짝을 기다리기 때문이니라.〔招招舟子, 人涉卬否. 人涉卬否, 卬須我友.〕"라고 하였다. 저자의 아우는 배를 타고 떠나지만, 저자 자신은 배를 함께 타고 떠날 수 없는 처지이기 때문에 한 말이다.

438 친밀하기는……하지만 : 저자가 형제간에 허물없이 아녀자처럼 소곤거리며 서로 친애하는 것을 이른다. 한유(韓愈)의 〈청영사탄금(聽穎師彈琴)〉에 "친밀하기가 아녀자의 말소리 같아, 서로 너니 나니 하며 은혜와 원망을 토로하는 듯하네.〔昵昵兒女語, 恩怨相爾汝.〕"라고 하였다. 《韓昌黎集 卷5》

439 국량은……자부하노라 : 공자의 제자 자공(子貢)이 선비에 대해서 묻자, 공자가

어찌하여 이별에 곡을 할 수 없어 何爲哭不可
눈물이 없는 건 아니라고 말한단 말인가[440] 浪道淚非無

이르기를 "처신하는 데에 부끄러움이 있으며, 사방에 사신으로 가서는 군주의 명을 욕되게 하지 않으면 선비라 이를 만하다.〔行己有恥, 使於四方, 不辱君命, 可謂士矣.〕"라고 하였다. 자공이 또 그 다음가는 선비에 대해서 묻자, 공자가 이르기를 "종족들에게 효성스럽다는 칭찬을 받고, 향당에서 공손하다는 칭찬을 받는 사람이다.〔宗族稱孝焉, 鄕黨稱弟焉.〕"라고 하였다. 또 그 다음가는 선비에 대해서 묻자, 이르기를 "말은 반드시 미덥게 하고, 행실은 반드시 과단성 있게 하는 것이 국량이 좁은 소인이기는 하나, 그래도 그다음이 될 만하다.〔言必信, 行必果, 硜硜然小人哉! 抑可以爲次矣.〕"라고 하였다. 《論語 子路》 저자 자신은 비록 잔달고 국량 좁은 소인이지만, 스스로 장부(丈夫)로 자부한다는 뜻이다.

440 어찌하여……말인가 : 육귀몽(陸龜蒙)의 〈별리(別離)〉에 "장부라도 눈물이 없는 건 아니지만, 이별할 때에 뿌리지는 않는다네.〔丈夫非無淚, 不灑離別間.〕"라고 하였다. 《甫里集 卷6》 여기서는 장부라서 체면을 지키기 위해 울지 못할 것이 없다는 뜻이다.

벽파정까지 따라 나가서 전송하다
追送碧波亭

아, 우리 형제가 이 지경에 이르렀단 말인가	嗟吾兄弟至於斯
십삼 년 동안에 겨우 다섯 번을 만났구려	一十三年五見之
오래도록 문려에 기댄 분은 두 백발노인이요[441]	久倚門閭雙白髮
잠시 해산에서 만난 사람은 두 채색옷이로다[442]	暫携山海兩斑衣
바람과 구름 해와 달 별들이 변천하는 가운데[443]	風雲日月星辰變
풀과 나무 벌레와 물고기, 새와 짐승도 슬퍼했지[444]	草木蟲魚鳥獸悲
함께 동쪽 나루에 와서 아침 배 띄워 보내노니	共到東津解朝纜
나는 홀로 서곽에 돌아가 봄 사립 닫고 지내련다	獨歸西郭掩春扉

441 오래도록……백발노인이요 : 문려(門閭)에 기댄다는 것은 121쪽 주242 참조. 저자의 어머니도 오랫동안 자식이 돌아오기를 왕손가(王孫賈)의 어머니처럼 기다리신다는 뜻이다. 여기서 두 백발노인이라고 한 것은 저자의 부친까지 포함해서 한 말이다.

442 잠시……채색옷이로다 : 해산(海山)은 진도(珍島)를 가리키고, 두 채색옷이란 두 아들인 저자 형제를 지칭한다. 채색옷이라고 말한 것은 춘추 시대 초(楚)나라의 은사(隱士)인 노래자(老萊子)의 효성에서 연유한 말로, 효성스러운 자식을 의미한다. 《열녀전(列女傳)》에 "노래자는 두 어버이를 효성으로 봉양하였는데, 그는 70세에도 부모 앞에서 어린애처럼 노니는 것을 스스로 즐겨, 오색의 채색옷을 항상 입었고, 또 일찍이 물을 떠 들고 당 위로 오르다가 미끄러져 넘어져서는 일부러 땅에 드러누워 어린애처럼 우는 척도 하였으며, 혹은 부모 앞에서 어린애처럼 새 새끼를 가지고 장난을 하기도 했다.〔老萊子孝養二親, 行年七十, 嬰兒自娛, 著五色彩衣. 嘗取漿上堂跌仆, 因臥地爲小兒啼, 或弄烏鳥於親側.〕"라고 하였다. 《藝文類聚 卷20 列女傳》

443 바람과……가운데 : 저자가 유배된 이후로 오랜 세월이 흘렀음을 말한다.

444 풀과……슬퍼했지 : 저자의 오랜 유배 생활에서 느낀 비통한 심정을 말한다.

퇴계 선생에게 부치다

寄退溪先生

만사는 한단침[445]에 불과하건만	萬事邯鄲枕
고고한 회포는 가없이 광대하여라	孤懷汗漫垠
연평은 구산의 도통을 이었고[446]	延平嗣龜緒
하락은 용문에서 문을 닫았네[447]	河洛閉龍門
의리는 무궁무진한 것인데	義理無窮盡
주석가들은 쓸데없는 토론만 많이 했네	疏箋費討論
덕성[448]을 훈도하는 것이 가장 좋건만	熏陶德性好

445 한단침(邯鄲枕) : 인간의 덧없는 부귀영화 또는 허깨비 같은 세상사를 비유하며, 황량몽(黃粱夢), 한단몽(邯鄲夢)이라고도 한다. 75쪽 주105 참조.

446 연평(延平)은……이었고 : 연평은 송대(宋代)의 도학자(道學者)로 나종언(羅從彦)의 문인이며 주희(朱熹)의 스승이기도 한 연평 선생으로 일컫던 이동(李侗)이다. 구산(龜山)은 정이(程頤)의 문인으로 구산 선생으로 일컫던 양시(楊時)이다. 도학(道學)의 정통 연원으로 말하면, 정이는 양시에게 전수하고, 양시는 나종언에게 전수하고, 나종언은 이동에게 전수하고, 이동은 주희에게 전수하였다.

447 하락(河洛)은……닫았네 : 하락은 낙양(洛陽)의 별칭으로 낙양 출신인 정이를 가리킨다. 용문(龍門)은 정이가 만년에 이거(移居)했던 지명이다. 정이가 소인들의 참소를 받고 조정에서 쫓겨난 이후 용문의 남쪽에 이거하고부터는 사방에서 찾아오는 학자들을 사절하면서 이르기를 "성현의 말씀을 존숭하고, 일찍이 배워 알고 있는 대로 행하기만 하면 되니, 굳이 나의 문에 올 것이 없다.〔尊所聞行所知, 可矣, 不必及吾門也.〕"라고 하였다.《二程遺書 附錄》

448 덕성(德性) : 사람의 지성(至誠)한 본성으로,《중용장구》제27장에 "군자는 덕성을 높이고 학문으로 말미암는다.〔君子尊德性而道問學〕"라고 한 데서 온 말이다.

변화하기 어려운 게 곤이 있다오[449] 難化有沈鯤

449 변화하기……있다오 : 곤(鯤)은 바닷고기의 이름으로, 《장자(莊子)》 〈소요유(逍遙遊)〉에 "북쪽 바다에는 곤이라는 물고기가 있어 그 크기가 몇 천 리나 되는지 알 수가 없고, 이 고기가 변화하여 붕이라는 새가 되는데, 붕새의 등 너비는 또 몇 천 리나 되는지 알 수가 없다.……붕새가 남쪽 바다로 옮겨갈 때에는 물결을 치는 것이 삼천 리요, 회오리바람을 타고 구만 리를 올라가 여섯 달을 가서야 쉰다.〔北冥有魚, 其名爲鯤, 鯤之大不知其幾千里也. 化而爲鳥, 其名爲鵬, 鵬之背不知其幾千里也.……鵬之徙於南冥也, 水擊三千里, 摶扶搖而上者九萬里, 去以六月息者也.〕"라고 한 데서 온 말인데, 전하여 여기서는 곧 사람이 물욕을 벗어나서 타고난 자연의 본성을 회복하기가 대단히 어려움을 곤의 변화에 빗대서 한 말이다.

향교의 기둥에 제하다 5월이다.

題校楹 五月

저녁에는 텅 빈 남쪽 성루에 기대 섰고	暮倚南譙曠
아침에는 텅 빈 북쪽 향교에서 노니네	朝遊北學空
병기들은 단지 패한 흔적만 남아 있고	戎兵只敗證
문묘 향사의 풍속은 절로 퇴폐해졌네	俎豆自頹風
향교의 술이야 나누어 없거나 말거나	竹葉從無分
흐르는 샘물은 참으로 다하지 않는구려	泉流信不窮
기뻐하는 낯은 모두 호쾌한 선비들인데	嬉顔盡快士
슬피 읊는 이는 유독 나그네 늙은이로다	悲嘯獨羈翁

이생의 시에 차운하다 6월이다.

次韻李生 六月

오랜 세월 동안 남쪽 경애[450]의 타관살이는	南客瓊崖歲月悠
방종한 생활이 아니라 근심 걱정 속이었네	要非放曠卽憂愁
약봉지엔 관심 없어도 시 또한 폐해 버렸고[451]	無心藥裹詩還廢
돈주머니 보기 부끄러워 술도 안 마시고파라[452]	羞看錢囊酒欲休
만 리 밖에서도 해바라기 성정[453]은 보존커니와	萬里猶存葵藿性
곧 죽을 이 목숨은 개돼지[454]처럼 놀고만 있다오	百年垂死犬豚遊

450 경애(瓊崖) : 중국 해남도(海南島)의 별칭이다. 181쪽 주389 참조.

451 약봉지엔……버렸고 : 두보의 〈수곽십오판관(酬郭十五判官)〉에 "약봉지에 관심을 두고 시는 모두 폐했는데, 꽃 가지가 눈을 비추자 시구를 다시 이루었네.〔藥裹關心詩總廢, 花枝照眼句還成.〕"라고 하였다. 《杜少陵詩集 卷22》 여기서는 약에만 관심을 두고 시를 폐해 버린 두보와는 달리 저자 자신은 약에도 관심을 두지 않는다는 뜻이다.

452 돈주머니……마시고파라 : 진(晉)나라 때 완부(阮孚)가 검은 주머니 하나를 차고 회계(會稽) 지방을 유람하는데, 한 나그네가 완부에게 주머니에 무엇이 들었느냐고 물었다. 완부가 "단 일 전을 주머니에 두고 보노니, 주머니가 텅 비면 부끄러울까 염려해서이다.〔但有一錢看, 囊空其羞澁.〕"라고 하였다. 《山堂肆考 卷110》 또 두보의 〈공낭(空囊)〉에 "주머니가 비면 부끄러울까 두려워, 일 전을 남겨서 볼 수 있게 하노라.〔囊空恐羞澁, 留得一錢看.〕"라고 하였다. 《杜少陵詩集 卷8》 주머니가 빈다는 것은 생활이 아주 곤궁함을 뜻한다.

453 해바라기 성정 : 해바라기는 항상 태양을 향하여 기울어지므로, 군왕을 향한 신하의 충성심을 비유한다.

454 개돼지 : 보잘것없는 위인을 지칭한다. 《삼국지(三國志)》 권47 〈오서(吳書) 오주전(吳主傳)〉의 '조공이 손권의 군대를 바라보고〔曹公望權軍〕'라는 구절의 주석에 "조

농서의 훌륭한 선비가 어둔 밤에 던져 주는데[455]	隴西佳士相投暗
거울에 비친 백발은 몽땅 가을이 되었다네[456]	鏡裏衰毛盡着秋

조가 손권의 전선과 무기와 군오의 정숙함을 보고는 위연히 감탄하여 말하기를 '자식을 낳으려거든 손중모처럼 낳아야 할 것이다. 유경승의 자식은 개돼지 같을 뿐이다.' 하였다.〔公見舟船器仗軍伍整肅, 喟然歎曰: 生子當如孫仲謀. 劉景升兒子, 若豚犬耳.〕"라고 하였다. 전하여 저자 자신을 못난 자식으로 자처하여 겸사로 한 말이다. 중모(仲謀)는 손권(孫權)의 자이고, 경승(景升)은 유표(劉表)의 자이다.

455 농서(隴西)의……주는데 : 농서는 군명(郡名)인데, 여기서는 한대(漢代)의 대장군(大將軍) 이광(李廣), 당대(唐代)의 이백(李白) 등을 배출한 명가(名家)인 농서 이씨(隴西李氏)를 말한다. 이때 저자를 찾아온 이생(李生) 또한 이씨이기 때문에 그를 농서 이씨에 빗대서 한 말이다. 어둔 밤에 던져 준다는 것에 대한 자세한 내용은 127쪽 주255 참조.

456 거울에……되었다네 : 저자 자신의 노쇠한 모습을 말한다.

이생이 술을 가지고 와서 후산의 시[457]에 차운하여 나에게 술을 권하므로, 취하여 그 시에 차운해서 희롱하다

李携酒次后山詩以侑予醉次戲之

이 사람의 띳집 아래서도	此公茅屋下
새로운 시를 지을 만하거니와[458]	可以賦新詩
이치의 궁극처는 누가 능히 분석할까만	理極誰能難
깊은 술잔은 사양할 것 없고말고	杯深不足辭
염량을 따르는 게 인정세태이거니와	炎涼只世態
가을과 여름은 본디 자연의 절기라네[459]	秋夏本天時
자네는 그 어떤 사람이기에	子是何爲者
정녕스럽게 유독 나를 좋아하는가	丁寧獨我私

457 후산(後山)의 시(詩) : 후산은 북송(北宋)의 시인 진사도(陳師道)의 호이다. 원문은 '后山'인데, 진사도의 호는 '後山'이므로 바로잡아 번역하였다. 여기서는 진사도의 〈송강초주(送江楚州)〉에 차운(次韻)만 했을 뿐, 내용은 전혀 상관이 없으므로, 그의 시는 번역하지 않고 원문만 소개한다. "濠梁初得意, 闕里舊論詩. 晩歲何多難, 經年始一辭. 淮人饑饉後, 良吏拊循時. 欲託山陽簿, 翁歸不受私."《後山集 卷4》

458 이……만하거니와 : 이 사람이란 저자 자신을 지칭하는 듯하다. 두보(杜甫)의 〈사상인모재(巳上人茅齋)〉에 "사공의 띳집 아래서는, 새로운 시를 지을 만하네.〔巳公茅屋下, 可以賦新詩.〕"라고 하였다.《杜少陵詩集 卷1》

459 염량(炎涼)을……절기라네 : 염량은 권세가 있으면 그를 아첨하여 붙좇고, 권세가 없어지면 그를 푸대접하는 것을 이르는데, 그것은 자연의 절기인 여름과 가을이 있듯이 당연한 인정세태라는 뜻이다.

군수[460]가 욕실[461]에서 연회를 하자고 요청하였다. 이때 군수의 임기가 이미 다하였다 8월 그믐날이다.

主守相要浴室燕集時守已秩滿 八月晦

오래된 음사[462]에 낙엽은 지고	木落淫祠古
아스라한 욕실천에 모래는 깨끗한데	沙明浴室遙
군수가 귀인 풀고[463] 여가를 얻어서	解龜仍暇日
복조를 점치는 나를 또 초대해 주네[464]	占鵩且招要
산과 바다는 술자리 앞에 광활한데	山海罇前闊
호가 소리에 정신은 하 놀라워라	神魂笛裏銷
채소 단 보내 준 덴[465] 보답할 길이 없어	無由答菜把
다만 미치광이 노래나 드릴 뿐이라오	只得獻狂謠

460 군수(郡守) : 당시 진도 군수(珍島郡守)였던 이이수(李頤壽)이다. 이이수는 1546년(명종1) 무과에 급제하여 명천 현감(明川縣監) 등을 지냈고, 1557년 1월 진도 군수로 부임하였다.

461 욕실(浴室) : 《대동지지(大東地志)》에 진도(珍島) 욕실천교(浴實川橋)라는 말이 보이는데, 여기서는 원문대로 번역하였다.

462 음사(淫祠) : 예의에 부합하지 않는, 즉 민속신앙에 의해 설치한 사묘(祠廟)를 가리킨다. 여기서는 성황당(城隍堂)을 지칭하는 듯하다.

463 귀인(龜印) 풀고 : 귀인은 거북 모양의 형상을 새긴 관인(官印)의 꼭지를 말한다. 귀인을 풀었다는 것은 임기를 마쳤다는 의미이다.

464 복조(鵩鳥)를……주네 : 복조는 올빼미로, 복조를 점친다는 것은 가의(賈誼)의 고사에서 온 말이다. 23쪽 주6 참조. 저자 자신의 처지를 가의에 빗대서 한 말이다.

465 채소……덴 : 130쪽 주264 참조. 저자 자신 또한 진도 군수에게 그동안 이런저런 사소한 은혜를 입은 것을 두보의 채소 단에 빗대서 한 말이다.

성진의 시축 가운데 운에 차하여 세 수를 짓다
次性眞軸中韻三首

그대는 능히 법성의 참을 얻었건만[466] 渠能得性眞
나는 아직 마음의 병을 면치 못했다네 我未免心恙
서로 마주하여 둘 다 서로 잊어버리고 相對兩忘之
나에게 석순이나 한번 먹게 해다오[467] 石蓴請一餉

이상은 하서(河西)의 시이다.

법성엔 참을 말할 수 없는 것이요 性不容言眞
마음엔 병이 붙을 데가 없건마는 心無所着恙
송인은 싹을 억지로 키우려 했고[468] 宋人欲揠苗

466 법성의 참을 얻었건만 : 이 승려의 호가 성진(性眞)이기 때문에 한 말이다.

467 나에게……해다오 : 석순(石蓴)은 해조류(海藻類)의 하나인 파래이다. 《남월지(南越志)》에 의하면 "석순은 남해에서 나는데, 돌에 붙어서 자라고, 자채와 비슷하되 색깔은 푸르다.〔石蓴生南海, 附石而生, 似紫菜, 色靑.〕"라고 하였다. 여기서 석순을 한번 먹게 해 달라고 한 의미는 명확하지 않다.

468 송인(宋人)은……했고 : 맹자가 이르기를 "옛날 송나라 사람이 자기 논에 곡식 싹이 자라지 않는 것을 걱정하여 싹을 억지로 뽑아 올린 자가 있었다. 그는 일을 마치고 멍청하게 집으로 돌아와서는 식구를 보고 '오늘 피곤하다. 내가 곡식 싹이 자라도록 도와주고 왔노라.'라고 하므로, 그의 아들이 급히 논으로 달려가서 보니, 싹이 이미 말라 죽었다.……〔宋人有閔其苗之不長而揠之者, 芒芒然歸, 謂其人曰: 今日病矣, 予助苗長矣. 其子趨而往視之, 苗則槁矣.……〕"라고 하였다. 《孟子 公孫丑上》 곡식 싹을 억지로 뽑아 올린 것은 본성을 해치는 것이라는 뜻이다.

갈백은 밥 먹인 자와 원수가 되었네[469] 葛伯還仇餉

흰 머리털 모지라지고 낡은 옷은 남루하여라 霜毛種種裋藍藍
아침엔 아욱 줄기를 먹고 저녁엔 물을 마시네 朝齧葵莖暮飮潭
늙어 가매 무슨 생각에 스스로 웃기만 하는지 老去何思祇自笑
중은 와서 말없이 시험 삼아 탐색을 하는구나 僧來不語試相探

이상은 송천(松川)[470]의 운이다.

지난 십오 년 전의 일[471]이 十有五年事

469 갈백(葛伯)은……되었네 : 갈백은 갈(葛) 땅의 제후를 말한다. 《서경》〈중훼지고(仲虺之誥)〉에 "갈백이 밥 먹이는 자와 원수가 되자, 처음 정벌을 갈 땅으로부터 시작했다.〔乃葛伯仇餉, 初征自葛.〕"라고 하였다. 《맹자》에 의하면, 갈백이 자기 선조에게도 제사를 지내지 않으므로, 탕(湯) 임금이 그를 도와서 제사를 지내게 하기 위해 박(亳) 땅의 민중을 거느리고 갈백의 들에 가서 농사를 지어 주게 하였다. 이때 노약자들이 밥을 내다 먹이는데, 갈백이 자기 민중을 거느리고 다니면서 밥 내온 사람들을 강요하여 빼앗되, 주지 않는 자는 죽였으며, 심지어는 한 동자가 밥을 내와서 먹이자, 그를 죽이고 빼앗기까지 하자, 탕 임금이 비로소 갈백부터 정벌을 시작했다고 한다. 《孟子 滕文公下》 여기서는 갈백 같은 자는 마음의 병이 있었다는 의미인 듯하다.

470 송천(松川) : 양응정(梁應鼎, 1519~1581)으로, 자는 공섭(公燮), 송천은 호이다. 1540년(중종35) 생원시에 입격하고, 1552년(명종7) 문과(文科)에 급제하여 검열(檢閱)을 거쳐 공조 좌랑이 되었다. 그 후 수찬, 진주 목사(晉州牧使)를 역임하고, 1574년(선조7) 경주 부윤(慶州府尹)을 지냈으며, 뒤에 공조 참판에 이르렀다. 시문에 능하여 선조 때 팔문장의 한 사람으로 뽑혔다.

471 십오……일 : 이 시의 자주(自註)에 나오는 아은(鵝隱)은 선조(宣祖) 때의 영의정을 지낸 아계(鵝溪) 이산해(李山海)를 가리킨다. 15년 전의 일은 이산해의 연보(年譜)에 의하면, 1544년(중종39) 이산해는 6세였는데 대자(大字)를 잘 써서 명성이 자자했던 일을 가리킨다.

한바탕 봄꿈인 양 잠깐이어라 轉頭春夢忙
월송암에서는 사가독서 은택을 입었고[472] 月松霑假讀
동작강으로는 은거한 곳을 방문했지[473] 銅雀訪深藏
은갈고리 생동함에 잠깐 좋아했더니[474] 乍喜銀鉤動
나는 괜히 백발의 긴 것만 더하였네[475] 空添白髮長
승려가 어느 날 바람을 타고 내방했는데[476] 御風僧一日
나그네는 중양을 만나 운무를 헤치었네[477] 披霧客重陽

472 월송암(月松庵)에서는……입었고 : 월송암은 동호(東湖)의 독서당(讀書堂)이 있던 곳으로, 여기서는 독서당을 가리킨다. 저자가 1544년 수찬(修撰)으로 사가독서(賜暇讀書)를 했다.

473 동작강(銅雀江)으로는……방문했지 : 이산해의 부친 이지번(李之蕃)이 아들의 명성이 지나친 것을 우려하여 조용한 곳으로 거처를 옮기고 가끔 동작강의 정자에 나와 노닐곤 했는데, 이때 이황(李滉), 임형수(林亨洙) 등이 가끔 독서당에서 배를 타고 와서 그곳을 방문했다고 한다.

474 은갈고리〔銀鉤〕……좋아했더니 : 은갈고리는 자획이 아름다우면서도 굳세고 힘찬 서법(書法)을 칭하는데, 여기서는 이산해의 글씨를 칭찬하여 이른 말이다.

475 백발의……더하였네 : 이백(李白)의 〈추포음(秋浦吟)〉에 "백발이 삼천 길이나 된 것은, 시름 때문에 이렇게 긴 거라네.〔白髮三千丈, 緣愁似箇長.〕"라고 하였다. 《李太白集 卷74》

476 승려가……내방(來訪)했는데 : 바람을 탔다는 것은 《장자(莊子)》 〈소요유(逍遙遊)〉에 "대저 열자는 바람을 타고 돌아다니면서 시원하게 잘 지내다가 보름 만에야 돌아오곤 한다.〔夫列子御風而行, 泠然善也, 旬有五日而後反.〕"라고 한 데서 온 말이다. 여기서는 저자에게 찾아온 승려를 도인(道人)으로 여겨 열자(列子)에 빗대서 한 말이다.

477 나그네는……헤치었네 : 운무(雲霧)를 헤친다는 것은 진(晉)나라 위관(衛瓘)이 상서령(尙書令)으로 있을 때 악광(樂廣)이 조정의 명사들과 담론하는 태도를 보고는 매우 기특하게 여겨 자제들에게 악광을 만나 보도록 명하여 이르기를 "이 사람은 사람 중에 거울이다. 그를 보면 마치 구름 안개를 헤치고 푸른 하늘을 보는 것 같다.〔此人,

이상은 아은(鵝隱)[478]의 운이다.○이 사람이 이해에 막 7세였는데, 지금 그 시를 보니, 느낌이 있다.

人之鏡也. 見之若披雲霧覩青天.〕"라고 한 데서 온 말이다.《世說新語 賞譽》 여기서는 저자가 도인의 풍모를 지닌 승려를 악광 같은 인물에 빗대서 한 말이다.

478 아은(鵝隱) : 선조(宣祖) 때 영의정을 지낸 아계(鵝溪) 이산해(李山海)이다.

차운하다

次韻

군회(君晦)[479]가 길에서 승려의 시축을 펴 보고 내가 차운해 준 시[480]를 보고는 거기에 다시 차운해서 주고, 지금 와서 그 시를 써서 보이면서 재차 화답해 주기를 매우 급하게 요구하였다.

다만 응당 길을 잃고 타관 귀신이 될 뿐이지	只應失路爲羈鬼
남을 인하여 먼 데 유람을 하는 게 아니라네[481]	不是因人作遠遊
부모님 소식은 만 리나 멀리 단절되었고	消息庭闈萬里闊
이 몰골은 궁벽한 곳에서 일생을 보내노라	形容山海百年流
자네는 떠나면서 내게 무엇을 가르쳐 주려나	子其去矣將何教

479 군회(君晦) : 안함(安馠)의 자이다. 《을사전문록(乙巳傳聞錄)》 〈안함전(安馠傳)〉에 "안함의 자는 군회이고 순흥인이다. 갑진년(1544, 중종39) 문과에 급제하였다. 을사사화가 일어나자, 앞서 주서로 녹공되었으나 이때 윤흥인 처형의 일에 연루되어 공훈이 깎이고 파직당하였다. 정미년(1547, 명종2)에 신천에 유배되었고, 그의 부친 세형 또한 고원에 유배되었다.〔安馠字君晦, 順興人. 登甲辰科. 乙巳之禍, 初以注書錄功, 以尹興仁妻兄削功罷職. 丁未謫信川, 其父世亨亦謫高原.〕"라고 하였다.

480 승려의……시 : 승려는 옛날 금강산(金剛山)에서 만난 지은(智誾) 스님이다. 저자가 그의 시축에 제한 시는 《소재집》 제4권 〈지은의 시축 안에 제하다. 지은은 옛날 풍악산에서 처음 알게 된 승려이다〔題智誾軸中誾蓋楓岳舊也〕〉에 보인다.

481 남을……아니라네 : 두보(杜甫)의 〈진주잡시(秦州雜詩) 이십수(二十首)〉 가운데 첫째 수에 "눈에 가득한 생활의 어려움을 슬퍼하노니, 남을 힘입어 먼 데의 유람을 지었네.〔滿目悲生事, 因人作遠遊.〕"라고 하였다. 《杜少陵詩集 卷7》 여기서 저자는 두보처럼 남을 힘입어 먼 데 유람한 것이 아니라, 어쩔 수 없이 타관에 얽매여 있다는 뜻이다.

나는 따르고자 해도 또한 방도가 없다네[482]	吾欲從之亦末由
저문 해에 바람 서리는 늙은 눈에 가득한데	歲暮風霜滿老眼
머나먼 땅에서 회포를 첨두에 의탁하노라[483]	天隅懷抱託尖頭

482 나는……없다네 : 안연(顏淵)이 공자의 무궁무진한 도(道)에 깊이 감탄하여 "우러러볼수록 더욱 높고, 뚫을수록 더욱 견고하며, 바라보면 눈앞에 있다가, 문득 등 뒤에 있기도 하도다.……마치 부자의 도가 우뚝 선 것이 있는 듯한지라, 비록 그것을 따르려고 하나 따를 방도가 없도다.〔仰之彌高, 鑽之彌堅. 瞻之在前, 忽焉在後.……如有所立卓爾. 雖欲從之, 末由也已.〕"라고 하였다.《論語 子罕》 저자 자신 역시 학문의 깊은 경지에 이르지 못했다는 뜻이다.

483 머나먼……의탁하노라 : 첨두(尖頭)는 모필(毛筆)의 별칭이다. 회포를 첨두에 의탁한다는 것은 시나 읊고 쓰는 데에 회포를 푼다는 뜻이다. 북위(北魏) 시대에 고필(古弼)이란 사람이 총민(聰敏)하고 정직하여 태종(太宗)에게 사랑을 받아 '필(筆)'이란 이름을 하사받았다. 그것은 곧으면서도 유용함〔直而有用〕을 취한 것인데, 뒤에 다시 '필(弼)'로 개명하였다. 고필은 머리가 뾰족하였기 때문에 세조(世祖)는 항상 그를 '필두(筆頭)'라고 불렀다. 하루는 조서를 내려 살진 말〔肥馬〕을 기인(騎人)에게 지급하라고 하였는데, 고필이 명하여 약자(弱者)에게 지급하였으므로, 세조가 크게 노하여 이르기를 "첨두 놈이 감히 짐을 재량한단 말인가.〔尖頭奴, 敢裁量朕也!〕"라고 하였다.《魏書 卷28 古弼列傳》

차운하여 원사를 보내다

次韻送遠師

원사가 바다를 건너와서 배우기를 청했으나 사절했더니, 한 달 남짓 머무르다가 하직하고 물러가면서 석별시(惜別詩)를 남기었다.

여가가 있으면 비로소 글을 배워야 하거니와484	餘力方須及學文
유자나 불자를 막론하고 천군을 섬겨야지485	不論儒釋事天君
돌아가 구한다면 절로 여사가 있을 터이니486	歸求自有餘師在

484 여가가……하거니와 : 142쪽 주288 참조.

485 유자(儒者)나……섬겨야지 : 천군(天君)은 사람의 마음이다. 섬긴다는 것은 마음을 잘 가다듬어 존양(存養)한다는 뜻이다. 《순자(荀子)》〈천론(天論)〉에 "이목구비는 능히 각각 접하는 것이 있으되 서로 겸하지는 못하니, 이것을 천관이라 한다. 마음은 가슴속 공허한 곳에 있으면서 오관을 다스리니 이것을 천군이라 한다. 성인은 천군을 맑게 하여 천관을 바르게 한다.〔耳目口鼻能各有接而不相能也, 夫是之謂天官; 心居中虛, 以治五官, 夫是之謂天君. 聖人淸其天君, 正其天官.〕"라고 하였다. 또 진덕수(眞德秀)의 〈심경찬(心經贊)〉에 "……책을 펴고 정숙하게 가다듬고, 나의 천군을 섬기노라.〔……開卷肅然, 事我天君.〕"라고 하였다. 여기서는 유자나 불자(佛者)를 막론하고 누구든지 마음을 잘 다스려야 한다는 뜻이다.

486 돌아가……터이니 : 여사(餘師)는 스승이 많다는 뜻이다. 전국 시대 조군(曹君)의 아우인 조교(曹交)가 맹자의 문하에 들어가서 요순(堯舜)의 도를 배우겠다고 청하였는데, 맹자가 이르기를 "대저 도는 큰길과 같은 것이니, 어찌 알기가 어렵겠는가. 사람들이 구하지 않는 게 병통일 뿐이니, 그대가 집에 돌아가서 구한다면 배울 만한 스승이 많을 것이다.〔夫道若大道然, 豈難知哉? 人病不求耳, 子歸而求之, 有餘師.〕"라고 하였다.《孟子 告子下》 배울 만한 스승이 많다는 것은 집에 돌아가 어버이를 섬기고 어른을 공경하는 등의 일에서 구한다면 여기에 모든 이치가 다 갖추어져서 이 모두가 스승으로 삼을 만하다는 뜻이다. 여기서는 저자에게 배우기를 청한 혜원(惠遠)에게 맹자의 말을 인용하여 사절한 것이다.

다시는 내게 이문이 있는가 의심하지 말라[487] 莫更疑吾有異聞

수(須)가 다른 본에는 능(能)으로 되어 있고, 유(有)가 다른 본에는 축(蓄)으로 되어 있다.

배 타고 왕래하면서 풍파에 몸을 맡겼으니 浮杯來往任風波
많은 말 필요 없이 한마디로 넉넉코말고[488] 不待千言一已多
오늘 헤어져서는 혹 어구의 위험도 있겠지만[489] 此日分携迫魚口
내세에는 용화수 아래서 서로 회합하리라[490] 它生會合在龍華

487 다시는……말라 : 이문(異聞)은 특별한 가르침을 의미한다. 춘추 시대 노(魯)나라 진항(陳亢)이란 사람이 성인(聖人)의 아들은 특별한 가르침을 받지 않았을까 하는 생각에서 공자의 아들 리(鯉)에게 "그대는 역시 특별한 가르침을 받았는가?〔子亦有異聞乎〕"라고 묻자, 리는 아버지로부터 시(詩)와 예(禮)를 배워야 한다는 말씀을 듣고 그것을 배웠을 뿐이라고 대답하였다. 《論語 季氏》 여기서는 저자 또한 특별한 가르침을 받은 적이 없다는 뜻이다.

488 배……넉넉코말고 : 혜원 스님이 항해(航海)의 위험을 무릅쓰고 저자를 방문해 준 데 대하여, 여러 말 필요 없이 얼마나 고맙냐는 뜻으로 한 말이다.

489 어구(魚口)의 위험도 있겠지만 : 배를 타고 가다가 거친 풍랑을 만나면 익사(溺死)할 수도 있다는 뜻이다. 불서(佛書)인 《법원주림(法苑珠林)》에 의하면, 마가라어(摩迦羅魚)라는 고기가 있어 눈은 해와 달 같고, 코는 큰 산과 같으며, 입은 큰 골짜기와 같아서 배를 삼킬 수 있고, 배를 삼키고 물을 뿜어내는 것이 마치 조수(潮水)와 같다는 전설이 있다.

490 내세(來世)에는……회합(會合)하리라 : 166쪽 주352 참조.

하서가 작고했다는 소식을 듣다 경신년[491] 2월이다.

聞河西亡 庚申二月

충경(沖卿)[492]이 부음을 전해 왔는데, 이 늙은이의 회포는 더욱 외로움을 느끼게 된다.

이 사람이 근래에 소식이 없더니 之子無消息
신군이 그의 부음을 전해 왔구려 申君有訃書
침문[493]에서 평소의 눈물을 平生寢門淚
노래자[494]의 옷소매에 뿌려 볼거나 霑灑老萊袪
푸른 바다엔 봄바람이 일어나는데 碧海春風起
묵정숲엔 저문 해가 아직 남았네 荒林暮景餘
머리가 다 희도록 경서 궁리하던 님 一經窮白首
다시는 어떠냐고 물을 수 없겠구려 不復問何如

상고하건대, 신군(申君)의 이름은 담(湛)이고, 자가 충경(沖卿)이다.

491 경신년 : 1560년(명종15)으로, 이때 저자는 46세였다.

492 충경(沖卿) : 신담(申湛, 1519~1595)의 자이다. 신담은 1540년(중종35) 사마시(司馬試)를 거쳐 1552년(명종7) 문과(文科)에 급제한 이후, 명종 때 정언, 지평, 장령 등을 역임하고, 선조 때에 경주 부윤(慶州府尹), 홍문관 제학, 예조 참판, 전주 부윤(全州府尹) 등을 역임하였다.

493 침문(寢門) : 내실(內室)의 문이다. 《의례(儀禮)》 〈사상례(士喪禮)〉에 "주인이 침문 밖에서 손을 맞는다.〔主人迎于寢門外〕"라고 하였는데, 그 주석에 "침문은 내문이다.〔寢門, 內門也.〕"라고 하였다.

494 노래자(老萊子) : 노래자에 대한 자세한 내용은 200쪽 주442 참조. 여기서는 저자의 부모가 아직 생존했기 때문에 저자 자신을 노래자에 빗대서 한 말이다.

하서를 곡하다 20운

哭河西 二十韻

지나간 저 옛날에 하서를 만나서	往昔河西遇
태학에 함께 와서 노닐었는데	來遊泮上偕
한마디 말이 내 마음에 꼭 맞더니	一言心莫逆
익히 보매 도가 또한 틀림없었네	熟視道無乖
유하혜는 절개를 깊이 감추었고[495]	下惠深藏介
동방삭은 해학을 너무 굽게 했지[496]	東方太枉諧

495 유하혜(柳下惠)는……감추었고 : 유하혜는 춘추 시대 노(魯)나라 대부(大夫)이다. 맹자가 이르기를 "유하혜는 삼공의 작위를 얻기 위하여 절개를 바꾸지 않았다.〔柳下惠不以三公易其介〕"라고 하였다. 그 주석에 "유하혜는 더러운 임금 섬기는 것을 부끄러워하지 않았고, 작은 벼슬도 사양하지 않았으며, 벼슬길에 나아가면 어짊을 숨기지 않아서 반드시 바른 도리로써 하며, 버림을 받아도 원망하지 않았고, 곤액을 당하여도 걱정하지 않았으며, 곧은 도리로 임금을 섬기다가 세 번이나 쫓겨나기에 이른 것이 바로 그 절개이다.〔柳下惠, 不羞汚君, 不卑小官. 進不隱賢, 必以其道. 遺逸而不怨, 阨窮而不憫. 直道事人, 至於三黜, 是其介也.〕" 하였다.《孟子 萬章下》 하서(河西) 김인후(金麟厚)는 유하혜처럼 절개를 속에 숨기지 않고 당당하게 드러내서 출처(出處)를 분명히 했다는 뜻이다.

496 동방삭(東方朔)은……했지 : 동방삭은 한(漢)나라 사람으로 문사(文辭)에 뛰어나고 해학(諧謔)을 잘하였다. 해학을 굽게 했다는 것은 바르지 못하게 했다는 뜻이다. 그는 무제(武帝) 때 상시랑(常侍郎), 태중대부(太中大夫), 급사중(給事中)을 지내면서 직간(直諫)을 많이 하였고, 때로는 해학으로 풍간(諷諫)을 하여 무제를 감오(感悟)시키기도 하였다.《漢書 卷65 東方朔傳》 하서 김인후는 동방삭처럼 바르지 못한 해학을 하지 않았다는 뜻이다.

술잔을 들면 현성[497]을 다 즐기었고	銜杯樂賢聖
붓을 쥐면 창배를 멀리했네[498]	握筆遠倡俳
기운은 맑고 밝음을 다 타고났고	氣得淸明了
성실한 태도는 귀천을 가리지 않았네	誠無貴賤皆
학문 연구는 궁극의 경지에 이르렀고	講求臻突奧
지도할 땐 계제를 밟아 가도록 하였네	誘掖歷梯階
헌면[499]은 애당초 숭상한 바 아니었고	軒冕非初尙
송추[500]는 늦게 더욱 그리워했도다	松楸更晩懷
집에는 노공의 사당이 새롭고[501]	家新潞公廟
밥상엔 유랑의 규채가 풍부했네[502]	食富庾郎鮭

497 현성(賢聖) : 탁주(濁酒)와 청주(淸酒)를 가리킨다. 89쪽 주146 참조.

498 창배(倡俳)를 멀리했네 : 창배는 본디 배우를 지칭하는데, 여기서는 시문(詩文)의 한 체(體)인 배해체(俳諧體)에서 온 말로, 익살과 해학, 풍자로 지은 시문을 가리킨다. 김인후가 정직한 글만을 지었고, 해학적인 글은 짓지 않았다는 뜻이다.

499 헌면(軒冕) : 고관(高官)의 면복(冕服)과 거마(車馬)로, 부귀공명을 누리는 고관을 의미한다.

500 송추(松楸) : 소나무와 가래나무를 병칭한 말이다. 이 나무들을 옛날 묘지에 흔히 심었다. 전하여 선영(先塋)이 있는 고향을 가리킨다.

501 집에는……새롭고 : 노공(潞公)은 송대(宋代)의 명상(名相)으로 노국공(潞國公)에 봉해진 문언박(文彦博)이다. 사당(祠堂)이란 송 인종(宋仁宗) 경력(慶曆) 원년에 문무백관에게 선조(先祖)의 위패를 모시는 사당, 즉 가묘(家廟)를 세우도록 윤허하여 문언박이 처음으로 가묘를 세운 데서 온 말이다. 여기서는 김인후 또한 가묘를 모시고 있었으므로, 그를 문언박에 빗대서 한 말이다.

502 밥상엔……풍부했네 : 유랑(庾郎)은 남제(南齊)의 문신 유고지(庾杲之)이고, 규채(鮭菜)는 어류 채효(魚類菜肴)를 범칭한 말이다. 유고지는 청빈하여 먹는 것이라고는 부추 김치〔韮菹〕, 삶은 부추〔瀹韮〕, 생부추〔生韮〕 등 잡채(雜菜)뿐이었다. 임방(任

시의가 있음에도 끝내 돌아가 늙었고[503] 時議終歸老
특수한 은총은 두 번 사퇴를 윤허함일세[504] 殊恩再乞骸
한가롭고 안일함은 공들[505]에게 부치노라 優閑付公等
허둥거리는 우리 무리[506]가 부끄럽구려 顚沛媿吾儕
후황의 명 받아 좋은 나무로 보존했거니[507] 受命存皇樹

昉)이 그를 희롱하여 "누가 유랑을 가난하다 이르는고, 항상 27종의 규채를 먹는 걸.〔誰謂庾郎貧? 食鮭常有二十七種.〕"이라고 하였다. 27종이란 구(韮)의 음은 구(九)와 같으므로, 세 종류의 부추 나물을 3×9=27로 환산하여 말한 것인데, 유고지는 실상 세 종류의 부추만을 먹었을 뿐 규채는 없었지만, 임방이 장난삼아 그에게 많은 종류의 규채를 먹는다고 말한 것이다.《南史 卷49 庾杲之列傳》 여기서는 김인후의 청빈한 식생활을 유고지에 빗대서 한 말이다.

503 시의(時議)가……늙었고 : 시의는 당시 조정의 여론을 말한다. 김인후는 1543년(중종38) 부모를 봉양하기 위해 옥과 현감(玉果縣監)으로 나갔다가, 중종(中宗)이 죽자 제술관(製述官)으로 부름을 받고 상경하였다. 이때 인종이 막 즉위한 터라 중외의 여론이 모두 김인후를 만류하여 경연(經筵)의 보도를 맡기고자 하였으나, 김인후는 이미 불미스러운 기미를 알아차리고 더 이상 조정에 머무르지 않고 어버이 병환을 이유로 청하여 임소(任所)로 돌아갔다. 그 후로 누차 소명(召命)이 있었으나 나아가지 않았다.

504 특수한……윤허함일세 : 연보(年譜)에 의하면, 김인후는 옥과 현감을 자청하여 나간 이후로 다시는 벼슬길에 나아가지 않았고, 명종(明宗) 연간에는 무려 5~6차례나 소명이 있었지만, 모두 병을 이유로 사퇴하였다. 여기서 두 번의 사퇴라고 한 말은 자세하지 않다.

505 공들 : 김인후의 처지에서 당시 조관(朝官)들을 가리켜 한 말이다.

506 우리 무리 : 김인후를 비롯하여 조정에서 방축(放逐)되거나 은퇴한 재야의 선비들을 통틀어 일컫는 말이다.

507 후황(后皇)의……보존했거니 : 전국 시대 초 회왕(楚懷王)의 충신인 굴원(屈原)의 〈귤송(橘頌)〉에 "후황이 아름다운 나무 좋아하매 귤이 와서 자라나니, 강남에 명을 받고 생장하여 다른 데로 옮겨 가지 않네. 깊고 단단한 뿌리 옮겨 가지 않고 뜻을 한결같이 지킴이여, 푸른 잎과 하얀 꽃은 하 성하여 참으로 좋구려. 층층 가지에 가시는 뾰족뾰

덧없는 인생과 괴안몽을 함께 꿀쏜가[508] 浮生共大槐
전하는 말에는 이미 병이 깊다 하더니 人傳已沈錮
부음이 오자 또 바람 치고 흙비가 내리누나 書到又風霾
덕으로 사랑했기에 자리는 바꿨으려니와[509] 愛德須簀易
남겨진 형체는 응당 가래로 파묻었으리[510] 遺形從鍤埋

족 둥근 과실은 동실동실하고, 청황색 뒤섞이어 무늬는 찬란도 하구나. 고운 빛에 속은 희어 도를 감당할 만하여라, 성대히 좋은 모습 수식하여 추악하지 않도다.〔后皇嘉樹橘徠服兮, 受命不遷生南國兮. 深固難徙更壹志兮, 綠葉素榮紛其可喜兮. 曾枝剡棘圓果摶兮, 青黃雜糅文章爛兮. 精色內白類任道兮, 紛緼宜脩姱而不醜兮.〕"라고 하였는데, 강남 사람으로 정명(精明)하고 결백한 뜻을 지닌 굴원 자신을 귤에 빗대서 한탄한 노래이다. 《楚辭 九章》 여기서는 김인후를 굴원에 빗대서 한 말이다.

508 덧없는……꿀쏜가 : 괴안몽(槐安夢)이란, 당(唐)나라 때 순우분(淳于棼)이 술에 취하여 자기 집 남쪽에 있는 괴나무〔槐樹〕 밑에 누워서 잠이 들었는데, 꿈에 대괴안국(大槐安國)이란 나라로부터 초빙을 받고 가서 남가군 태수(南柯郡太守)가 되어 부귀영화를 실컷 누리다가 깨었다는 남가일몽(南柯一夢)의 고사에서 온 말로, 부귀영화의 덧없음을 의미한다. 《類說 卷28 南柯太守傳》 김인후는 세인(世人)들과 달리 덧없는 부귀영화에 전혀 관심이 없었다는 뜻이다.

509 덕으로……바꿨으려니와 : 덕으로 사랑했다는 것은 《예기》 〈단궁(檀弓)〉에 "군자는 사람을 사랑함에 덕으로써 한다.〔君子之愛人也以德〕"라고 한 데서 온 말이다. 여기서는 제자들을 덕으로써 지도한다는 의미이다. 자리를 바꾼다는 것에 대한 내용은 100쪽 주176 참조. 김인후가 덕으로써 제자들을 잘 지도하여 임종 시에도 조금도 법도에 어그러짐이 없었다는 뜻이다.

510 남겨진……파묻었으리 : 가래로 파묻는다는 것은, 진(晉)나라 때 죽림칠현(竹林七賢)의 한 사람인 유령(劉伶)이 술을 매우 즐기어 〈주덕송(酒德頌)〉을 지어서 술을 예찬하였는데, 그는 항상 녹거(鹿車)를 타고 술 한 병을 가지고 다니면서, 사람을 시켜 가래〔鍤〕를 메고 따라다니게 하면서 말하기를 "내가 죽거든 그 자리에 묻어 달라.〔死便埋我〕"라고 한 데서 온 말이다. 《晉書 卷49 劉伶列傳》 김인후 또한 술을 매우 즐겨 마셨으므로, 그를 유령에 빗대서 한 말이다.

글을 닦고자 황천길에 자리를 잡았고[511] 修文據泉路
기를 짓고자 하늘 거리로 달려갔구려[512] 作記赴天街
문집 작성엔 제자 중의 이한이 있었고[513] 輯彙諸生漢
기구는 고시 같은 두 효자가 있도다[514] 箕裘二孝柴

511 글을……잡았고 : 진(晉)나라 소소(蘇韶)가 죽은 뒤에 현신(現身)하여 자기 형제에게 "안연과 복상이 지금 현재 수문랑이 되었다. 수문랑이 모두 여덟 사람인데, 귀신 중의 성자들이다.〔顔淵卜商, 今見在爲修文郎. 修文郎凡有八人, 鬼之聖者.〕"라고 하였다. 《太平廣記 卷319》 흔히 문인, 학자의 죽음을 의미한다.

512 기(記)를……달려갔구려 : 당대(唐代)의 시인 이하(李賀)가 죽을 무렵에 비의(緋衣) 입은 사람이 붉은 용(龍)을 타고 대낮에 나타나서 마치 태고전(太古篆) 같은 서체(書體)의 판서(版書)를 가지고 이하를 불렀다. 이하가 그에게 머리를 조아리며 "모친이 늙고 또 병들어서 하는 가기를 원치 않습니다.〔阿彌老且病, 賀不願去.〕"라고 하자, 그 비의 입은 사람이 웃으면서 "상제께서 백옥루를 낙성하고 당장 그대를 불러 기문을 짓게 하려는 것이다. 천상이 더 즐거우니, 고통스럽지 않을 것이다.〔帝成白玉樓, 立召君爲記. 天上差樂, 不苦也.〕"라고 했는데, 그 후 이하가 곧 죽었다. 《古今事文類聚 前集 卷51 召作玉樓記》 이 역시 문인 학자의 죽음을 의미한다.

513 문집(文集)……있었고 : 이한(李漢)은 한유(韓愈)의 문인(門人)이며 사위로, 한유가 죽은 뒤에 그의 문집을 작성하였다. 여기서는 김인후 역시 문인이며 사위인 조희문(趙希文), 양자징(梁子澂)이 문집을 작성하였기에 한유의 문집 작성에 빗대서 한 말이다.

514 기구(箕裘)는……있도다 : 기구는 《예기》 〈학기(學記)〉에 "훌륭한 대장장이의 아들은 반드시 금속을 접합시키듯 가죽을 조각조각 맞추어 가죽옷 꿰매는 것을 익히고, 활 잘 만드는 장인의 아들은 반드시 뿔을 휘어서 활을 만들 듯 버들가지를 휘어서 키 만드는 법을 익힌다.〔良冶之子, 必學爲裘; 良弓之子, 必學爲箕.〕"라고 한 데서 온 말로, 부조(父祖)의 가업(家業), 또는 부조의 가업을 잘 계승하는 자손을 가리킨다. 고시(高柴)는 춘추 시대 위(衛)나라 사람으로 자는 자고(子皐)이고, 효성이 매우 지극하였다. 《예기》 〈단궁(檀弓)〉에 "고자고는 친상을 당하여 삼 년 동안 피눈물을 흘렸으며, 치아를 드러내서 웃은 적이 없었다.〔高子皐之執親之喪, 泣血三年, 未嘗見齒.〕"라고 하였다.

저녁 구름은 취령산에 연대었는데[515]	暮雲連鷲嶺
지는 달빛은 주애를 비추는구려[516]	落月照珠崖
논설은 고아한 잠부가 생각나는데[517]	論憶潛夫雅
재주는 아름다운 유부에 부끄럽네[518]	才慙幼婦佳
멀리 향하는 정은 묵은 풀에 곡이나 할 뿐[519]	遐情哭宿草

김인후에게 종룡(從龍), 종호(從虎) 두 아들이 있어 고시 같은 효성으로 집상(執喪)하고 있다는 뜻이다.

515 저녁……연대었는데 : 취령산(鷲嶺山)은 전라도 장성현(長城縣) 서쪽으로 20리쯤에 있는 산명이다. 김인후의 묘소가 그 근처에 있기 때문에 한 말인 듯하다.

516 지는……비추는구려 : 지는 달빛이란 두보(杜甫)의 〈몽이백(夢李白)〉에 "지는 달빛 지붕마루에 가득하니, 아직도 그대 얼굴이 비추는가 의심하노라.〔落月滿屋梁, 猶疑照顔色.〕"라고 한 데서 온 말이다. 《杜少陵詩集 卷7》 저자가 친구인 김인후를 두보가 친구인 이백을 그리워하듯이 그리워한다는 뜻으로 한 말이다. 주애(珠崖)는 중국 해남성(海南省)의 동남쪽 최변방에 있던 군명(郡名)인데, 후세에는 흔히 변방의 뜻으로 전용하였다. 여기서는 저자의 배소인 진도(珍島)를 주애에 빗대서 한 말이다.

517 논설(論說)은……생각나는데 : 잠부(潛夫)는 은자(隱者)를 의미한다. 후한(後漢) 때 왕부(王符)가 난세(亂世)를 만나 강직한 지조 때문에 세상에 용납되지 못함을 분개하여 은거하면서 당시의 폐정(弊政)을 통절히 비판하여 〈잠부론(潛夫論)〉을 저술하였다. 《後漢書 卷49 王符列傳》 김인후의 인품과 저서를 왕부에 빗대서 한 말이다.

518 재주는……부끄럽네 : 유부(幼婦)는 후한 때 채옹(蔡邕)이 위(魏)의 한단순(邯鄲淳)이 지은 〈조아비문(曹娥碑文)〉을 보고 그 비석의 배면(背面)에 은어(隱語)로 '황견유부외손자구(黃絹幼婦外孫齏臼)' 여덟 글자를 새겨 놓은 데서 온 말이다. 뒤에 양수(楊脩)가 이것을 해석하기를 "황견은 색사(色絲)이니 글자로는 절(絶) 자가 되고, 유부는 소녀(少女)이니 글자로는 묘(妙) 자가 되며, 외손은 여자(女子)이니 글자로는 호(好) 자가 되고, 자구는 매운맛을 받는 것이니 글자로는 사(辭) 자가 되므로, 이른바 '아주 절묘한 좋은 문장〔絶妙好辭〕'이라는 뜻이다."라고 하였다. 전하여 훌륭한 문장을 의미한다. 《世說新語 捷悟》 여기서는 저자 자신은 문재(文才)가 부족하여 김인후의 행적을 찬미하지 못한다는 겸사로 한 말이다.

새 해목을 만져 보는 것은 절망일세[520] 絶望撫新楷
서치의 술은 헛되이 자주 적시기만 하고[521] 徐酒虛頻漬
제나라 노래[522]는 억지로 배열하노라 齊謳强自排
경신년 삼월을 당하여 庚申歲三月
천지간에 소재 하나만 남아 있구려[523] 天地一穌齋

519 묵은……뿐 : 묵은 풀이란 1년이 지난 묵은 뿌리에서 난 풀이다. 증자(曾子)가 이르기를 "붕우의 무덤에 해를 묵은 풀이 있으면 곡하지 않는다.〔朋友之墓, 有宿草而不哭焉.〕"라고 하였는데, 이는 붕우가 죽은 지 1년이 지나면 곡하지 않는다는 뜻이다. 《禮記 檀弓上》 저자 자신은 친구인 김인후의 상차(喪次)에 당장 가서 곡할 수 없는 처지이므로 무덤에 묵은 풀이 난 뒤에나 가서 곡을 할 수밖에 없다는 뜻이다.

520 새……절망일세 : 해목(楷木)은 황련목(黃連木)이라는 나무인데, 《설문(說文)》 목부(木部)에 "해는 해목이다. 공자의 묘소에 심은 나무이다.〔楷, 楷木也. 孔子冢蓋樹之者.〕"라고 하였다. 여기서는 저자가 친구인 김인후의 묘소를 가 보는 것은 절망이라는 뜻이다.

521 서치(徐穉)의……하고 : 서치에 대한 내용은 167쪽 주355 참조. 저자 또한 서치처럼 조문을 가고 싶지만, 가지 못한다는 뜻이다.

522 제나라 노래 : 만가(輓歌)인 〈해로가(薤露歌)〉이다. 전국 시대 제왕(齊王) 전횡(田橫)이 한 고조(漢高祖)의 부름에 불복하고 자결하자, 그의 문인(門人)들이 가슴 아프게 여겨 이 노래를 불렀는데, 그 내용은 대략 "인간의 명은 마치 부추 잎의 이슬과 같아서 말라 없어지기 쉽다.〔人命如薤上之露, 易晞滅也.〕"이다. 《樂府 相和曲 薤露》

523 천지간에……있구려 : 소재(穌齋)는 저자의 호인데, 자신 하나만 남아 있다는 것은 지기(知己)의 친구가 없다는 뜻이다.

이성춘에게서 동판[524]을 구하다 5월이다.

從李成春覓桐板 五月

까마귀 솔개 땅강아지 개미를 어찌 분별하랴[525] 烏鳶螻蟻何分別
더구나 못난 불효자식 시체를 돌볼 것 있으랴만 況卹區區不孝屍
다만 낡은 이불로 염습할 때 머리와 발이 드러나 只恐破衾頭足見
노복의 혐오감 어버이 슬픔을 더할까가 염려로다 也添奴惡重親悲

첨(添)이 다른 본에는 증(增)으로 되어 있다.

524 동판(桐板) : 오동나무 판자이다. 예로부터 관재(棺材)로 많이 쓰였다. 여기서는 저자의 관재로 쓰려고 한 것이다.

525 까마귀……분별하랴 : 장자(莊子)가 죽게 되었을 때 제자들이 그를 후하게 장사 지내려 하였다. 장자가 그리 못 하게 하자, 제자들이 "저희들은 까마귀나 솔개가 선생님의 시체를 뜯어먹을까 염려해서 그렇습니다.〔吾恐烏鳶之食夫子也〕"라고 하였다. 장자가 "위에 있으면 까마귀와 솔개의 밥이 되고, 땅속에 있으면 땅강아지와 개미의 밥이 되는데, 그것을 저쪽에서 빼앗아다가 이쪽에다 주려고 함은 어찌 그리 편벽한가.〔在上爲烏鳶食, 在下爲螻蟻食, 奪彼與此, 何其偏也!〕"라고 하였다.《莊子 列禦寇》 저자 자신 또한 죽은 뒤 어떻게 될지 전혀 마음 쓸 것이 없다는 뜻이다.

서 순창[526]이 서신과 함께 막걸리, 쌀, 종이, 기름을 보내왔으므로, 시를 지어 사례하다 6월이다.

徐淳昌書致醪米紙膏作詩謝之 六月

그대 바른 지조는 응당 통개하거니와[527] 雅操應通介

이 나그네 노닒은 한만하기만 하다오 羈遊且汗漫

깊은 정은 임하에게도 미쳐 왔는데[528] 深情及臨賀

526 서 순창(徐淳昌) : 당시 순창 군수(淳昌郡守)였던 서귀연(徐貴淵)이다. 서귀연의 다른 사적은 자세하지 않다.

527 그대……통개(通介)하거니와 : 통개는 통달하고 개결하여 지조가 있음을 이른다. 소식(蘇軾)의 〈태수서군유통수맹형지개불음주이시희지(太守徐君猷通守孟亨之皆不飮酒以詩戲之)〉에 "맹가는 술을 즐기어 환온이 웃었고, 서막은 광언을 하여 조조가 의심했네.……그들 풍류는 절로 고상한 사람이 알아주었거니, 통개한 이가 어찌 세속을 따라 지조를 바꾸리오.〔孟嘉嗜酒桓溫笑, 徐邈狂言孟德疑.……風流自有高人識, 通介寧隨薄俗移?〕"라고 하였다. 즉 맹가, 서막 같은 이들은 술을 즐겨 마시고 풍류가 뛰어나서 절로 알아준 이가 있었다는 뜻인데, 통개는 특히 주호(酒豪)이기도 한 서막의 변치 않은 지조를 가리켜 한 말이다.《東坡詩集註 卷21》서귀연 또한 서막과 성이 같기 때문에 그를 서막에 빗대서 한 말이다.

528 깊은……왔는데 : 임하(臨賀)는 당대(唐代)의 문신으로 일찍이 죄를 얻어 임하위(臨賀尉)로 폄척되어 간 양빙(楊憑)을 가리킨다. 양빙이 임하위로 폄척되어 갈 때 그와 평소 친한 이들도 감히 송별한 이가 없었는데, 유독 서회(徐晦)만이 친구의 의리를 저버리지 않고 남전(藍田)까지 나가서 양빙과 송별의 말을 나누었다. 그러자 당시 재상이던 권덕여(權德輿)는 평소 양빙과 교분이 가장 두터웠던 사이라, 서회가 양빙을 송별한 일을 듣고는 서회에게 "오늘 임하위를 송별한 것은 참으로 후한 일이기는 하지만 혹 누가 되지 않겠는가.〔今日送臨賀, 誠爲厚矣, 無乃累乎?〕"라고 하자, 서회가 말하기를 "나는 포의 시절부터 양공이 돌봐 주었는데, 양공이 지금 유리 파천을 당하는 마당에

나는야 한단몽을 이미 깨 버렸다네[529] 一夢罷邯鄲
논설[530]은 지금부터 지으려 하거니와 論欲從今著
글은 의당 새벽까지 보아야 하리[531] 書宜到曉看
왜 마른 바퀏자국을 하소연할 것 있으랴[532] 何須訴涸轍

어찌 차마 송별의 말도 없을 수 있겠습니까.……〔晦自布衣, 受楊公之眷. 方玆流播, 爭忍無言而別?……〕"라고 하였다. 권덕여가 그의 진실함을 가상히 여겨 조관(朝官)들에게 그를 칭찬하니 그로부터 명성이 크게 알려져서 전중시어사(殿中侍御史), 공부시랑(工部侍郞), 어사중승(御史中丞), 태자빈객(太子賓客) 등 여러 관직을 역임하고 예부 상서(禮部尙書)로 치사하였다.《舊唐書 卷165 徐晦列傳》 저자 자신을 임하위 양빙에 빗대고, 서귀연 또한 서회와 같은 서씨인 데다 유배 중인 저자를 꺼리지 않고 돌봐 주는 것을 매우 고맙게 여겨 그를 서회에 빗대서 한 말이다.

529 나는야……버렸다네 : 저자 자신은 이미 이 세상에 미련을 다 버렸다는 뜻인 듯하다. 한단몽에 대해서는 75쪽 주105 참조.

530 논설(論說) : 왕부(王符)의 〈잠부론(潛夫論)〉 같은 것을 말한다. 222쪽 주517 참조.

531 글은……하리 : 한유(韓愈)의 〈단등경가(短燈檠歌)〉에 "밤이면 가는 글자를 써서 글을 짓느라, 두 눈은 눈곱 끼어 침침하고 머리털은 하얀데, 이때에도 등잔대 끌어다 책상 앞에 놓으니, 새벽까지 책 보자면 어찌 잠을 잘 수 있으랴.〔夜書細字綴語言, 兩目眵昏頭雪白. 此時提携當案前, 看書到曉那能眠?〕"라고 하였다.《東雅堂昌黎集註 卷5》 서귀연 저자에게 보내 준 기름은 의당 등잔 기름으로 사용하여 밤새도록 글을 읽으리라는 뜻이다.

532 마른……있으랴 : 바큇자국이란 수레바퀴 자국에 괸 물을 가리킨다. 장주(莊周)가 위 문후(魏文侯)에게 가서 곡식을 달라고 요청하자, 문후가 "우리나라의 조세가 들어오거든 그것으로 드리겠다.〔待吾邑粟之來而獻之〕"라고 하였다. 이에 장주가 "제가 어제 오던 길에 길 가운데서 저를 부르는 자가 있어 돌아보니, 수레바퀴 자국에 괸 물에 붕어가 있었습니다. 제가 그에게 묻기를 '자네는 왜 그러고 있는가?' 하자, 붕어가 대답하기를 '나는 동해의 파신입니다. 당신이 한 말이나 한 되쯤 되는 물을 가져다가 나를 살려 줄 수 있겠습니까?' 하였습니다. 제가 '좋다. 내가 장차 남쪽으로 가서 오왕과

바야흐로 굶던 끼니를 잇게 되었는걸　　方得振空簞

월왕을 만나 보고 서강의 물을 터놓아서 그대를 맞아 가게 하려는데, 그래도 괜찮겠는가?' 하니, 붕어가 분개하여 얼굴빛을 바꾸며 '나는 지금 있어야 할 물을 잃어 내가 있을 곳이 없습니다. 그러니 나는 한 말이나 한 되쯤 되는 물만 있어도 살 수 있습니다. 그런데 당신이 이렇게 말하니, 일찌감치 건어물 가게로 가서 나를 찾는 것이 낫겠습니다.'라고 했습니다.〔周昨來, 有中道而呼者. 周顧視, 車轍中有鮒魚焉. 周問之曰: 鮒魚來, 子何爲者邪? 對曰: 我東海之波臣也. 君豈有斗升之水而活我哉? 周曰: 諾. 我且南遊吳越之王, 激西江之水而迎子, 可乎? 鮒魚忿然作色曰: 吾失我常與, 我無所處. 吾得斗升之水, 然活耳. 君乃言此, 曾不如早索我於枯魚之肆.〕"라고 하였다. 《莊子 外物》 저자 자신은 저 붕어의 처지보다는 나으므로, 붕어처럼 하소연할 필요 없다는 뜻이다.

국휘일(國諱日)과 사휘일(私諱日)이 아울러 이르렀으므로 울면서 쓰다 7월이다.

公私諱日竝臨泣書 七月

상고하건대, 인묘(仁廟)의 휘일은 초하루이고, 그다음 날은 바로 선생 증조비(曾祖妣)의 사기(私忌)이다.

십육 년 뒤의 칠월[533]이 다시 돌아왔는데	二八回申月
나그네 삶은 아직 노신으로 남아 있네	羈棲尙老臣
다음 날은 증조비의 휘일을 만났는데[534]	連朝遇私諱
하루도 공경히 제사를 돕지 못하였네	無日助明禋
적선한 가문으론 사람들이 정씨를 일컫고[535]	積善人稱鄭
은택을 드리움엔 세상이 인종을 칭송하네[536]	流光世誦仁

533 십육……칠월 : 인종(仁宗)이 16년 전인 1545년 7월에 승하하였기 때문에 십육 년 뒤라고 말한 것이다.

534 다음……만났는데 : 인종의 휘일(諱日)은 7월 1일이고, 저자의 증조비(曾祖妣) 휘일은 7월 2일이라 이렇게 말한 것이다.

535 적선(積善)한……일컫고 : 정씨(鄭氏)는 동래 정씨(東萊鄭氏)이다. 저자의 증조비는 동래 정씨 정난손(鄭蘭孫)의 딸이다. 정난손은 은일(隱逸)로 천거되어 집의(執義), 목사(牧使) 등을 지냈다. 그의 아들 광세(光世)는 문과에 장원하여 벼슬이 형조판서에 이르렀고, 차자(次子) 광국(光國)은 문과에 급제하여 벼슬이 참판에 이르렀으며, 셋째 아들 광정(光廷)은 벼슬이 목사에 이르렀다. 정난손의 아우와 조카인 정난종(鄭蘭宗), 정광필(鄭光弼) 부자는 특히 공신이며 명상(名相)으로 명성이 한 시대에 드높았다.

536 은택을……칭송하네 :《춘추곡량전(春秋穀梁傳)》 희공(僖公) 15년 조에 "천자는 칠묘이고, 제후는 오묘이고, 대부는 삼묘이고, 사는 이묘이다. 그러므로 덕이 후한

흐느껴 울며 어서 빨리 죽고만 싶지만　　吞聲欲速化
북쪽을 바라보매 두 어버이를 어쩐단 말가　　北望有雙親

이는 광영이 멀리 미치고, 덕이 박한 이는 광영이 가까이서 그친다.〔天子七廟, 諸侯五, 大夫三, 士二. 故德厚者流光, 德薄者流卑.〕"라고 하였다. 여기서는 인종의 덕이 먼 후세까지 미치고 있음을 의미한다.

백, 문 두 서생을 작별하다 8월이다.

別白文二生 八月

상고하건대, 백광훈(白光勳), 문익세(文益世)이다.

아득하여라 천지간은 깊고도 멀고 莽蕩乾坤阻

쓸쓸하여라 생명은 미세하기만 한데 蕭條性命微

시, 서, 예를 아직 배우지 못했기에[537] 詩書禮學未

삼십구 년 동안의 일이 그릇되었네[538] 三十九年非

오궤에 기대 이슬 젖은 국화 띄워 마시고[539] 露菊憑烏几

537 시(詩)……못했기에 : 공자가 홀로 서 있을 때 아들 리(鯉)가 뜰 앞을 총총걸음으로 지나가자, 공자가 리에게 "시를 배웠느냐?〔學詩乎〕" 하고 묻자, 리가 "배우지 못했습니다.〔未也〕"라고 하니, 공자가 이르기를 "시를 배우지 않으면 말을 할 수가 없다.〔不學詩, 無以言.〕" 하므로, 리가 물러가서 시를 배웠다. 또 후일에 리가 뜰 앞을 총총걸음으로 지나가자, 공자가 "예를 배웠느냐?〔學禮乎〕" 하고 묻자, 리가 "배우지 못했습니다."라고 하니, 공자가 이르기를 "예를 배우지 않으면 설 수가 없다.〔不學禮, 無以立.〕" 하므로, 리가 물러가서 예를 배웠다고 한다.《論語 季氏》 공자의 아들은 아버지를 모시고 있었으므로 시, 서(書), 예(禮)를 배울 수 있었지만, 저자 자신은 아버지를 떠나 있기 때문에 시, 서, 예를 배우지 못했다는 뜻이다.

538 삼십구……그릇되었네 :《회남자(淮南子)》〈원도훈(原道訓)〉에 "거백옥은 나이 오십이 되어서 사십구 년 동안의 잘못을 알았다.〔蘧伯玉行年五十, 而知四十九年之非.〕"라고 하였는데, 이는 자신의 과거사를 회고하여 현재까지의 잘못된 행위를 깊이 후회한다는 뜻이다. 거백옥은 춘추 시대 위(衛)나라의 현대부(賢大夫)로 자가 백옥인 거원(蘧瑗)이다. 여기서는 저자 자신이 아직 50세가 되지 않았기 때문에 '39년'으로 전용한 것이다.

539 오궤(烏几)에……마시고 : 오궤는 검은 염소 가죽으로 장식한 안석, 즉 오피궤

가을벌레 울어 대자 대사립 닫아 버렸는데　　秋蟲掩竹扉
이때에 문생 백생이 찾아왔다가　　此時文白至
사흘 밤을 자고는 돌아가는구나　　三宿乃言歸

삼십구(三十九)가 다른 본에는 사십오(四十五)로 되어 있다.

(烏皮几)이다. 이슬 젖은 국화를 띄워 마신다는 것은 도잠(陶潛)의 〈음주(飮酒)〉에 "가을 국화는 빛깔도 하 좋아라, 이슬 머금은 그 꽃잎을 따다가, 이 근심 잊게 하는 물건에 띄워서, 나의 세상 버린 정을 더 멀리하노라.〔秋菊有佳色, 裛露掇其英, 泛此忘憂物, 遠我遺世情.〕"라고 한 데서 온 말이다. 근심을 잊게 하는 물건이란 술을 가리킨다. 《陶淵明集 卷3》

환주[540]가 서거했다는 소식을 듣다

聞還珠逝

칠월 육일에 죽었는데	七月六日歿
팔월 초순에야 부음을 들었네	中秋初旬聞
어찌하여 돌아간 귀신이 되어서	如何作歸鬼
오래도록 나그네 넋[541]을 안 찾았던가	久不訪羈魂
인간의 일은 좋이 버리려니와[542]	好棄人間事

540 환주(還珠) : 정황(丁熿, 1512~1560)의 별호이다. 정황의 자는 계회(季悔), 호는 유헌(遊軒)이다. 조광조(趙光祖)의 문인으로, 중종(中宗) 때 문과에 급제하여 사헌부 지평, 병조·형조의 정랑(正郎) 등을 지냈다. 명종(明宗) 초기에 검상(檢詳)을 거쳐 사인(舍人)으로 있을 때 을사사화(乙巳士禍)가 일어나 소윤(小尹) 윤원형(尹元衡) 등의 외척이 권세를 잡자 그의 일파인 이기(李芑)의 탄핵을 받아 파직되었다. 뒤에 양재역 벽서 사건(良才驛壁書事件)에 연루되어 곤양(昆陽)에 유배되었고, 이듬해 거제(巨濟)로 이배되었다가 그로부터 십수 년 뒤에 배소에서 죽었다. 시호는 충간(忠簡)이다. 저서로는《유헌집(遊軒集)》,《부훤록(浮暄錄)》등이 있다. 정황의 '환주'라는 호에 대해서는,《소재집》제1권의〈환주의 운에 화답하여 부치다〔和寄還珠韻〕〉라는 시제 아래 주석에서 "환주는 사인 정황의 호이다.〔還珠, 舍人丁熿號也.〕"라고 한 말에 근거하였을 뿐, 다른 문헌에서는 상고할 수 없다.

541 나그네 넋 : 저자 자신의 넋을 말한다. 62쪽 주72 참조. 여기서는 자신의 처지를 굴원(屈原)에 빗대서 한 말이다.

542 인간의……버리려니와 : 한 고조(漢高祖)의 모신(謀臣) 장량(張良)이 한 고조를 도와 천하를 통일하고 유후(留侯)에 봉해지고 나서 스스로 말하기를 "내가 지금 세 치의 혀로 제왕의 스승이 되어 만호에 봉해지고 열후가 되었으니, 이는 포의에게 극도의 영광으로서 나에게는 더없이 만족할 뿐이다. 이제는 인간의 일을 다 버리고 선인 적송자를 따라서 노닐고 싶을 뿐이다.〔今以三寸舌, 爲帝子師, 封萬戶, 位列侯, 此布衣之極,

지하에서 글을 닦지는 말게나[543]	休修地下文
응당 뒤에 죽을 친구들을 기다려서	應須後死友
영원히 단결해 무리를 떠나지 마세나	永結不離群

於良足矣. 願棄人間事, 欲從赤松子游耳.〕"라고 하였다. 《史記 卷55 留侯世家》 여기서는 망자(亡者)에게 신선이 되어 가라는 뜻이다.

543 지하(地下)에서……말게나 : 지하에서 글을 닦는다는 것은 문인이나 학자의 죽음을 의미한다. 221쪽 주511 참조. 여기서 망자에게 글을 닦지 말라는 것은 그 또한 수고로운 일이라는 뜻이다.

다시 '해' 자 운을 사용하여 곡하다

復用偕韻哭之

친구들이 서로 이어 죽어 가니	執友亡相繼
외론 나그네는 함께 앉을 이가 없구나	羈孤坐莫偕
사귈 기한이 구천에서는 넉넉하련만	交期九泉闊
사는 동안에 얼굴 보기는 틀려 버렸네	會面百年乖
처음엔 북극성 옹위를 몸으로 허락하고[544]	北拱初身許
남쪽을 도모차 일의 성공을 서두르면서[545]	南圖急事諧
광소하나마 한 기둥으로 하늘을 붙들고[546]	狂疎扶一柱

544 처음엔……허락하고 : 공자가 이르기를 "정치를 도덕으로 하는 것이 비유하자면 마치 북극성이 제자리에 있거든 여러 별들이 옹위하고 있는 것과 같다.〔爲政以德, 譬如北辰居其所, 而衆星拱之.〕"라고 하였는데, 이는 신하들이 임금을 옹위한다는 의미이다. 《論語 爲政》 이를 몸으로 허락했다는 것은 저자 자신이 벼슬하여 임금을 섬기기로 작정했다는 뜻이다.

545 남쪽을……서두르면서 : 남쪽을 도모한다는 것은 《장자》 〈소요유(逍遙遊)〉에 "붕새가 남쪽 바다로 옮겨 갈 때에는 물결을 치는 것이 삼천 리요, 회오리바람을 타고 구만 리를 올라가 여섯 달을 가서야 쉰다.……메추리는 붕새를 쳐다보고 웃으며 말하기를 '저 붕새는 어디를 가려는가? 나는 뛰어올라 두어 길도 못 가서 도로 내려와 쑥대밭 사이에서 빙빙 돌 뿐이다.……' 하였다.〔鵬之徙於南冥也, 水擊三千里, 摶扶搖而上者九萬里. 去以六月息者也.……斥鴳笑之曰: 彼且奚適也? 我騰躍而上, 不過數仞而下, 翱翔蓬蒿之間.……〕"라는 내용이 보인다. 여기서는 저자 역시 장부의 큰 포부를 펴 보고자 함을 비유한다.

546 광소(狂疎)하나마……붙들고 : 광소는 방탕(放蕩)과 같은 뜻이다. 이 시의 자주(自註)에 의하면, 이 말은 당시 저자와 정황(丁熿)이 함께 대간(臺諫)에게 논박받은

어리석음으로 뭇 배우를 배척했는데[547]	愚惷斥群俳
헛된 명성은 유자들 중에 으뜸이었고	虛譽諸儒最
깊은 은총은 두 성상[548]께 모두 입었네	深恩二聖皆
부박함은 진정 스스로 선동한 거라지만[549]	薄浮眞自扇
분란이란 끝내 무엇이 계기가 되었던가[550]	紛亂竟誰階

말 가운데 하나이기도 한데, 여기서는 저자 자신과 정황이 함께 논박받던 말에 따라 겸사(謙辭)로 자처한 것이다. 한 기둥으로 하늘을 붙들었다는 것은 저자가 임금을 강력히 보필했다는 뜻이다.

547 어리석음으로……배척했는데 : 어리석다는 것은 이 시의 자주에 의하면, 역시 저자와 정황이 함께 대간에게 논박받은 말 가운데 하나이다. 여기서 배우(俳優)는 시문(詩文)의 한 체(體)인 배해체(俳諧體)로, 익살과 해학, 풍자로 지은 시문을 가리킨다. 이를 배척했다는 것은 저자와 정황은 그런 시문을 쓰지 않았다는 뜻이다.

548 두 성상 : 중종과 인종을 병칭한 말이다.

549 부박(浮薄)함은……거라지만 : 《을사전문록(乙巳傳聞錄)》〈노수신전(盧守愼傳)〉에 "을사사화가 일어나자, 대간이 논계하여 관작을 삭탈시켰고, 정미년에 죄가 가중되어 '노수신이 정황과 더불어 그릇되이 헛된 기세를 끼고 부박함을 선동하였다.'는 죄목으로 순천에 유배시켰다가 다시 진도로 이배시켰다.〔乙巳禍作, 臺諫論啓, 削奪官爵. 丁未加罪, 以爲公與丁熿枉挾虛氣, 鼓煽浮薄, 竄順天, 移配珍島.〕"라고 하였다. 여기서는 저자 자신과 정황이 대간의 말과 같이 부박한 행동을 했다고 겸사로 자책(自責)한 것이다.

550 분란(紛亂)이란……되었던가 : 이 시 맨 끝의 자주(自註)에 의하면 '분란' 또한 저자가 정황과 함께 대간에게 논박받은 말 가운데 하나이다. 1547년(명종2) 양사(兩司)에서 올린 계(啓)에 "노수신과 정황은 본래 거칠고 어리석고 망녕된 사람으로, 외람되이 헛된 명예를 끼고서 부박한 무리들을 고무 선동하여, 식견 있는 주위 사람들로 하여금 감히 말을 꺼내지 못하게 해서 궤격한 사습을 빚어내어 시사의 분란을 초래하였으니, 아울러 멀리 내쫓으소서.〔盧守愼丁熿, 本以疎戇愚妄之人. 枉挾虛譽, 鼓扇浮薄, 使有識傍觀者, 不敢發言. 釀成士習之詭激, 以致時事之紛亂, 請竝竄黜.〕"라고 하였다. 《明宗實錄 2年 3月 14日》

실로 가벼운 형벌 내린 은택을 입었을 뿐	實荷輕刑用
바른 도를 간직함에 관계된 게 아니로다[551]	非關直道懷
상림원 기러기 오기만 함께 바라보았고[552]	同瞻上林雁
먼바다의 어채는 모두 실컷 먹었네[553]	俱飫極溟鮭
나는 질병을 근심해 주시는 양친이 계시건만[554]	憂疾吾雙老
자네는 고통과 우환 속에 외론 해골이 됐구려[555]	艱虞子隻骸
어찌하여 먼저 도깨비 막는 걸[556] 싫어하여	胡先猒魑魅
갑자기 친구들을 버리고 떠났단 말인가	乃遽棄朋儕
혜초 태우는 걸 가련해할 줄 아는 이는 있으나[557]	有識憐焚蕙

551 실로……아니로다 : 두보(杜甫)의 〈제정십팔저작장고거(題鄭十八著作丈故居)〉에 "사랑스러워라 이 노인은 바른 도를 간직했기에, 새 나라에서 가벼운 형벌 내린 은택을 입도다.〔可念此翁懷直道, 也霑新國用輕刑.〕"라고 하였다.《杜少陵詩集 卷6》저자 자신과 정황은 바른 도를 간직했기 때문에 가벼운 형벌을 받은 것이 아니라, 조정에서 가벼운 형벌을 내린 은택을 입었을 뿐이라고 겸사로 한 말이다.

552 상림원(上林苑)……바라보았고 : 기러기가 서신을 전한다는 전설에서 온 말이다. 146쪽 주300 참조. 여기서는 저자 자신과 정황이 외딴 섬에 유배되어 지내면서 상림원 기러기의 전설과 같은 일이 있어 풀려날 수 있기를 함께 바랐다는 뜻이다.

553 먼바다의……먹었네 : 어채(魚菜)를 실컷 먹었다는 것은 저자는 진도로, 정황은 거제도로 각각 외딴 섬에 유배되었기 때문에 해산물인 어채를 많이 먹었다는 뜻이다.

554 나는……계시건만 : 춘추 시대 노(魯)나라 대부 맹무백(孟武伯)이 공자에게 효(孝)를 물으니, 공자가 이르기를 "부모는 오직 자식이 병들까 근심하시는 것이다.〔父母, 唯其疾之憂.〕"라고 하였다.《論語 爲政》이 또한 저자 자신이 부모님께 혹시 아프지나 않을까 하는 근심을 끼쳐 드리고 있음을 뜻한다.

555 자네는……됐구려 : 정황은 젊어서 양친을 다 여의었고, 이때 거제도의 배소에서 외로이 죽었기 때문에 이른 말이다.

556 도깨비 막는 걸 : 유배 생활을 의미한다. 86쪽 주134 참조.

쾌나무 들이받기를 두려워할 사람은 없구려[558] 無人懼觸槐
마음은 고향의 달빛처럼 밝으련만 心明鄉井月
살갗엔 바다 산의 흙비를 쳐 댔겠지 肌撲海山霾
붉은 명정 돌아가는 걸 멀리 바라보노니 曠望丹旐返
옥수가 묻히는 걸[559] 아스라이 보는 듯하네 依微玉樹埋
오직 침문 밖에서 곡이나 할 뿐이요[560] 唯應哭外寢

557 혜초(蕙草)……있으나 : 동료의 불행을 보고 비통해한다는 뜻이다. 진(晉)나라 육기(陸機)의 〈탄서부(歎逝賦)〉에 "소나무가 무성하매 잣나무가 기뻐함은 믿겠거니와, 영지가 불에 타매 혜초가 탄식하는 게 개탄스럽네.〔信松茂而柏悅, 嗟芝焚而蕙歎.〕"라고 하였다. 《文選 卷16》 육기의 〈탄서부〉에서는 영지가 불에 탄다고 했는데, 여기서는 영지를 혜초로 바꾸어 말하였다.

558 쾌나무……없구려 : 춘추 시대 진 영공(晉靈公)이 무도하여 대부 조돈(趙盾)이 자주 충간하였으나 듣지 않고 오히려 충간하는 조돈을 몹시 싫어하여, 서예(鉏麑)를 시켜 조돈을 죽이게 하였다. 서예가 아침 일찍 조돈의 집에 가 보니, 조돈은 이미 조복(朝服)을 차려입고 입조(入朝)할 시각만을 기다리고 있었다. 서예가 물러 나와 탄복하여 말하기를 "군주에 대한 공경심을 잊지 않는 이는 백성의 주인이다. 백성의 주인을 죽이는 것은 충성치 못하고, 군주의 명을 따르지 않는 것은 신의롭지 못하니, 이 두 가지 중에 한 가지 허물이라도 범하는 것은 차라리 죽는 것만 못하다.〔不忘恭敬, 民之主也. 賊民之主, 不忠; 棄君之命, 不信. 有一於此, 不如死也.〕" 하고, 마침내 뜨락의 쾌나무에 자기 머리를 들이받아 죽었다. 《春秋左氏傳 宣公2年》 여기서는 당시 사람들이 권력자에게 충성을 다할 뿐, 서예처럼 충직한 사람을 보호해 줄 양심 있는 자가 없다는 뜻이다.

559 옥수(玉樹)가 묻히는 걸 : 《세설신어(世說新語)》 〈상서(傷逝)〉에 "유 문강이 죽었을 때, 하 양주가 장례에 임하여 말하기를 '옥수를 흙 속에 묻어 버리니, 사람들의 통석해하는 정을 어찌 그만둘 수 있게 하랴.' 하였다.〔庾文康亡, 何揚州臨葬云: 埋玉樹著土中, 使人情何能已已!〕"라고 하였다. 전하여 옥수는 뛰어난 인품을 비유한다.

560 침문(寢門)……뿐이요 : 침문은 내실(內室)의 문이다. 216쪽 주493 참조. 친구의 상(喪)에는 침문 밖에서 조문하는 것이므로 이른 말이다.

감히 길거리에선 아무 말도 못 하고말고[561] 不敢語前街
지는 달빛 아래 쇠잔한 넋이 하도 비통해[562] 落月殘魂黯
가을바람에 마른 나무처럼 홀로 우뚝 섰노라 秋風獨立柴
종신토록 민둥산 풀 우거진 산을 올라 다니며[563] 終身陟屺岵
생명 아껴 깊은 물 낭떠러지를 조심한다오 惜命墜淵崖
누각의 아가위꽃을 어찌 좋이 피울 수 있으랴[564] 樓蕚那成好

561 감히……하고말고 : 길거리의 말이란 항간(巷間)에서 떠드는 이런저런 여론을 말한다. 감히 할 수 없다는 것은 세인(世人)들에게 조정을 비판하는 말로 오해를 받을까 염려한다는 뜻이다.

562 지는……비통해 : 지는 달빛이란 두보(杜甫)의 〈몽이백(夢李白)〉에 "지는 달빛 지붕마루에 가득하니, 아직도 그대 얼굴이 비추는가 의심하노라.〔落月滿屋梁, 猶疑照顏色.〕"라고 한 데서 온 말이다. 저자가 친구인 정황(丁熿)의 죽음을 몹시 비통해한다는 뜻이다.

563 종신토록……다니며 : 민둥산은 아버지를, 풀 우거진 산은 어머니를 의미한다. 《시경》 〈위풍(魏風) 척호(陟岵)〉에 "저 민둥산에 올라가, 아버지를 바라보노라. 아버지께서 말씀하시길 내 아들 부역 가서, 밤낮으로 쉬지 못하리로다. 행여 몸 조심할지어다, 부디 돌아오고 잡히지 말지어다고 하시리라. 저 초목 우거진 산에 올라가, 어머니를 바라보노라. 어머니께서 말씀하시길 아, 내 막내아들이 부역 가서, 밤낮으로 자지 못하리로다. 행여 몸 조심할지어다, 부디 돌아오고 죽어서 버려지지 말아야 한다고 하시리라.〔陟彼岵兮, 瞻望父兮. 父曰嗟予子行役, 夙夜無已. 上愼旃哉, 猶來無止. 陟彼屺兮, 瞻望母兮. 母曰嗟予季行役, 夙夜無寐. 上愼旃哉, 猶來無棄.〕"라고 하였다. 이 《시경》의 내용은 부역 나간 막내아들이 자기 부모가 자식을 이렇게 생각하고 걱정하시리라는 뜻의 노래이다. 여기서는 저자 역시 아들인 자신을 위해 걱정하실 부모님을 생각하는 마음에서 항상 민둥산, 풀 우거진 산을 올라 다닌다는 뜻이다.

564 누각의……있으랴 : 체악(棣蕚)은 아가위꽃을 받치는 꽃받침인데, 꽃과 꽃받침은 한 가지에서 나왔으므로 형제간의 우애를 의미한다. 《시경》 〈소아(小雅) 상체(常棣)〉에 "아가위의 꽃이여, 꽃받침이 화사하지 않은가. 무릇 지금 사람들은, 형제만 한 이가 없느니라.〔常棣之華, 鄂不韡韡. 凡今之人, 莫如兄弟.〕"라고 하였는데, 당 현종(唐

뜨락의 난초도 아름다움을 볼 수가 없구려[565] 庭蘭不見佳
처량한 것은 사곡[566]의 잣나무요 凄涼沙谷柏
적막한 것은 불정의 해목[567]이로다 寂寞佛亭楷
내 성정은 누구를 인하여 바룬단 말인가 我性何由正
그대의 정은 오히려 떨어 버릴 수 있으련만[568] 君情尙可排
나고 죽는 게 한바탕 꿈 같은 것이라 往來均一夢
머리 숙이고 재계하듯 묵묵히 앉았노라 垂首默如齋

광소(狂疏), 우당(愚戇), 허예(虛譽), 부박(浮薄), 분란(紛亂)은 모두 나와 그대가 논박(論駁)받은 말들이다.

玄宗)이 이 뜻을 취하여 흥경궁(興慶宮) 서남쪽에 화악상휘지루(花萼相輝之樓)를 세우고 여러 아우들과 함께 이 누각에 올라서 서로 즐기며 우애 깊게 지냈다고 한다. 그 꽃을 좋이 피울 수 없다는 것은 저자의 경우 형제간은 있으나 서로 모여서 우애 있게 지낼 수 없는 처지를 개탄하여 이른 말이다.

565 뜨락의……없구려 : 동진(東晉) 때 사안(謝安)의 집안 자질들 중에 유독 사랑(謝朗), 사현(謝玄)이 숙부인 사안에게 촉망을 받았다. 한번은 사안이 그들에게 이르기를 "자제들은 또한 인사에 어떻게 참여해서 정히 스스로 아름답게 하고자 하느냐?〔子弟亦何預人事, 而正欲使其佳?〕" 하자, 사현이 대답하기를 "비유하건대, 지란 옥수가 뜰에서 나게 하고 싶을 뿐입니다.〔譬如芝蘭玉樹, 欲使其生於庭階耳.〕"라고 하였다. 《晉書 卷79 謝安列傳》 뜨락의 난초는 훌륭한 자손을 의미한다. 여기서는 저자에게 자식이 전혀 없기 때문에 이른 말이다.

566 사곡(沙谷) : 저자의 조비(祖妣) 묘소가 있는 곳이다.

567 불정(佛亭)의 해목(楷木) : 불정은 충청북도 괴산군(槐山郡) 불정리(佛亭里)를 가리키는데, 여기에도 저자의 선산(先山)이 있었다. 해목은 황련목(黃連木)이라는 나무이다. 223쪽 주520 참조. 여기서는 묘소를 의미한다.

568 내……있으련만 : 위의 구절은 저자가 훌륭한 친구를 잃음으로 인하여 성정(性情)을 도야할 길이 없다는 뜻인 듯하다. 아래 구절은 이미 세상을 떠난 친구는 인간 세상의 모든 것들을 다 잊을 수 있으리라는 뜻인 듯하다.

임공이 하서에게 만사한 율시[569]를 전송한 이가 있으므로, 그 시에 차운하여 애도하다

有傳誦林公挽河西律者次韻悼之

흰 봉황은 이미 하늘로 돌아가 버리고[570]	白鳳歸霄漢
푸른 소나무만 눈얼음 위에 누워 있네[571]	青松臥雪氷
명성은 짤막한 빗돌에 새겼거니와	聲名短石表
짧은 생은 한낱 바람 앞의 등불 같았네	歲月一風燈
그 높은 학덕은 누가 능히 잇는단 말인가	大雅堪誰繼
이 외론 회포는 의지할 데가 없네그려	孤懷不可憑
천지가 제 스스로 겁회가 되거니	乾坤自灰劫

569 임공(林公)이……율시(律詩) : 임공은 석천(石川) 임억령(林億齡)이다. 그가 지은 율시는 〈곡김후지(哭金厚之)〉이다. "아름다워라 인걸이 나타나니, 강에서 나온 티끌 없는 얼음이로다. 한 잔의 술로써 마음을 풀고, 십 년 동안 등잔 아래서 《주역》을 읽었네. 도를 잃었으니 그 어디에 의탁할꼬. 하늘은 아득하여 믿을 수가 없구려. 처량하여라 호해의 이 눈물을, 맑은 새벽에 가는 중에게 부치노라.〔有美生人傑, 無塵出壑氷. 寬心一杯酒, 讀易十年燈. 道喪嗟何托? 天高莽未憑. 凄涼湖海淚, 淸曉寄歸僧.〕"《石川先生詩集 卷3》

570 흰……버리고 : 한(漢)나라 양웅(揚雄)이 《태현경(太玄經)》을 저술할 때 한번은 흰 봉황을 토해 내자 봉황이 자신의 머리 위에 모여 앉은 꿈을 꾸었다는 전설이 있다. 흰 봉황은 후세에 특히 문재가 뛰어난 선비를 비유한다.《西京雜記 卷2》 여기서는 김인후(金麟厚)를 흰 봉황에 빗대었다.

571 푸른……있네 : 푸른 소나무는 절조를 의미한다. 굳은 절조를 지닌 김인후의 육신이 땅에 묻혀 있다는 의미이다.

어찌 꼭 호승에게 물을 것이 있으랴[572] 何必問胡僧

572 천지(天地)가……있으랴 : 겁회(劫灰)는 겁화(劫火)의 남은 재를 말하고, 호승(胡僧)은 서역(西域)의 승려라는 뜻이다. 《고승전(高僧傳)》 축법란(竺法蘭) 조에 "옛날에 한 무제가 곤명지를 파다가 검은 재를 얻어 그것을 동방삭에게 물으니 '모르겠습니다. 서역의 호승에게 물어봐야 합니다.'라고 하였다. 뒤에 호승 법란이 오자 뭇사람이 가서 물으니, 법란이 '세계가 끝날 때 겁화가 모조리 불태우는 것이니, 이 재가 바로 그것이다.' 하였다.〔昔漢武穿昆明池底, 得黑灰, 問東方朔. 朔云: 不知. 可問西域胡人. 後法蘭既至, 衆人追而問之. 蘭云: 世界終盡, 劫火洞燒, 此灰是也.〕"라고 하였다. 여기서는 무상한 세월의 변천을 굳이 알 필요가 없다는 뜻이다.

대둔사의 중 도연의 시축 가운데 있는 시운에 차하다
次大芚僧道衍軸中韻

예로부터 새로 아는 게 더 즐거울 수 없는 건데[573] 從昔相知莫樂新
소년이 배 타고 석장 날려[574] 늙은 죄인을 찾아왔네 妙年杯錫老纍身
미처 몰랐네 다소의 한가로운 승려가 있어 不知多少閒人在
내 산당을 찾아와 인을 말할 줄 아는 것을[575] 解向山堂說箇仁

이상은 슬한당(瑟僩堂)[576]의 운에 차한 것이다.

573 예로부터……건데 : 《초사(楚辭)》 〈구가(九歌) 소사명(少司命)〉에 "더 슬플 수 없는 것은 처자와의 생이별이요, 더 즐거울 수 없는 것은 처음 서로 안 때이로다.〔悲莫悲兮生別離, 樂莫樂兮新相知.〕"라고 하였다. 굴원(屈原)의 이 노래는 남녀 간에 새로 만난 즐거움을 말한다. 여기서는 저자가 유배지에서 자신을 처음으로 방문해 준 승려 도연(道衍)과 새로 알게 된 것을 즐겁게 여겨 이렇게 말한 것이다.

574 석장(錫杖) 날려 : 석장은 승려의 지팡이이다. 옛날 고승(高僧) 은봉(隱峯)이 오대산(五臺山)을 유람하고 회서(淮西)로 나가, 석장을 던져 공중으로 날아갔다는 고사에서 온 말로, 승려들이 행각(行脚)하는 것을 의미한다.

575 미처……것을 : 이때 나이 어린 승려 도연이 저자를 방문하여 인(仁)에 관한 얘기를 나누었기 때문에 그를 가상히 여겨 이른 말이다. 다소의 한가로운 사람이라고 한 것은 도연 이외에 다른 서생들도 찾아와서 가끔 인에 관한 말을 하곤 했으므로, 이들을 모두 포괄해서 한 말이다.

576 슬한당(瑟僩堂) : 박민헌(朴民獻, 1516~1586)의 호이다. 자는 희정(希正), 또 다른 호는 정암(正庵)이다. 1546년(명종1) 사마시(司馬試)를 거쳐 이해 문과에 급제한 이후 전적, 수찬, 교리, 지제교, 대사헌, 강원도 관찰사(江原道觀察使), 함경도 병마절도사(咸鏡道兵馬節度使), 동지경연사(同知經筵事), 형조 참판 등 여러 내외직(內外職)을 역임하였다.

물건이 있으나 소리도 그림자도 없어[577]	有物沒聲影
흩어지고 모이는 걸 알 길이 없지만	莫知所散集
진실로 마음이 형체의 부림을 받으면	苟爲形底累
똑같이 세속의 정에 얽매이고 말겠지	均是區中縶
돌아가서 해빈옹[578]에게 말해다오	歸語海濱翁
해빈옹은 참으로 내 친구라 하더라고	翁誠吾舊執

이상은 해빈(海濱)의 운에 차한 것이다.

577 물건이……없어 : 소리도 그림자도 없다는 것은 오직 사람의 감정으로만 느낄 수 있는 인(仁)을 지칭한다.

578 해빈옹(海濱翁) : 누구를 지칭하는지 자세하지 않다.

성진의 시축 가운데서 다시 차운하여 양에게 수답하다
性眞軸中復次韻酬梁

이때 양은 조정에서 쫓겨났다. 시로써 내가 갇혀 있는 것을 한스럽게 여기고, 김하서의 죽음을 애도하였다. ○상고하건대, 양은 송천(松川) 양응정(梁應鼎)이다.

천하에 이미 아무 일도 없거늘	天下旣無事
인심이 저절로 불안초조해하네	人心自着忙
시기를 인하여 공업을 드러내고	因時見功業
곳에 따라 출처를 결단해야 하리	隨地有行藏
안석에 기대 보면 뜬구름이 남아 있지만	隱几浮雲在
술잔을 마시면 밝은 날이 길기만 하네[579]	銜杯化日長
화한 바람은 유하에서 불어오고[580]	和風來柳下
맑은 젓대 소리는 산양에서 들려오네[581]	淸篴起山陽

579 안석에……하네 : 뜬구름이란 《문자(文子)》 〈상덕(上德)〉에 "해와 달은 밝고자 하나, 뜬구름이 덮어 가린다.〔日月欲明, 浮雲蓋之.〕"라고 한 데서 온 말로, 흔히 간인(奸人)과 소인(小人)들이 임금의 총명을 가리는 것을 비유한다. 밝은 날이 길기만 하다는 것은 세상이 태평함을 의미한다.

580 화(和)한……불어오고 : 맹자가 이르기를 "백이는 성인의 청한 분이요……유하혜는 성인의 화한 분이다.〔伯夷, 聖之淸者也.……柳下惠, 聖之和者也.〕"라고 하였다. 유하혜는 춘추 시대 노(魯)나라 대부 전획(展獲)이다. 《孟子 萬章下》 여기서는 상대방인 양응정(梁應鼎)을 유하혜에 빗대서 한 말이다.

581 맑은……들려오네 : 진(晉)나라 때 죽림칠현(竹林七賢)의 한 사람인 상수(向秀)가 산양(山陽)의 구택(舊宅)을 지나다가 그 이웃 사람이 부는 젓대 소리를 듣고는, 이미 죽은 친구인 혜강(嵇康), 여안(呂安)과 서로 즐겨 노닐던 예전 일을 추상(追想)하

대학서의 후면에 제하여 소생[582] 오에게 주다
題大學書後贈蘇生 澳

학문하는 규모가 이 글에 다 들어 있으니[583] 爲學規模盡此書
기한을 넓게 잡고 공부를 긴절히 해 나가되 且寬期限緊工夫
응당 종신토록 외워야 할 글로 간주해야 하고 不應把作終身誦
주공 이상 성인은 없다고 인식해선 안 되리[584] 認取周公以上無

여 〈사구부(思舊賦)〉를 지은 데서 온 말이다. 산양의 젓대 소리란 옛 친구를 그린다는 뜻이다. 《晉書 卷49 向秀列傳》 저자가 친구인 김인후(金麟厚)의 죽음을 몹시 슬퍼하고 그를 그리워한다는 뜻이다.

582 소생(蘇生) : 이름은 오(澳)이고, 자는 정원(淨源), 본관은 진주(晉州)이다. 1564년(명종19) 삭주 부사(朔州府使)가 되었고, 이어 평안도 병마우후(平安道兵馬虞候)로 있으면서 오랑캐의 침입을 격퇴하였다. 그 공으로 1566년 전라 좌도 수군절도사로 기용되었고, 1569년(선조2) 경상도 병마절도사를 거쳐 함경북도 병마절도사 등을 역임하였다. 1579년 함경남도 병마절도사로 재직 중, 사사로운 원한으로 북도의 관노(官奴)를 죽였다는 죄목으로 의금부에 투옥되어 옥사(獄死)한 것으로 추측된다. 《소재집(穌齋集)》과 《옥봉집(玉峯集)》 등 여러 곳에 그를 애도한 시가 나온다.

583 학문하는……있으니 : 주희(朱熹)가 이르기를 "글을 읽는 데는 먼저 《대학》을 읽어서 규모를 정하고, 다음으로 《논어》를 읽어서 근본을 세우며, 다음으로 《맹자》를 읽어서 발월함을 관찰하고, 다음으로 《중용》을 읽어서 고인의 미묘한 곳을 찾아야 한다.〔讀書, 先讀大學, 以定其規模; 次讀論語, 以立其根本; 次讀孟子, 以觀其發越; 次讀中庸, 以求古人之微妙處.〕"라고 하였다. 《性理大全 卷54 學12 讀書法》

584 응당……되리 : 《대학장구(大學章句)》 경 1장의 글은 공자의 말로 되어 있는데, 역대 성인(聖人)으로 말하자면, 주공(周公)이 공자 직전의 성인이므로, 여기서는 《대학》의 글로 보더라도 공자가 주공보다 더 훌륭한 성인임을 알아야 한다는 뜻이다.

소생을 보내다

送蘇生

백광훈(白光勳), 문익세(文益世)의 운을 사용하여 주다.

하늘이 내신 위대한 휘국공[585]께서	天縱徽公大
공자의 오묘한 말씀을 깊이 탐구하여	深探孔氏微
사서를 더없이 상세하게 집주했으니	四書分解盡
한 글자도 빼거나 더할 바가 아니라네	一字減添非
문은 창려의 법칙을 그대로 지켰고[586]	文守昌黎軌
시부는 굴송의 경지를 엿보았으니[587]	騷窺屈宋扉
우선 그 글을 부지런히 읽고 완미하면	且須勤讀玩
필경엔 저절로 요지를 얻게 될 걸세	終自得要歸

585 휘국공(徽國公) : 남송 이종(南宋理宗) 초기에 주희(朱熹)에게 추봉(追封)한 봉호로, 주희를 가리킨다.

586 문(文)은……지켰고 : 창려(昌黎)는 창려백(昌黎伯)에 추봉된 당대(唐代)의 유자(儒者)이며 문장가인 한유(韓愈)의 호이다. 그는 당시 변려문(駢儷文)이 유행하는 것을 개탄하고 고문(古文)의 부흥을 제창하여 후인들의 사법(師法)이 되었다.《新唐書 卷176 韓愈列傳》여기서는 주희가 한유의 문장 법칙을 그대로 따랐다는 뜻이다.

587 시부(詩賦)는……엿보았으니 : 굴송(屈宋)은 전국 시대 초(楚)나라의 충신으로 특히 사부(辭賦)의 원조로 칭송되는 굴원(屈原)과 그의 제자로 사부에 뛰어났던 송옥(宋玉)을 병칭한 말이다. 여기서는 주희 또한 그 시부가 굴원, 송옥의 경지에 접근했다는 뜻이다.

또 제하다

又題

혹문[588]은 분석이 더욱 섬세하거니와	或問尤纖悉
충직한 말씀이 어찌 은미하리오[589]	忠言詎隱微
먼저 이 혹문을 따라서 익혀 간다면	先從此卷熟
과거에 잘못 이해한 걸 점차 깨닫게 되리	漸覺往時非
여가에는 조용히 앉아 마음을 기르고	餘力仍淸坐
긴 겨울엔 문 닫고 글 읽기도 좋으리니	三冬好掩扉
응당 이 늙은이 정신이 혼몽하여	應慙老夫耄
중도에서 갈데없는 꼴을 부끄러워하리[590]	半道莽無歸

588 혹문(或問) : 주희가 사서(四書)의 장구(章句) 또는 집주(集註)를 저술하고 나서 다시 제가(諸家)의 설(說)들이 서로 어긋나 일치하지 못한 점을 바로잡고자 문답 형식을 취하여 제가의 설을 취사선택하여 지은 《대학혹문(大學或問)》, 《중용혹문(中庸或問)》, 《논어혹문(論語或問)》, 《맹자혹문(孟子或問)》을 지칭한다.

589 충직한……은미하리오 : 주희의 사서에 대한 혹문이 아주 은미한 뜻을 부여하지 않고 누구나 알아보기 쉽게 정리해 놓았다는 뜻이다.

590 응당……부끄러워하리 : 중도에서 갈데없는 꼴이라는 것은 저자의 학문이 중도에 폐하여 조예가 깊지 못하다는 뜻의 겸사이다. 부끄러워한다는 것은 저자의 문생(門生)인 소오(蘇澳)의 처지에서 스승인 저자의 깊지 못한 학문을 부끄럽게 여길 것이라는 뜻으로, 이 역시 겸사이다.

홍천수[591]의 수찰을 받들다

奉洪川守手札

금지옥엽이라 귀한 왕손으로	玉葉王孫貴
명성 높은 이의 제자가 되었네[592]	龍門弟子行
명문가에서 충효와 우애가 극진했고	名家忠孝友
예학으론 관혼상제례를 배워 익혔네	禮學冠昏喪
이역에서 늦게야 서로 만나고 보니	異域相逢晚
동방[593]으로 이별의 한이 많기도 해라	同方別恨長
거닐며 읊조리는 늪가의 늙은이[594]에게	行吟澤畔老
한중왕의 수찰이 빛나기도 하여라[595]	手札漢中光

591 홍천수(洪川守) : 종실(宗室) 이섭(李燮)이다. 조부 강양군(江陽君) 이숙(李潚)은 세종의 아들 계양군(桂陽君)의 둘째 아들이고 계양군은 세조 때 좌익 일등공신(佐翼一等功臣)에 책록되었다.

592 명성……되었네 : 이섭(李燮)이 저명한 유학자인 이중호(李仲虎, 1512~1554)를 사사했기 때문에 이른 말이다. 이중호는 효령대군(孝寧大君)의 현손(玄孫)이다.

593 동방(同方) : 지향(志向)을 같이한다는 뜻이다. 《예기(禮記)》 〈유행(儒行)〉에 "선비는 뜻을 합하여 방향을 같이하고, 도를 영위함엔 행위를 같이한다.〔儒有合志同方, 營道同術.〕"라고 하였다.

594 거닐며……늙은이 : 자신을 굴원의 처지에 빗대서 한 말이다. 66쪽 주80 참조.

595 한중왕(漢中王)의……하여라 : 한중왕은 당(唐)나라 종실(宗室)로 한중왕에 봉해진 이우(李瑀)를 가리킨다. 두보(杜甫)가 그로부터 수찰(手札)을 받고 매우 영광스러워한 데서 온 말이다. 〈봉한중왕수찰(奉漢中王手札)〉이라는 제목의 시가 두 수 있다. 《杜少陵詩集 卷15》 저자가 조선의 종실로서 한중왕과 같은 이씨인 홍천수로부터 수찰을 받은 것을 두보의 일에 빗대서 한 말이다.

백생이 질문을 했는데 답변을 할 수가 없으므로 문공의 일용자경시[596]를 써서 주고, 인하여 감히 차운해서 그 밑에 쓰다

12월이다.

白生有問不能答書與文公日用自警詩仍敢次韻書其下 十二月

문공의 정력을 어찌 남긴 것이 있었으랴[597]	文公精力豈遺餘
글자 놓은 게 허자가 많지만 실은 허자가 아니지[598]	着字多虛也不虛
공맹의 도를 밝힌 건 참으로 포백과 같거니와[599]	孔孟道明眞布帛

596 문공(文公)의 일용자경시(日用自警詩) : 문공은 시호가 문(文)인 주희(朱熹)이고 일용자경시는 그의 〈일용자경시평보(日用自警示平父)〉라는 시이다. "원만 융통하여 끝도 가도 더없이 큰 것이, 그게 바로 적막하고 텅 빈 이 신심이라네. 일상생활 속에서 맹렬히 반성하지 않으면, 되레 그 어디서 참다운 도미를 맛볼 수 있으랴. 평상시 응대에는 더욱 삼가야 하거니와, 황급한 때의 행위도 거칠게 말아야지. 어느 날 환히 깨어 별체가 없다는 걸 알아야만, 비로소 공부를 잘못하지 않았음을 알리라.〔圓融無際大無餘, 卽此身心是太虛. 不向用時勤猛省, 却於何處味眞腴? 尋常應對尤須謹, 造次施爲更莫疎. 一日洞然無別體, 方知不枉費工夫.〕"《晦庵集 卷6》

597 문공(文公)의……있었으랴 : 문공은 주희를 지칭한다. 정력을 남긴 것이 없었다는 것은 주희가 후학들을 계도하기 위한 학설을 정리함에 정력을 남김없이 다 쏟았다는 뜻이다.

598 글자……아니지 : 허자(虛字)란 단독으로 문구(文句)를 이루지 못하고, 문장 구성을 돕는 역할만 하는 글자로, 조사(助詞) 같은 것을 이른다. 여기서는 주희의 학설에는 조사 같은 것들이 많지만, 그것은 실상 그 학설에 꼭 필요한 실자(實字)라는 뜻이다.

599 공맹(孔孟)의……같거니와 : 공맹의 도를 밝힌 것이란 주희가 저술한 《논어집주(論語集註)》, 《맹자집주(孟子集註)》를 말한다. 포백(布帛)은 포백 숙속(布帛菽粟)의 약칭으로, 의식(衣食)의 주요한 물품인 옷감과 곡식을 말한다. 이것은 사람마다 익히 사용하는 것이므로, 지극히 평범하면서도 지극히 유익한 것에 비유한다. 《송사(宋史)》

증사의 말을 천명한 건 고유를 흠뻑 남기었네[600] 曾思辭闡賸膏腴
두 편의 혹문[601]은 더욱 상세하고 주밀하거니와 二篇或問益詳密
여섯 조목의 독서법[602]은 허술함이 없고말고 六法讀書無闕疎
말만 잘한 건 되레 지붕 밑의 지붕이 되거니와[603] 善說還爲屋下屋
슬프다 거의 죽게 된 마음 놓쳐 버린[604] 이 늙은이여 哀哉垂死放心夫

권427 〈도학열전(道學列傳) 정이(程頤)〉에 "그가 남긴 말의 뜻은 마치 옷감, 곡식과 같은 것이다.〔其言之旨, 若布帛菽粟然.〕"라고 하였다. 주희의 집주(集註)가 후인들에게 포백처럼 유익하다는 뜻이다.

600 증사(曾思)의……남기었네 : 증사는 《대학》을 저술한 증자(曾子)와 《중용》을 저술한 자사(子思)의 병칭이다. 고유(膏腴)란 고인이 남긴 훌륭한 은택을 비유한다. 주희가 《대학집주》, 《중용집주》를 저술하여 후인들에게 많은 은택을 내렸다는 뜻이다.

601 두 편의 혹문 : 주희가 저술한 《대학혹문(大學或問)》, 《중용혹문(中庸或問)》이다.

602 여섯 조목의 독서법(讀書法) : 독서법은 글 읽는 법칙이란 뜻이다. 주희가 늘 말하던 것인데, 뒤에 문인(門人) 보한경(輔漢卿)이 《주자독서법(朱子讀書法)》을 편집하여 차례에 따라 점차 나아감〔循序漸進〕, 많이 읽고 정밀히 생각함〔熟讀精思〕, 마음을 텅 비우고 조용히 젖어듦〔虛心涵泳〕, 자기에게 절실하게 몸으로 성찰함〔切己體察〕, 긴절하게 힘을 씀〔著緊用力〕, 항상 공경으로 뜻을 가다듬음〔居敬持志〕의 여섯 조목으로 독서법을 밝혔다. 《朱子讀書法 原序》

603 말만……되거니와 : 지붕 밑의 지붕이 된다는 것은 타인(他人)의 작품에 군더더기가 될 뿐이라는 뜻이다. 주희가 장식(張栻)에게 답한 편지에 "내가 평소 경서를 주해한 것은 장구를 가장 준수하는 자들을 위한 일이다. 그러나 또한 글 뜻을 미루어 부연함으로써 스스로 한 편의 문자를 이룬 것이 많다 보니, 지붕 밑에 또 지붕을 가설한 격이어서 설득한 의미가 싱거울 뿐만 아니라, 보는 사람들로 하여금 주해와 경문을 두 가지 공부로 간주하게 하는 폐단이 있다.……〔蓋平日解經最爲守章句者. 然亦多是推衍文義, 自做一片文字, 非惟屋下架屋, 說得意味淡薄, 且是使人看者, 將注與經作兩項.……〕"라고 하였다. 《晦庵集 卷31》

604 마음 놓쳐 버린 : 마음을 놓쳐 버렸다는 것은 외물(外物)에 유혹되어 선심(善心)을 잃게 됨을 말한다. 자세한 내용은 184쪽 주396 참조.

다시 놓아 버린 마음을 구하라[605]는 뜻으로 시를 지어 주다
復以求放心爲贈

스스로 놓아 버린 마음은 스스로 찾아야 하거니　自放其心當自求
찾기만 하면 바로 다시 내 몸에 수습되느니라　才求便復入身收
바야흐로 학문을 하여 도를 밝힐 수 있어야만　方能問學明夫道
그런 다음에 실천으로 갈 길을 바로잡게 되리라　然後修爲正所由
동할 때 성찰하고 정할 때 존양함엔 체용이 갖춰지고[606]
動察靜存該體用
영달하면 행하고 궁하면 지킴엔 원류가 한가지라네[607]

605 놓아……구하라 : 맹자가 이르기를 “인은 사람의 마음이요, 의는 사람의 길이다. 그 길을 버리고 따라가지 않으며, 그 마음을 놓아 버리고 찾을 줄을 모르니, 슬프다. 사람이 닭이나 개를 잃었을 때는 찾을 줄을 알지만, 자기 마음은 놓아 버리고도 찾을 줄을 모르니, 학문하는 도리는 다른 것이 없다. 그 놓아 버린 마음을 찾는 것뿐이다.〔仁, 人心也；義, 人路也. 舍其路而不由, 放其心而不求, 哀哉! 人有鷄犬放, 則知求之, 有放心而不知求. 學問之道, 無他. 求其放心而已矣.〕”라고 하였다.《孟子 告子上》

606 동(動)할……갖춰지고 : 남송(南宋)의 유학자 진덕수(眞悳秀)는 “고요함이란 사물을 대하기 전에 해당하고, 움직임이란 사물을 대했을 때에 해당하는데, 고요한 가운데 마음을 보존하여 기르면 천리의 본연 그대로를 온전히 간직할 수 있고, 움직이는 가운데 스스로 성찰하면 인욕이 싹트려고 하는 시점에서 막을 수 있다.〔靜者, 未應物之時；動者, 應物之際. 靜而存養, 則有以存天理之本然；動而省察, 則有以防人欲於將萌.〕”라고 하였다.《西山文集 卷18 衍義九經節》 여기서 고요한 가운데 마음을 보존하여 기르는 것은 체용(體用)의 ‘체’이고, 움직이는 가운데 스스로 성찰하는 것은 ‘용’이다.

607 영달하면……한가지라네 : 영달하면 행하고 궁하면 지킨다는 것은 세상에 쓰임을 받았을 때는 도를 행하고, 궁할 때는 자신의 지조를 굳게 지킨다는 의미이다. 맹자가

達行窮守一源流

아 수많은 성인들이 서로 전수한 심법 가운데　嗚呼千聖相傳法

무엇을 먼저 착수할꼬 바로 놓친 마음 찾는 걸세　下手何先卽放求

이르기를 "옛사람이 뜻을 얻으면 그 은택이 백성에게 입혀지고, 뜻을 얻지 못하면 몸을 닦아 세상에 드러나니, 궁할 때는 자기 몸만을 홀로 선하게 하고, 영달했을 때는 천하 사람을 겸하여 선하게 한다.〔古之人, 得志, 澤加於民; 不得志, 修身見於世. 窮則獨善其身, 達則兼善天下.〕"라고 하였다.《孟子 盡心上》 원류(源流)는 물의 근원과 흐르는 줄기를 말한 것으로, 근원과 흐름이 한가지라는 것은 궁할 때의 처신과 영달할 때의 처신이 일맥상통한다는 뜻이다.

새집에 이사한 백생 창경에게 수답하여 부치다

酬寄白生彰卿新居

상고하건대, 백광훈(白光勳)의 자가 창경(彰卿)이다.

군자가 살면 무슨 누추함이 있으랴[608]	君子居何陋
우리 창경이 기필코 이 물가를 찾았네그려	吾卿必此潯
월출산은 낭산을 굽이돌아 빼어나고[609]	峯紆浪山秀
계곡은 옥천[610]을 빙 둘러 깊기도 하여라	溪遶玉泉深
운곡은 지금 소식이 돈절하거니와[611]	雲谷無消息
도화원은 찾느라 헛고생만 했지[612]	花源費討尋

608 군자(君子)가……있으랴 : 공자가 구이(九夷) 지역에 가서 살고 싶어 하자, 혹자가 말하기를 "누추한 곳인데, 어떻게 살겠습니까?〔陋, 如之何?〕" 하니, 공자가 이르기를 "군자가 거주한다면 무슨 누추함이 있겠는가.〔君子居之, 何陋之有?〕"라고 하였다. 《論語 子罕》

609 월출산은……빼어나고 : 낭산(朗山)은 전라남도 영암군(靈巖郡)의 고호이다. 원문은 '浪山'인데, '朗山'으로 바로잡아 번역하였다. 그리고 영암에는 월출산이 가장 명산으로 꼽힌다.

610 옥천(玉泉) : 옥천은 전라남도 해남 지역의 옛 지명으로 본래 영암군 냉천부곡(冷泉部曲)이었는데, 고려 때에는 옥천현(玉泉縣)이 되었다. 조선 시대에는 옥천현을 남북으로 양분하여 북부를 옥천시면(玉泉始面), 남부를 옥천종면(玉泉終面)이라고 하였다.

611 운곡(雲谷)은……돈절하거니와 : 운곡은 복건성(福建省) 건양현(建陽縣) 서북쪽으로 70리쯤에 있는 산명(山名)으로 무이산(武夷山)과 접경을 이루는데, 주희(朱熹)가 이곳에 집을 짓고 글을 읽었다. 여기서는 운곡산의 주희 행적은 다시 찾을 길이 없지만, 백광훈(白光勳)이 영암의 깊은 산중(山中)에 들어가 집을 짓고 학문에 전념하는 것을 보고 주희를 연상하여 이른 말이다.

몇 칸 집은 도잠의 협소한 초가집 같고[613] 幾間陶屋白

한 이랑엔 소옹의 안락와 그늘이 내렸으리[614] 一畝邵窩陰

마구간 창고는 어찌 사당 먼저 지을쏜가[615] 廐庫寧先廟

612 도화원(桃花源)은……했지 : 도화원에 대한 고사는 도잠(陶潛)의 〈도화원기(桃花源記)〉에 나온다. 동진(東晉)의 태원(太元) 연간에 무릉(武陵)의 한 어부가 시내를 따라 한없이 올라가다가 갑자기 도화림(桃花林)이 찬란한 선경을 만나 그곳에 들어가니, 일찍이 선대(先代)에 진(秦)나라 때의 난리를 피해 처자를 거느리고 그곳에 들어와 대대로 살고 있다는 사람들을 만났다. 그들로부터 극진한 대접을 받고, 수일 후에 그곳을 떠나서 그 배를 타고 다시 수일 전에 갔던 길을 되돌아오면서 곳곳마다 표시해 놓고 돌아와서는 본군(本郡)의 태수에게 이 사실을 얘기하자, 그 말을 들은 태수가 즉시 사람을 보내서 가 보게 했으나, 그 표시해 놓은 곳을 낱낱이 찾아가다가 마침내 길을 잃고 말았고, 그 후로는 다시 그 도화림을 찾을 수 없었다고 한다.《陶淵明集 卷6》 여기서는 도화원은 다시 찾을 길이 없지만, 백광훈이 거주하고 있는 영암의 깊은 산중도 도화원에 못지않다는 의미이다.

613 몇……같고 : 도잠은 동진(東晉)의 처사(處士)로서 생활이 매우 한빈(寒貧)하였는데, 여기서는 백광훈의 한빈한 생활을 도잠에 빗대서 한 말이다.

614 한……내렸으리 : 안락와(安樂窩)는 북송(北宋)의 유학자 소옹(邵雍)의 거실 이름이다. 소옹은 북송 시대에 정치가 가장 잘되던 시절인 인종(仁宗), 신종(神宗) 연간을 살면서 한 번도 벼슬길에는 나가지 않고 오직 학문에만 전념하였으며, 당대의 현상(賢相)인 부필(富弼), 사마광(司馬光), 여공저(呂公著) 등과 낙양(洛陽)에서 서로 종유(從遊)하였고, 자기 거실을 안락와라 하고 또 스스로 안락(安樂) 선생이라 호칭하고 일생을 유유자적하였다. 한 이랑이란 한 이랑쯤 되는 아주 작은 집을 말한다.《예기》〈유행(儒行)〉에 "선비는 한 이랑의 집이 있으되, 매우 협소한 집에다 대로 엮은 사립에 홀만 한 출입구를 내고, 거적문에 옹기 구멍의 들창을 낸다.〔儒有一畝之宮, 環堵之室, 篳門圭窬, 蓬戶甕牖.〕"라고 한 데서 온 말로, 아주 한빈한 선비의 누추한 거처를 이른다. 여기서는 백광훈의 집을 소옹의 안락와에 빗대서 한 말이다.

615 마구간……지을쏜가 :《예기》〈곡례(曲禮)〉에 "군자가 집을 지을 때에는 종묘를 먼저 세우고, 마구간과 창고를 그다음으로 세우고, 거실을 맨 나중에 짓는다.〔君子將營宮室, 宗廟爲先, 廐庫爲次, 居室爲後.〕"라고 하였다.

정주 부뚜막엔 바로 도마를 설치해야지	庖陘卽次砧
재소[616]를 두는 건 사려를 수양하기 위함이요	置齋要養慮
서당을 여는 건 마음을 담론하기 위함이라네	開塾爲論心
서책들은 규벽[617]처럼 벌여 있고	方策森圭璧
경계의 말들은 폄침처럼 게시되었지[618]	規箴揭砭鍼
곤궁함을 편히 여겨 원안처럼 눈 속에 누웠고[619]	安窮臥袁雪
농사가 걱정되면 은나라 장맛비를 바라리라[620]	憂歲望殷霖
기장과 차조는 술 빚을 거리가 넉넉하고	黍秫餘私釀
고치실 삼실은 부세의 포백으로 바치겠지	桑麻給賦紝
연을 심어 놓으면 거북이 나와 볕을 쬘 게고[621]	植蓮龜出曝
대를 옮겨다 심으면 봉황이 와서 울리리[622]	移竹鳳來吟

616 재소(齋所) : 제사를 지내기에 앞서 재계하고 습례(習禮)하는 장소이다.

617 규벽(圭璧) : 옛날에 제왕과 제후가 제사 또는 조빙(朝聘) 때에 사용하던 옥(玉)을 말하는데, 전하여 아주 귀중한 물건을 비유한다.

618 경계의……게시되었지 : 폄침(砭鍼)은 돌침과 쇠침을 병칭한 말로, 성현(聖賢)들의 경계한 말들이 질병을 치유하는 침과 같이 게시되어 있다는 뜻이다.

619 곤궁함을……누웠고 : 원안(袁安)의 지조를 사모한다는 뜻이다. 131쪽 주266 참조.

620 농사가……바라리라 : 은(殷)나라 장맛비란 은 고종(殷高宗)이 현상(賢相) 부열(傅說)에게 이르기를 "내가 만일 큰 냇물을 건너려거든 그대를 사용하여 배와 노로 삼을 것이며, 만일 해가 큰 가뭄이 들거든 그대를 사용하여 장맛비로 삼을 것이다.〔若濟巨川, 用汝, 作舟楫; 若歲大旱, 用汝, 作霖雨.〕"라고 한 데서 온 말이다. 《書經 說命上》

621 연(蓮)을……게고 : 당대(唐代)의 시인 사공서(司空曙)의 〈과보경사(過寶慶寺)〉에 "연못에 해 밝을 땐 거북이 나와 볕을 쬐고, 솔숲이 어두워지자 학은 날아 돌아오네.〔池晴龜出曝, 松暮鶴飛回.〕"라고 하였다. 《唐百家詩選 卷8》

622 대를……울리라 : 봉황은 대나무 열매만 먹는다는 데서 온 말이다. 《시경》〈대아(大雅) 권아(卷阿)〉의 전(箋)에 "봉황의 성질은 오동나무가 아니면 깃들이지 않고,

지경이 궁벽해 자리 다툴 사람은 없거니와[623] 境僻無爭席
숲은 깊지만 이불에도 부끄럽지 않으리라[624] 林深不媿衾
말을 잘한 이는 바로 상사였거니와[625] 能言是商賜
느리게 걷는 이는 어찌 제잠과 같으랴[626] 緩步豈齊岑
풍월 아래 한가함은 예전 같거니와[627] 風月閑依舊
관량은 지금까지 닫혀만 있다오[628] 關梁閉至今

대 열매가 아니면 먹지 않는다.〔鳳凰之性, 非梧桐不棲, 非竹實不食.〕"라고 하였다.

623 지경(地境)이……없거니와 : 춘추 시대 양자거(陽子居)란 사람이 여관(旅館)에 묵을 적에 처음에는 그가 예모(禮貌)를 엄격히 차리자 다른 사람들이 모두 두려워하여 매우 조심스럽게 대접했는데, 노자(老子)의 가르침을 받고 나서 소탈한 태도를 보인 이후로는 다른 사람들이 그와 더불어 좋은 좌석을 서로 다툴 정도로 친숙해졌다는 고사에서 온 말이다.《莊子 寓言》 자리를 다툰다는 것은 꾸밈없이 순박한 태도로 서민들과 서로 어울리는 것을 의미하는데, 여기서는 그렇게 어울릴 만한 사람도 없다는 뜻이다.

624 이불에도 부끄럽지 않으리라 : 송대(宋代)의 유학자인 채원정(蔡元定)이 도주(道州)에 유배되어 있을 때 여러 자식에게 편지를 보내서 훈계하기를 "홀로 걸을 때에는 그림자에게도 부끄럽지 않게 하고, 홀로 잘 때에는 이불에도 부끄럽지 않게 해야 한다.〔獨行不愧影, 獨寢不愧衾.〕"라고 하였다.《宋史 卷434 儒林列傳 蔡元定》

625 말을……상사(商賜)였거니와 : 상사는 공자의 제자로, 자가 자하(子夏)인 복상(卜商)과 자가 자공(子貢)인 단목사(端木賜)를 병칭한 말로, 여기서는 백광훈(白光勳)의 문학은 자공이나 자하 같다는 뜻이다.

626 느리게……같으랴 : 제잠(齊岑)은 당대(唐代)의 시승(詩僧) 제기(齊己)와 시인 잠삼(岑參)을 병칭한 말인 듯한데, 제기가 확실한지는 자세하지 않다. 두보(杜甫)의 〈기팽주고삼십오적괵주잠이십칠장사삼삼십운(寄彭州高三十五適虢州岑二十七長史參三十韻)〉에 "고적 잠삼은 자못 느리게 걸었지만, 심약 포조와 문장 조예는 같았네.〔高岑殊緩步, 沈鮑得同行.〕"라고 하였다. 느리게 걷는다는 것은 벼슬길 발탁이 늦은 것을 말한다.《杜少陵詩集 卷8》 여기서는 백광훈의 벼슬길 발탁이 늦지 않으리라는 뜻이다.

627 풍월(風月)……같거니와 : 청풍명월(淸風明月) 아래 한가로운 정취는 예전대로 누린다는 뜻이다.

아직 죽음 안 당한 곤[629]을 누가 가련해하랴만	誰憐未殛鯀
내 스스로 불공한 전금이 될 뿐이라네[630]	自作不恭禽
곳곳에선 산양의 젓대 소리가 들리고[631]	處處山陽笛
멀리 누추한 시골에서 거문고 소리도 들리네[632]	迢迢巷裡琴

628 관량(關梁)은……있다오 : 관량은 문빗장을 이른다. 굴원(屈原)의 제자 송옥(宋玉)이 충신으로서 조정에서 쫓겨난 자기 스승을 몹시 애처로이 여겨 그 뜻을 서술한 〈구변(九辯)〉에 "답답한 이 심정 어찌 군왕을 생각지 않으랴만, 군왕의 궁문은 구중으로 닫혀 있네. 사나운 개들은 으르렁대며 가로막고 짖어 대고, 구중문의 문빗장은 꽉 잠기어 통할 수가 없도다.〔豈不鬱陶而思君兮, 君之門以九重. 猛犬狺狺而迎吠兮, 關梁閉而不通.〕"라고 하였다.《楚辭 九辯》 여기서는 저자가 임금을 만날 수 없음을 굴원에 빗대서 한 말이다.

629 아직……곤(鯀) : 곤은 순(舜) 임금의 신하 이름이다.《서경》〈순전(舜典)〉에 "공공을 유주에 유배하고, 환두를 숭산에 내치고, 삼묘를 삼위에 유찬하고, 곤을 우산에 가두어 네 사람을 죄주시니, 천하가 다 복종하였다.〔流共工于幽洲, 放驩兜于崇山, 竄三苗于三危, 殛鯀于羽山, 四罪而天下咸服.〕"라고 하였다. 아직 죽음을 당하지 않은 곤이라고 한 것은 저자 자신을 곤에 빗대서 한 말이다.

630 내……뿐이라네 : 전금(展禽)은 춘추 시대 노(魯)나라의 대부 유하혜(柳下惠)의 성명이다. 불공(不恭)은 데면데면하고 태만함을 이른다. 맹자가 이르기를 "유하혜는 더러운 임금 섬김을 부끄러워하지 않고, 작은 벼슬도 낮게 여기지 않아서, 벼슬길에 나가서는 어짊을 숨기지 않아 반드시 그 도리를 다하였으며, 버림을 받아도 원망하지 않았고, 곤액을 당하여도 근심하지 않았다. 그러므로 그는 말하기를 '너는 너이고 나는 나이니, 네가 비록 내 곁에서 옷을 걷고 몸을 드러낸들 네가 어찌 나를 더럽힐 수 있겠는가.' 하였다.……백이는 협착하고 유하혜는 불공하니, 협착함과 불공함은 군자가 따르지 않는다.〔柳下惠, 不羞汚君, 不卑小官. 進不隱賢, 必以其道. 遺佚而不怨, 阨窮而不憫. 故曰爾爲爾, 我爲我, 雖袒裼裸裎於我側, 爾焉能浼我哉?……伯夷, 隘; 柳下惠, 不恭. 隘與不恭, 君子不由也.〕"라고 하였다.《孟子 公孫丑上》 저자 자신 또한 유하혜처럼 남들의 행위에 대해서는 전혀 상관하지 않고 데면데면하게 처신할 뿐이라는 뜻이다.

631 산양의……들리고 : 산양의 젓대 소리에 대해서는 244쪽 주581 참조.

응당 겸하여 정역을 생각하노니 應兼憶鄭驛

이 나그네 외로움을 헤아려 주게나[633] 相爲旅情斟

632 멀리……들리네 : 안자(顔子)는 누추한 시골에서 곤궁하게 지내면서도 거문고를 타며 도를 즐겼다. 여기서는 깊은 산중에 들어가 사는 백광훈을 안자에 빗대서 한 말이다. 《열자(列子)》 〈중니(仲尼)〉에 "중니가 한가히 있을 때, 자공이 입시하여 뵈니 공자께 근심스러운 기색이 있었다. 자공이 감히 그 까닭을 묻지 못하고 나와서 안회에게 그 사실을 말하였다. 안회가 거문고를 타며 노래를 부르자, 공자가 거문고 소리를 듣고는 과연 안회를 불러 들어갔다. 공자가 묻기를 '너는 어찌하여 홀로 즐기는고?' 하자, 안회가 말하기를 '선생님께서는 어찌하여 홀로 근심하십니까?' 하였다. 공자가 '네 뜻을 먼저 말해 보거라.' 하니, 안회가 '제가 예전에 선생님께 들으니, 「천도를 즐겨 따르고 운명을 알아서 편히 여기기 때문에 근심하지 않는다.」라고 하셨으므로, 저는 이 때문에 즐거워하는 것입니다.' 하였다.〔仲尼閑居, 子貢入侍而有憂色. 子貢不敢問, 出告顏回, 顏回援琴而歌. 孔子聞之, 果召回入, 問曰若奚獨樂? 回曰夫子奚獨憂? 孔子曰先言爾志! 曰吾昔聞之夫子, 曰樂天知命, 故不憂. 回所以樂也.〕"라고 하였다.

633 응당……주게나 : 정역(鄭驛)은 정당시(鄭當時)가 비치한 역마(驛馬)이다. 176쪽 주377 참조. 여기서는 저자 자신 또한 백광훈에게 자주 초대를 받았으면 하는 뜻으로 한 말이다. 두보(杜甫)의 〈주출강릉남포봉기정소윤심(舟出江陵南浦奉寄鄭少尹審)〉에 "지나는 길에 정역을 생각하노니, 나그네 외로운 정을 헤아려 주었더니라.〔經過憶鄭驛, 斟酌旅情孤.〕"라고 하였다. 《杜少陵詩集 卷22》

변사정,[634] 소오[635] 두 서생과 술을 마시고 취하여 쓰다 신유년[636] 1월이다.

與邊 士貞 蘇 澳 兩生飮醉書 辛酉正月

오늘 저녁이 이 어떤 저녁이던가　今夕是何夕
나그네가 좋은 사람들을 만난 때로세　羈人逢好人
풍류스러운 기개는 중간의 의기로움이요　風流仲幹義
화평하고 담박함은 정원의 어짊이로다　沖澹淨源仁
눈 오는 밤에 추위는 많이 누그러졌고　雪片寒都薄
등잔불은 기꺼이 친할 만하구나[637]　燈花喜可親
담론을 잘하는 그대들 때문에　能談三子故
다시 취중의 진면목을 드러내었네그려　更見醉中眞

중간(仲幹)은 변사정의 자이고, 정원(淨源)은 소오의 자이다.

634 변사정(邊士貞) : 1529～1596. 임진왜란 때의 의병장으로, 자는 중간(仲幹), 호는 도탄(桃灘)이고, 일재(一齋) 이항(李恒)의 문인이다.

635 소오(蘇澳) : 245쪽 주582 참조.

636 신유년 : 1561년(명종16)으로, 이때 저자는 47세였다.

637 등잔불은……만하구나 : 한유(韓愈)의 〈부독서성남(符讀書城南)〉에 "시절은 가을이라 장맛비가 개고, 서늘한 기운이 들녘에 들어오니, 등불을 점차 가까이할 만하고, 서책을 펴서 읽을 만도 하리라.〔時秋積雨霽, 新涼入郊墟. 燈火稍可親, 簡編可卷舒.〕"라고 하였다. 《東雅堂昌黎集註 卷6》 저자는 단지 글 읽기가 좋은 계절이라는 뜻으로 한 말이다. 한유의 시에는 등화(燈火)로 되어 있는데, 저자는 시의 평측(平仄)을 맞추기 위해 등화(燈花)로 전용하였다.

변사정이 하직하면서 가르침을 청하다

邊將辭請教

좋은 말 듣고 실행키 전에 또 들을까 두려워함이[638]	有聞未行唯恐聞
백세 뒤에까지 존경을 받을 만하지 않겠는가	莫能爲百世之尊
일재 노선생이 이미 요약하여 설명했거니[639]	一齋老子說已約
어찌 구구하게 앵무새 말을 기다릴 것 있으랴[640]	何待區區鸚鵡言
방심[641]을 찾는 게 공부 착수하는 시작이 되고	求放心爲下手端
성의를 세우는 게 만 줄기의 뿌리가 되나니[642]	立誠意是萬條根

638 좋은……두려워함이 : 《논어》 〈공야장(公冶長)〉에 "자로는 좋은 말을 듣고 미처 그 말을 실행하지 못하면 다른 좋은 말을 또 들을까 두려워했다.〔子路有聞, 未之能行, 唯恐有聞.〕"라고 하였다. 좋은 말을 또 들을까 두려워했다는 것은 이미 들은 좋은 말을 실행하기도 전에 또 좋은 말을 들을 경우, 이 말 저 말을 다 실행하지 못할까 염려해서이다.

639 일재(一齋)……설명했거니 : 일재는 조선 중기의 학자 이항(李恒)의 호이다. 이미 요약하여 설명했다는 것이 이항의 어떤 학설인지는 자세하지 않다.

640 어찌……있으랴 : 앵무새의 말이란 《예기》 〈곡례(曲禮)〉에 "앵무새는 말을 잘하나 나는 새에 지나지 않는다.〔鸚鵡能言, 不離飛鳥.〕"라고 한 데서 온 말이다. 진리를 모르고 말만 번드르르하게 하는 사람에 빗대서 한 말인데, 여기서는 저자 자신에 대한 겸사로 쓰였다. 《심경부주(心經附註)》에 의하면, 상채 사씨(上蔡謝氏)가 "명리의 관문을 통과해야만 비로소 다리를 세워 조금 쉴 곳이 있는데, 지금 사대부들은 어찌 말할 것이나 있겠는가. 말만 잘하는 것이 참으로 앵무새와 같을 뿐이다.〔透得名利關, 方是小歇處, 今之士大夫, 何足道? 能言眞如鸚鵡也.〕"라고 하였다. 《心經附註 卷4 鷄鳴而起章》

641 방심(放心) : 놓아 버린 선한 마음을 말한다. 184쪽 주396 참조.

이 밖엔[643] 배움이 없다 해도 나는 배웠다 말하리라　雖云未學吾云學
아주 미세한 데까지 논하는 건 따질 것 없고말고　不管絲毫極細論

642　성의(誠意)를……되나니 : 성의는《대학》팔조목(八條目) 가운데 하나로 '뜻을 성실히 하는 것'을 이른다. 그것이 심학(心學)의 가장 기본이 되기 때문에 한 말이다.

643　이 밖엔 : '이'라고 한 것은 바로 위의 구절에 나오는 '방심을 찾는 것'과 '성의를 세우는 것' 두 가지를 가리킨다.

크게 취하여 초솔하게 써서 주다

大醉胡書以贈

자응과 경로는	子膺與慶老
모두 내가 좋아하는 사람이거니와	俱是意中人
하서[644]는 지금 이미 세상을 떠났으니	西也今云逝
재공[645]은 누구와 다시 친한단 말인가	齋公誰復親

자응(子膺)과 경로(慶老)는 모두 변사정의 종형제(從兄弟)이다.○상고하건대, 자응은 노진(盧禛)[646]의 자이고, 경로는 김희년(金禧年)의 자이다.

644 하서(河西) : 김인후(金麟厚)의 호이다.

645 재공(齋公) : 일재(一齋) 이항(李恒)이다.

646 노진(盧禛) : 1518～1578. 자는 자응(子膺), 호는 옥계(玉溪)이다. 1546년(명종1) 증광 문과(增廣文科)에 급제한 이후 예조의 낭관(郎官)을 거쳐 지례 현감(知禮縣監)으로 나가 염근리(廉謹吏)에 선발되었다. 그 후 선조(宣祖) 때까지 수많은 내직과 외직을 역임하고, 대사헌, 예조와 이조의 판서에 이르렀다. 시호는 문효(文孝)이다.

돌아가는 소생을 보내다

送蘇生還

이때 《논어》를 읽었다.

동천 뒤건 남도 뒤건 성인의 도는 똑같아서[647]	東遷南渡一揆聖
근본과 규모는 두 건의 책[648]에 다 들어 있으니	根本規模兩件書
다만 평생토록 이 말[649]을 일삼아 실행한다면	只得窮年事斯語
저절로 유를 미뤄 그 나머지를 다할 수 있으리	自能推類盡其餘

647 동천(東遷)……똑같아서 : 동천은 주 평왕(周平王)이 견융(犬戎)을 피하여 호경(鎬京)에서 동쪽 낙읍(洛邑)으로 천도(遷都)한 것을 이르는데, 여기서는 동천 이후에 태어난 공자를 가리킨다. 남도(南渡)는 북송(北宋)의 마지막 임금인 고종(高宗)이 금(金)나라에 쫓겨 역시 장강(長江)을 건너서 임안(臨安)으로 천도한 일을 이른다. 여기서는 남도 이후에 태어난 주희(朱熹)를 가리키는 것으로, 즉 공자와 주희의 도가 서로 똑같다는 뜻이다.

648 두 건의 책 : 《논어》와 《대학》을 가리킨다. 245쪽 주583 참조.

649 이 말 : 《논어》와 《대학》의 내용을 이른다.

아우 무회에게 부치다

寄舍弟無悔

남들은 사는 것이 효도라고 하지만 人謂生爲孝
나는 죽는 게 행복하리란 걸 아노라 吾知死卽祥
차라리 구덩이를 덮고 호곡하시게 할망정[650] 無寧揜坎號
문려에 기대 기다리시는 걸 차마 견디리오[651] 可忍倚閭望
우주 간에 까마귀 소리는 끊어졌는데[652] 宇宙烏音斷

650 차라리……할망정 : 춘추 시대 오(吳)나라 연릉 계자(延陵季子)가 제(齊)나라에 갔다가 돌아오는 길에 그의 맏아들이 죽자, 제나라의 영읍(嬴邑)과 박읍(博邑)의 중간 지점에 장사를 지냈다. 그 광중(壙中)은 너무 깊지 않았고, 염습(斂襲)은 그때의 옷으로 하였다. 장사를 지내고 나서 봉분(封墳)을 하였는데, 가로와 길이가 겨우 구덩이를 덮을 만하였고, 그 높이는 손으로 짚을 만하였다. 그가 봉분을 마치고 나서는 왼팔 어깨를 드러내고 오른쪽으로 그 봉분을 한 번 돌고, 또 호곡(號哭)을 세 번 하고 말하기를 "뼈와 살이 흙으로 돌아가는 것은 운명이로다. 그러나 넋은 가지 못할 데가 없다. 가지 못할 데가 없다.〔骨肉歸復于土, 命也. 若魂氣則無不之也, 無不之也.〕" 하고, 마침내 그곳을 떠났다고 한다.《禮記 檀弓下》 저자 자신 또한 맏아들로서 부모를 섬기지 못하므로, 차라리 일찍 죽어서 아버지가 마치 연릉 계자처럼 자식을 위해 호곡하고 마는 것이 낫겠다는 뜻이다.

651 문려(門閭)에……견디리오 : 121쪽 주242 참조. 여기서는 저자의 어머니도 왕손가(王孫賈)의 어머니처럼 기다리시는 정황에 대해 차마 견딜 수 없다는 뜻이다.

652 우주(宇宙)……끊어졌는데 : 까마귀 새끼가 장성하면 먹이를 물어다가 제 어미에게 먹여 준다는 고사가 있는데, 이는 자식이 어버이의 은혜에 보답하는 것을 비유한다. 진(晉)나라 성공수(成公綏)의 〈오부(烏賦)〉에 "새끼가 이미 장성해 능히 날이여, 먹이를 물어다 어미에게 먹이도다.〔雛既壯而能飛兮, 乃銜食而反哺.〕"라고 하였다. 저자 자신은 자식으로서 부모를 봉양할 길이 없음을 한탄하는 뜻인 듯하다.

산하에 기러기 그림자는 멀기만 하겠네[653] 山河雁影長
나는 일생을 헛되이 늙어만 가고 있으니 百年空得老
세상만사가 죽는 것만 못하겠구나 萬事不如亡

엄감호(揜坎虢)가 다른 본에는 투장배(投杖拜)로 되어 있다.

653 산하(山河)에……하겠네 : 기러기는 형제간을 비유한다. 여기서는 저자가 먼 길에 아우를 보내면서 아우를 기러기에 빗대서 한 말이다.

나, 김 두 서생이 내방하였으므로, 더불어 마시고 취하여 노래하다

羅金二生來訪相與醉歌

나사율(羅士慄)[654]과 김천일(金千鎰)[655]인데, 모두 금성(錦城)에 살면서 일재(一齋)의 제자가 된 사람들이다.

일재를 꿈에도 못 뵌 지 오래인데[656]	不夢一齋久
도리어 이묘[657]를 처음으로 만났네	還逢二妙新

654 나사율(羅士慄) : ?~? 나주 나씨(羅州羅氏) 종중의 문헌에 의하면, 나사율의 자는 중은(仲殷), 자호(自號)는 정재(整齋)이다. 김천일(金千鎰)과 함께 이항(李恒)의 문하에서 수업하였고, 뒤에 이항의 천거로 금천 현감(衿川縣監)에 제수되었다. 고을을 잘 다스려 그곳 백성들이 물망비(勿忘碑)를 세웠다고 한다. 그는 김천일과 함께 저자의 배소(配所)를 수차 방문하여 학문을 배우고 논하였다.

655 김천일(金千鎰) : 1537~1593. 이항의 문하에서 수업하였고, 뒤에 유일(遺逸)로 천거되어 선조(宣祖) 초기에 군기시 주부(軍器寺主簿), 임실 현감(任實縣監) 등을 지냈다. 1592년 임진왜란이 일어나자, 고경명(高敬命), 최경회(崔慶會) 등과 함께 의병을 일으켜 크게 활약하였다. 왜적이 남으로 퇴각할 적에는 진주성(晉州城)에 주둔하여 사력을 다해 싸우다가 다른 의병장들이 차례로 적탄에 맞아 죽고 마침내 성이 함락되자, 아들 상건(象乾)과 함께 남강(南江)에 투신 자결하였다.

656 일재(一齋)를……오래인데 : 일재는 이항의 호이다. 꿈에도 못 뵈었다는 것은 몹시 뵙고 싶다는 뜻이다. 공자가 젊은 시절에는 주공(周公)의 도를 행하려는 굳은 의지 때문에 꿈속에서 가끔 주공을 보았는데, 늙어서는 의지 또한 쇠약해져서 다시는 꿈속에서 주공을 만나지 못하자, 이를 탄식하여 이르기를 "심하다, 나의 쇠함이여. 내가 다시 꿈속에서 주공을 만나지 못한 지가 오래되었다.〔甚矣吾衰也! 久矣吾不復夢見周公.〕"라고 하였다.《論語 述而》 저자가 일재를 뵙고 싶은 마음이 마치 공자가 주공을 뵙고 싶던 만큼 간절했음을 의미한다.

서로 전해 온 건 일재의 여론일 뿐이건만	相傳只餘論
저절로 경각한 자는 유독 이 외론 신하로세	自警獨孤臣
금리[658]의 거문고 청아한 가락 울리는 밤이요	錦里清琴夜
경사에는 흰 국화가 피는 계절이로다	燕京白菊辰
취해 부른 노래에도 화답해 준 이가 있으니	醉歌猶有和
늙은이 흥취가 어찌 신명 나지 않겠는가	老興豈無神

거문고와 분국(盆菊)을 가지고 와서 나를 위로해 주었기 때문에 한 말이다.

657 이묘(二妙) : 재예(才藝)로 이름난 나사율과 김천일을 가리킨다.

658 금리(錦里) : 전라도 나주(羅州)의 고호이다.

일재 선생을 받들어 생각하여 두 군자에게 보이다
奉懷一齋先生示二君子

의리로는 절로 사제 간이 되거니와	義自爲師弟
정리로는 원래 구생 간이기도 하네[659]	情原是舅甥
지하에서는 원례의 수레를 몰겠거니와[660]	泉途御元禮
해국은 연평과 멀리 떨어져 있도다[661]	海國隔延平
문장과 글씨는 당나라 삼성과 맞먹고[662]	札翰唐三聖

659 의리로는……하네 : 구생(舅甥)은 외숙(外叔)과 생질(甥姪)을 병칭한 말이다. 저자가 일재(一齋) 이항(李恒)에게 직접 수업한 적은 없지만, 의리상으로는 그가 스승이 될 만하고, 또 한편으로는 외당숙이다.

660 지하에서는……몰겠거니와 : 원례(元禮)는 후한(後漢) 때의 고사(高士) 이응(李膺)의 자이다. 당시 이응의 명성이 천하에 드높아서 누구든 그의 문(門)에 한번 왕래했다 하면 '등용문(登龍門)'이라 칭하였다. 당대의 명사였던 순상(荀爽)도 이응을 몹시 사모한 나머지, 이응을 찾아가 알현하였다. 그의 수레를 한번 몰고 돌아와서는 기뻐하며 "오늘에야 비로소 이군의 수레를 몰아 보게 되었다.〔今日乃得御李君矣〕"라고 하였다.《後漢書 卷67 黨錮列傳 李膺》 저자가 이씨인 이항을 사모하는 정을 마치 순상이 이응을 사모했던 데에 빗대서 한 말로, 저자가 살아서는 이항의 수레를 몰아 볼 기회가 없더라도 죽어 지하에 가서는 꼭 몰겠다는 뜻이다.

661 해국(海國)은……있도다 : 해국은 저자의 배소인 진도(珍島)이다. 연평(延平)은 주희(朱熹)의 스승인 이동(李侗)의 호이다. 저자가 스승으로 존경하는 이항 또한 이씨이므로, 그를 주희의 스승인 이동에 빗대서 한 말이다. 이때 이항이 전라도 태인(泰仁)에 거주하였으므로, 진도의 배소에 있는 저자로서는 만나기가 어려워 멀리 떨어져 있다고 표현하였다.

662 문장(文章)과……맞먹고 : 당(唐)나라 삼성(三聖)은 시선(詩仙)으로 칭송되는 이백(李白), 시성(詩聖)으로 칭송되는 두보(杜甫), 초성(草聖)으로 칭송되는 장욱(張

정직한 마음은 노나라 양생과 같다오[663] 心肝魯兩生

오두의 효력은 얻기가 어렵거니와[664] 烏頭難得力

旭)을 병칭한 말인 듯하다. 여기서는 이항(李恒)의 문장과 글씨가 위의 세 사람과 맞먹을 만하다는 뜻이다.

663 정직한……같다오 : 양생(兩生)은 노(魯)나라의 두 유생(儒生)을 가리킨다. 한(漢)나라 초기에 숙손통(叔孫通)이 한 고조(漢高祖)를 도와서 고례(古禮)를 모두 버리고 조정의 의례(儀禮)를 새로 제정하고자 하여, 노나라의 유생 30인을 불렀다. 그중에 두 유생은 끝내 부름에 응하지 않고, 숙손통에게 말하기를 "공이 섬긴 군주는 열 군주에 이르는데, 모두 아첨으로 섬기어 친귀를 얻은 것이다. 그런데 지금 천하가 막 정해진 터에 죽은 자는 아직 장사도 못 지냈고, 다친 자는 아직 일어나지도 못한 이때에 또 예악을 일으키려고 하는구려. 예악을 일으킬 수 있는 계제는 백 년 동안 덕을 쌓아야 일으킬 수 있으니, 우리는 공의 행위를 차마 같이할 수 없다. 공의 행위는 옛 도에 합치하지 않으니, 우리는 가지 않을 것이다. 공은 어서 가 버려서 우리를 더럽히지 말라.〔公所事者且十主, 皆面諛以得親貴. 今天下初定, 死者未葬, 傷者未起, 又欲起禮樂. 禮樂所由起, 積德百年而後可興也. 吾不忍爲公所爲. 公所爲不合古, 吾不行. 公往矣, 無汚我!〕"라고 하였다.《史記 卷99 叔孫通列傳》 여기서는 이항의 제자인 나사율(羅士慄), 김천일(金千鎰) 두 사람의 꿋꿋한 유학자 정신을 노나라의 두 유생에 빗대서 한 말이다.

664 오두(烏頭)의……어렵거니와 : 오두는 한약재인 부자(附子)의 별명인데, 독성이 강하며 진통 효과가 있다. 정이(程頤)의 제자인 사양좌(謝良佐)가 일찍이 스승인 정이를 뵙고 나서 돌아가려 하자, 역시 정이의 제자인 윤돈(尹焞)이 사양좌를 전송하면서 "무엇으로 나를 가르쳐 주겠는가?〔何以教我〕"라고 물었다. 사양좌가 "내가 조석으로 선생을 모시면서 행하신 것을 보면 그대로 배우고, 말씀하신 것이 있으면 그것을 기록하였으니, 이것을 비유하자면 마치 오두를 복용하는 사람과 같다. 오두를 막 복용했을 때에는 얼굴에 희색이 돌고 윤기가 흐르며, 근력도 강성해지지만, 어느 날 오두의 효력이 다 떨어진 뒤에는 장차 어찌해야겠는가.〔吾徒朝夕從先生, 見行則學, 聞言則識, 譬如有人服烏頭者. 方其服也, 顏色悅澤, 筋力强盛, 一旦烏頭力去, 將如之何?〕"라고 하였다.《二程外書 卷12》 여기서는 저자가 스승을 찾아가서 직접 배우지 못하는 것이 마치 오두를 복용하지 못해서 병을 치유할 수 없는 것과 같다는 뜻이다.

고기 배 속에 장사 지냄은 응당 안 놀란다네[665] 魚腹未應驚

665 고기……놀란다네 : 《초사》 〈어부사(漁父辭)〉에 "차라리 상강에 빠져 죽어서 물고기 배 속에서 장사를 지낼지언정, 어찌 이 깨끗한 몸으로 세속의 더러운 먼지를 뒤집어쓸 수 있겠는가.〔寧赴湘流, 葬於江魚之腹中, 安能以皓皓之白, 而蒙世俗之塵埃乎?〕" 라고 하였다. 저자 자신 또한 굴원처럼 한번 죽는 것에 대해서는 그리 놀라지 않겠다는 뜻이다.

제공의 변설 및 일재 선생의 말을 보고 느낌이 있어 그 후면에 제하다
觀諸公辯說及一齋先生語有感題其後

네 치 사이의 말은 비록 합치하려 하지만[666]	四寸間言雖欲合
지극히 미세한 이치는 끝내 타개하기 어렵지	毫芒底理竟難開
선생께서도 때로는 소홀함을 면치 못하시니	先生未免時疏脫
문득 이는 마음속으로 조작해 낸 때문이로다	却是心頭做出來

666 네……하지만 : 네 치 사이의 말이란, 《순자(荀子)》 〈권학(勸學)〉에 "소인이 공부하는 태도는, 귀로 듣고는 곧바로 입으로 내뱉는다. 입과 귀의 거리는 불과 네 치일 뿐이니, 일곱 자나 되는 이 몸을 어떻게 아름답게 할 수가 있겠는가.〔小人之學也, 入乎耳, 出乎口. 口耳之間則四寸耳, 曷足以美七尺之軀哉?〕"라고 한 데서 온 말이다. 이는 실학(實學)이 될 수 없는, '길에서 들은 일을 바로 길에서 말하는〔道聽塗說〕' 천박한 학문을 의미한다. 합치하려고 한다는 것은 억지로 합리화하려는 것을 의미한다.

평소 자신에 대한 서술은 사람으로 하여금 가슴을 치며 탄복케 한다. 참으로 하다 말다 하는 것을 걱정거리로 삼을 줄 안다면 어느덧 도에 가까워진 것이다

平生歷敍令人拊膺誠知作輟爲患便已近道矣

서술은 바로 김생(金生)이 자신을 서술한 것이다. '하다 말다〔作輟〕'라는 말 또한 그가 서술한 가운데 있는 말이다.

학문을 하는 덴 특별한 방법이 없으니	爲學別無法
그 요점은 오직 성실함에 달려 있다네	其要惟在誠
그렇지 않으면 어찌 사물이 있겠는가[667]	不然那有物
이것으로 말미암아 능히 밝아지느니라[668]	由此乃能明
이것은 오만 이치가 근본한 바이고	萬理所根本
오만 사특함을 치는 갑병에 해당하네	千邪之甲兵
이것이 천리를 통달하는 길이 되거니와	端爲徹上道
다만 종신토록 실천해야 하는 거라네	只得終身行

667 그렇지……있겠는가 : 《중용장구》 제25장에 "성실함은 사물의 시종이니, 성실하지 못하면 사물이 없게 된다. 그러므로 군자는 성실히 함을 귀히 여긴다.〔誠者, 物之終始, 不誠, 無物. 是故, 君子, 誠之爲貴.〕"라고 하였는데, 그 주석에 "천하의 사물은 모두 진실한 이치가 만든 것이므로, 반드시 이 이치를 얻은 뒤에야 이 사물이 있게 되는 것이다. 얻은 바의 이치가 다하여 없어지면 이 사물 또한 다하여 없어진다.〔天下之物, 皆實理之所爲. 故必得是理, 然後有是物. 所得之理旣盡, 則是物亦盡而無有矣.〕"라고 하였다.

668 이것으로……밝아지느니라 : '이것'이란 성실〔誠〕을 말한다. 《중용장구》 제21장에 "성실함으로 말미암아 밝아지는 것을 성이라 이르고, 밝음으로 말미암아 성실해지는 것을 교(敎)라 이르니, 성실하면 밝아지고, 밝아지면 성실해진다."라고 하였다.

두 서생에게 문방의 세 벗[669]을 선물로 주다

贐二生三友

천하에 희고 깨끗한 종이는 네 묶음이요	四束剡藤天下白
먹 두 자루와 붓 두 자루로다	陳玄二笏筆雙枝
궁년토록 취해 조느라 전혀 쓸 데가 없어	窮年醉睡渾無用
제군에게 주노니 듣고 본 것을 기록하게나	贐與諸君記聞知

669 문방(文房)의 세 벗 : 문방사우(文房四友) 가운데 벼루를 제외한 종이, 붓, 먹 세 가지이다.

이별을 상심하다

傷別

두 봉황새가 남녘 나무로 날아왔다가	雙鳳集南樹
가시나무라서 깃들일 수가 없었네그려[670]	剡棘不可棲
큰 가지는 바다 가운데 드러누웠고	大枝偃溟渤
작은 가지는 서릿바람에 울어 대누나[671]	小枝霜風啼

670 두……없었네그려 : 후한(後漢) 때 고성 영(考城令) 왕환(王渙)이 엄맹(嚴猛)한 정사(政事)를 숭상하다가, 그 고을 포(蒲)의 정장(亭長)인 구람(仇覽)이 덕으로 사람을 교화한다는 말을 듣고, 그를 주부(主簿)로 삼았다. 하루는 왕환이 "주부는 진원이란 사람의 죄과를 듣고도 처벌하지 않고 교화하였다 하니, 응전 같은 맹렬한 뜻이 적은 게 아닌가?〔主簿聞陳元之過, 不罪而化之, 得無少鷹鸇之志邪?〕"라고 하니, 구람이 말하기를 "응전이라는 것이 난새 봉새만 못합니다.〔鷹鸇不若鸞鳳〕"라고 하였다. 왕환이 사과하고 그를 보내면서 "가시나무는 난새 봉새가 깃들일 곳이 아니거니, 백 리 고을이 어찌 대현이 있을 곳이리오.〔枳棘非鸞鳳所棲, 百里豈大賢之路?〕"라고 하였다.《後漢書 卷76 循吏列傳 仇覽》 여기서는 앞에 나온 나사율, 김천일 두 서생을 봉황새에 빗대어, 그들이 자신 곁에 오래 머물 수 없다는 겸사로 한 말이다.

671 큰……대누나 : 큰 가지, 작은 가지는 위에 나온 남녘 나무의 가지를 말하는데, 큰 가지는 저자 자신을 가리키고, 작은 가지는 얼마 전에 저자와 작별하고 서울로 간 아우를 가리키는 듯하다.

혜원의 시에 차운하다

次韻慧遠

그대는 어찌하여 내 문정엘 다시 왔느뇨	儞何爲者復來庭
술 석 잔을 기울이고 시 네 구를 이루노라	三爵傾來四句成
내가 옷을 남겨 주려 해도 낡아서 못 주니	我欲留衣衣又敝
응당 이부의 몰인정한 태도를 조소하겠지[672]	應嘲吏部沒人情

672 내가……조소하겠지 : 이부(吏部)는 이부 시랑(吏部侍郎)을 지낸 한유(韓愈)를 가리킨다. 한유가 조주 자사(潮州刺史)로 폄척되어 있을 때 태전(太顚)이란 승려와 가까이 지냈는데, 한유가 그곳을 떠나 원주(袁州)로 옮겨 갈 때 그에게 의복을 주며 작별한 데서 온 말이다.《東雅堂昌黎集註 卷18》저자 역시 혜원(慧遠)이란 승려에게 의복을 남겨 주고 싶으나, 의복이 낡아서 줄 수가 없음을 이른다.

혜원에게 주어 작별하다 10월이다.

贈別遠公 十月

그대 모신책 졸렬함이 안타까워라	悶爾爲謀拙
삼 년 동안 안개 자욱한 해자 곁에 있다가	三年傍霧濠
내 타고난 성정이 게으른 걸 알고	知余所性懶
시월에 차가운 풍랑을 건너서 왔네	十月出風濤
또한 시는 더욱 터무니없음을 보겠어라	亦見詩尤妄
아직도 가르쳐 주길 굳게 청하는구려[673]	猶須請益牢
다정하지만 그대에게 무엇을 준단 말인가	多情贈箇甚
하나를 선택하자면 잡는 것이 제일일세[674]	揀得莫如操
마음을 잡는 건 보존키 위함이거니와	操是要存在
마음은 오직 달아나 도망치길 잘한다네	心惟善走逃
머리 돌리매 항상 응답을 그르치고[675]	頭回常錯應

673 또한……청하는구려 : 승려 혜원(慧遠)이 앞서도 저자에게 배우기를 누차 청했지만 그때마다 저자가 사양하고 돌려보냈는데, 또 그가 배우기를 청하는 시를 지어 가지고 왔기 때문에 한 말이다.

674 하나를……제일일세 : 잡는다는 것은 마음이 외물에 끌려가지 않도록 잘 잡아 간직하는 것이다. 맹자가 이르기를 "공자가 이르기를 '잡으면 보존되고 놓으면 잃게 되어, 드나듦이 정해진 때가 없으며, 그 정한 방향을 알 수 없는 것은 오직 마음을 두고 이른다.'라고 하셨다.〔孔子曰: 操則存, 舍則亡, 出入無時, 莫知其鄕, 惟心之謂與.〕"라고 하였다.《孟子 告子上》 학문하는 방법은 다양하지만, 그중에 하나를 선택하자면 마음을 잘 보존하는 것이 가장 중요하다는 뜻이다.

글을 읽어도 끝내 수고롭기만 할 뿐일세	書讀竟徒勞
기이한 복장[676]을 되레 신봉하여 입으니	異服還相信
어찌 떳떳한 말[677]로 자중할 수 있겠는가	庸言豈自高
산에 돌아가 가만히 앉아 궁리해 보게나	歸山試堅坐
두 눈에 가을 터럭이 들어오리라[678]	雙眼入秋毫

675 머리……그르치고 : 두보(杜甫)의 〈만성(漫成)〉에 “얼굴을 쳐들어 새 보는 걸 탐하다가, 머리 돌려 사람에게 응답함을 그르치네.〔仰面貪看鳥, 回頭錯應人.〕”라고 하였다.《杜少陵詩集 卷10》 여기서는 마음이 이리저리 갈려서 한 곳으로 집중하지 못하는 상태를 말한다.

676 기이한 복장 : 유교(儒敎)의 예제(禮制)에 맞지 않는 승복(僧服)을 지칭한다.

677 떳떳한 말 : 종교적인 고상하고 기이한 말이 아니라, 인간의 평범한 도리에 합치하는 평범한 말을 의미한다.《중용장구》 제13장에 “떳떳한 덕을 행하며, 떳떳한 말을 삼가서 한다.〔庸德之行, 庸言之謹.〕”라고 하였다.

678 두……들어오리라 : 가을 터럭이란 가을철에 아주 가늘어진 짐승의 터럭을 말한다. 여기서는 오묘한 진리에 비유했으니, 즉 조용히 궁리하다 보면 오묘한 진리가 눈앞에 보일 것이라는 뜻이다.

취하여 은 사미[679]를 작별하다

醉別恩沙彌

은 사미는 혜원(慧遠)을 스승으로 섬기고 있다.

혜원이 아닌데 어찌 혜원을 알랴마는	非遠寧知遠
나는 노씨지만 노씨임도 이미 잊었다네	雖盧亦忘盧
거친 풍파를 함께 건너온 나그네들이요	風波同渡客
오랜 세월 타관살이하는 한 선비로다[680]	歲月一羈儒

679 은 사미(恩沙彌) : '은(恩)'이란 호를 가진 남자 승려이다. 사미는 막 출가(出家)하여 십계(十戒)를 받은 나이 어린 승려이다.

680 거친……선비로다 : 나그네들은 승려 혜원과 그의 제자인 은(恩)을 지칭하고, 한 선비는 저자 자신을 가리킨다.

민 점마[681]에게 주다

贈閔點馬

이때 민 점마가 술을 가지고 찾아왔다.

한사가 떼를 타고 방문해 주니[682]	漢使浮査過
오창[683]은 허둥지둥 나가서 영접하였네	吳傖倒屣迎
남국의 술에 머리는 다 희었는데	白頭南國酒
십 년의 자자한 명성에 깜짝 반가웠네	青眼十年名
취중엔 둘이 다 나그네일 뿐이건만	醉裏俱爲客
깨고 나면 나 홀로 앉았는 정황이겠지	醒來獨坐情
응당 여옹과 함께 작별하고 나면[684]	應同呂翁別
다시 자건[685]과 더불어 명일을 맞이하리	還與子騫明

681 민 점마(閔點馬) : 점마관 민 아무〔閔某〕인 듯하나 누구인지 자세하지 않다.

682 한사(漢使)가……주니 : 한사는 한(漢)나라 사신(使臣) 장건(張騫)을 가리킨다. 125쪽 주251 참조. 민 점마관이 사명을 받들고 배를 타고 내려온 것을 장건의 고사에 빗대서 한 말이다.

683 오창(吳傖) : 창(傖)은 본디 비루하고 촌스러운 사람을 멸시하는 말이다. 위진(魏晉) 시대 이후 강동(江東) 오(吳) 지방 사람들이 남초(南楚) 지방 사람을 멸시하여 이렇게 호칭하였다. 조선의 가장 남방에 위치한 진도를 남초 지방에 빗대고, 저자 자신을 낮추어 '창'이라 칭한 것이다.

684 응당……나면 : 한단몽(邯鄲夢)에 관한 고사로 자세한 내용은 75쪽 주105 참조. 여기서는 저자 자신을 노생에 비유하여, 여옹과 작별한다는 것은 잠을 자고 깬다는 뜻이다.

685 자건(子騫) : 공자의 제자인 민자건(閔子騫)을 가리킨다. 민 점마관 또한 민자건과 같은 민씨이기 때문에 그를 민자건에 빗대서 한 말이다.

꿈을 깨고 나서 울면서 쓰다 11월이다.

夢覺泣書 十一月

양친은 자리 나누어 다락 가운데서 주무시고	雙親分席寢樓中
몸에 딸린 한 어린애는 난간 동쪽에 누웠네	一稚隨身臥檻東
이게 바로 신유년 동짓달 스무날 밤 꿈인데	辛酉中冬廿夜夢
기억해 보니 길한 꿈도 흉한 꿈도 아니구려	記來非吉亦非凶

소백우[686]에게서 《매월당집》[687] 네 권을 빌려다 보고 느낌이 있어 쓰다
從蘇伯遇借梅月堂四卷有感書

매월당 선생은 여사도 풍부했거니와[688]	梅月先生餘事富
음애[689] 노인은 또한 용심이 성근하였네	陰崖老子用心勤
이십구 년 전에 본 기억이 아직껏 남아 있어	尙存廿九年前眼

686 소백우(蘇伯遇) : 〈곡성향토지리지(谷城鄕土地理志)〉에 의하면, 백우(伯遇)는 소해(蘇邂)의 자이다. 소해는 생원시에 합격하고, 1563년(명종18) 8월 한성 판관(漢城判官)이 되었다. 다음 해 12월 곡성 현감(谷城縣監)으로 좌천되었는데, 사창(社倉)을 설치하는 등 많은 선정을 베풀어, 그곳 주민들이 곡성군 죽곡면 당동리에 공덕비(功德碑)를 세웠다는 기록이 있다. 그의 생몰년 등 기타 사항은 자세하지 않다.

687 매월당집(梅月堂集) : 매월당 김시습(金時習)의 문집이다. 김시습은 생육신(生六臣)의 한 사람으로, 문장과 불경(佛經)에도 뛰어났다.

688 매월당(梅月堂)……풍부했거니와 : 여사(餘事)란 크게 정력(精力)을 들이지 않은 일로, 예컨대 학덕(學德)이 뛰어난 사람이 문장까지 잘한다면, 그에게는 학덕이 주(主)가 되기 때문에 그를 가리켜 "문장은 여사이다."라고 하는 것이다. 소식(蘇軾)의 〈송구양추관부화주감주(送歐陽推官赴華州監酒)〉에 "문장은 바로 그의 여사이고요, 도를 배워 현묘한 경지를 탐구하였네.〔文章乃餘事, 學道探元窟.〕"라고 하였다. 《蘇東坡詩集 卷34》 김시습은 생육신의 한 사람으로 기절(氣節)이 뛰어난 인물이므로, 문장을 잘한 것 정도는 그에게 여사였다는 뜻이다.

689 음애(陰崖) : 이자(李耔)의 호이다. 이자는 연산군(燕山君) 때 문과(文科)에 장원한 이후, 중종(中宗) 연간에 여러 관직을 역임하고 벼슬이 우참찬에 올랐다. 기묘사화(己卯士禍)로 파직을 당하고, 음성(陰城)·충주(忠州) 등지에서 학문을 닦으며 여생을 마쳤다. 이 시의 자주(自註)에, 음애가 《매월당집》을 편집하고 발문(跋文)을 썼다는 말이 있다.

삼천 리 밖에서 애간장이 거듭 끊어지누나[690] 重斷三千里外魂

음애공(陰崖公)이 집록(輯錄)한 것으로 발문(跋文)이 있고, 두 노인[691]의 수적(手迹)이 완연하다.

690 이십구……끊어지누나 : 저자가 29년 전에 《매월당집》을 보고 감명을 받았는데, 그 후 지금에야 다시 보게 된 것이 너무나 감격스럽다는 말이다.

691 두 노인 : 《매월당집》의 저자인 김시습과 《매월당집》을 편집하고 발문을 쓴 이자를 말한다.

또 제하여 소백우에게 주다
又題贈蘇

지극한 보배에 어찌 일정한 주인이 있으랴	至寶何常主
지금은 이 보배를 소씨가 점유하였네	蘇氏今有之
언뜻 보아도 바로 예전에 보던 묵적이요	乍看卽舊墨
빨리 읽어 봐도 새로운 문장이 아니로다	急讀非新詞
비통한 내 눈물은 글줄 사이를 뿌려 대고	危涕灑行間
조수 머리엔 귀신의 비통함도 담긴 듯하네	潮頭沈鬼悲
옛일을 추억하니 온갖 생각에 속이 타누나	撫事煎百慮
고금의 각각 다른 풍조가 아득키만 하구려[692]	古今莽異宜
모르겠지만 내가 빌려 보고 돌려준 이후로는	不識自吾借
서로 전하여 다시 그 누구에게 있을런고	相傳當在誰
책을 펴고 다시 책을 덮곤 하는 동안	開卷復掩卷
천지간에 허연 수염만 늘 생겨나누나	乾坤生白髭

급(急)이 다른 본에는 질(疾)로 되어 있다.

692 고금(古今)의……하구려 : 고금을 막론하고 군자와 소인의 행위가 서로 다른 것을 이른다.

12월 8일 암회[693]의 서신을 받고 슬픔을 감당할 수 없어 밤에 6운을 지어 쓰다

十二月八日得巖會書悲不自勝夜書六韻

상고하건대, 주천(舟川)이 죽을 무렵에 유복자(遺腹子)에게 미리 암회(巖會)라는 자(字)를 지어 주었는데, 이해에 그 아이가 13세가 된 것이다. 뒤에 이름은 복성(復誠)으로 하였다.

내 친구 주천은 이미 떠나 버렸는데	吾友旣已矣
그 아이가 이만큼 자랐네그려	其兒如是哉
천성은 원망 숨기기를 부끄러워하고[694]	天資匿怨恥
효심은 시를 읽으면서 애통해하누나[695]	人事讀詩哀

693 암회(巖會) : 주천(舟川) 강유선(康惟善)의 유복자(遺腹子)인 강복성(康復誠, 1550~1634)의 자(字)이다. 이 시제(詩題)의 소주(小註)에 의하면, 강유선이 죽을 무렵에 유복자인 이 아이에게 자를 '암회'라고 지어 주었다. 강유선의 사적은 101쪽 주180 참조. 강복성의 다른 자는 명지(明之), 호는 죽간(竹磵)이다. 1579년(선조12) 사마시(司馬試)에 합격한 이후, 참봉(參奉), 사부(師傅), 찰방(察訪) 등을 거쳐 김제(金堤)·천안(天安)의 군수(郡守), 도총부 부총관(都摠府副摠管) 등을 역임하였다. 1623년 인조반정(仁祖反正) 후 부평 군수(富平郡守), 성주 목사(星州牧使)를 거쳐 지중추부사(知中樞府事)에 이르렀다.

694 천성은……부끄러워하고 : 원망 숨기기를 부끄러워한다는 것은 공자가 이르기를 "말을 잘하고 얼굴빛을 좋게 꾸미고 공손을 지나치게 하는 것을 좌구명이 부끄럽게 여겼는데, 나 또한 이를 부끄럽게 여기노라. 원망을 숨기고 그 사람과 사귀는 것을 좌구명이 부끄럽게 여겼는데, 나 또한 부끄럽게 여기노라.〔巧言令色足恭, 左丘明恥之, 丘亦恥之. 匿怨而友其人, 左丘明恥之, 丘亦恥之.〕"라고 한 데서 온 말이다.《論語 公冶長》 강유선의 아들 강복성 또한 천성이 정직하였음을 의미한다.

고아인 혜소의 운명은 기박했지만[696] 孤紹命雖舛
오륜의 정성은 또한 크고도 넓구려[697] 五倫誠亦恢
신명은 자당의 질병을 숨겨 키우고 神明護慈疾
상제는 가문의 재앙을 일으키었네[698] 上帝作門災

695 효심은……애통해하누나 : 진(晉)나라 왕부(王裒)가 자기 아버지가 비명(非命)에 죽은 것을 몹시 애통해하여, 《시경》을 읽다가 〈소아(小雅) 육아(蓼莪)〉의 "길고 큰 아름다운 쑥인 줄 알았더니, 아름다운 쑥이 아니라 저 천한 쑥이로다. 슬프고 슬퍼라 부모님이여, 나를 낳아 기르시느라 수고하셨도다.〔蓼蓼者莪, 匪莪伊蒿. 哀哀父母, 生我劬勞.〕"라는 대목에 이르면 항상 수없이 되풀이하여 읽으면서 눈물을 흘리곤 하였으므로, 그에게서 수업하는 제자들은 〈육아〉를 읽지 않았다고 한다. 《晉書 卷88 王裒列傳》 강복성 또한 효심이 지극하여 아버지 강유선(康惟善)이 비명에 죽은 것을 왕부처럼 몹시 애통해했다는 뜻이다.

696 고아인……기박했지만 : 혜소(嵇紹)는 진(晉)나라 때 죽림칠현의 한 사람인 혜강(嵇康)의 아들이다. 혜강은 죽림칠현의 한 사람인 산도(山濤)와 지기지우의 사이였다. 그가 소인의 참소를 입어 억울하게 죽음을 당하게 되었을 때, 자기 아들 혜소에게 이르기를 "거원이 있으니, 너는 외롭지 않을 것이다.〔巨源在, 汝不孤矣.〕"라고 했는데, 그 후 혜소는 과연 산도의 천거를 입어 벼슬길에 승승장구할 수 있었다. 거원은 산도의 자이다. 《晉書 卷43 山濤列傳》 비명에 죽은 강유선의 아들 강복성의 처지를, 역시 비명에 죽은 혜강의 아들 혜소의 처지에 빗대서 한 말이다.

697 오륜(五倫)의……넓구려 : 오륜은 후한(後漢) 때의 제오륜(第五倫)이다. 그는 효렴(孝廉)으로 천거되어 회계 태수(會稽太守)가 되었고, 뒤에 벼슬이 사공(司空)에 이르렀다. 천성이 강직하였으므로 혹자가 그에게 묻기를 "공에게도 사심이 있는가?〔公有私乎〕" 하자, 그가 대답하기를 "내 형의 아들이 아팠을 때는 하룻밤에 열 번을 가 보고도 물러와서는 잠을 편히 잤고, 내 아들이 아팠을 때는 비록 살펴보지는 않으면서도 밤새도록 잠을 이루지 못했으니, 어찌 사심이 없다고 할 수 있겠는가.〔吾兄子常病, 一夜十往, 退而安寢; 吾子有疾, 雖不省視, 而竟夕不眠. 豈可謂無私乎?〕"라고 하였다. 《後漢書 卷41 第五倫列傳》 강유선의 아우인 강경선(康景善)이 형의 아들인 강복성을 마치 제오륜이 형의 아들을 돌보듯 정성을 다해 돌봐 주고 있다는 뜻이다.

술은 마시어 깼다가는 다시 취하고 進酒醒還醉
온 편지는 덮었다 다시 펴 보곤 하네 來書闔復開
저승에 가서 이 세상의 일을 말한다면 九原談世累
응당 네 아비의 비웃음을 받으리라[699] 應受乃翁咍

여시(如是)가 다른 본에는 환재(還在)로 되어 있다.

698 신명(神明)은……일으키었네 : 자당(慈堂)은 강유선의 모친이고, 가문은 역시 강유선의 가문이다.

699 저승에……받으리라 : 강유선이 저자와는 동문(同門)이며 동서간이기도 한 터라, 만일 저자가 저승에 가서 강유선에게 그 집안의 이런저런 일들을 말한다면, 강유선이 저자에게 자기 집안을 돌봐 주지 않은 것을 비웃을 것이라는 뜻인 듯하다.

빗접[700]을 보내 준 사람에게 사례하다

謝人遺梳貼

남원부(南原府)의 막료(幕僚)인 홍이곤(洪以坤)[701]이 보내 주었다.

친구가 나를 멀리하지 않고자 하여 故人未肯疎
나에게 기름종이로 접은 빗접을 주었네 遺我紙藏梳
외면은 비스듬하게 접혔는데 外面從斜摺
중심은 절로 바르고 텅 비었구려 中心自正虛
비록 새벽 문안의 직무는 없지만[702] 縱無晨省職
나날이 새로워질 서책이야 폐하겠는가[703] 能廢日新書
두 사람[704]이 평안하다는 소식을 들으니 二子平安報

700 빗접 : 빗, 빗치개, 빗솔 등 머리를 빗는 데 쓰는 기구들을 담아 두는 그릇이다.

701 홍이곤(洪以坤) : 1515～1582. 자는 중순(仲順)이고, 한성 서윤(漢城庶尹), 남원 판관(南原判官) 및 재령(載寧), 수안(遂安), 고양(高陽), 정선(旌善), 안산(安山), 상원(祥原)의 군수(郡守)를 지냈다. 이이(李珥)의 부친 이원수(李元秀)와 내외종(內外從)이므로, 그의 사후에 이이가 묘갈명(墓碣銘)을 써 주기도 하였다.

702 새벽……없지만 : 자식이 부모를 섬길 때 저녁에는 잠자리를 보아 드리고, 새벽에는 문안을 드리되, 문안을 드리러 갈 때는 반드시 세수하고 머리 빗고 가 뵙는다. 그럴 직무가 없다는 것은 저자 자신은 부모를 직접 모시고 있지 않다는 말이다.

703 나날이……폐하겠는가 : 나날이 새로워진다는 것은 탕(湯) 임금의 반명(盤銘)에 "진실로 어느 날 새로워졌거든 나날이 새로워지고 또 날로 새로워져야 한다.〔苟日新, 日日新, 又日新.〕"라고 한 데서 온 말이다. 이는 탕 임금이 몸을 씻어서 때를 없애듯, 마음의 더러운 것도 날로 씻어서 새로워져야 한다고 경계한 것이다.《大學章句 傳2章》 여기서는 저자 역시 나날이 새로워지기 위해서는 반드시 머리를 빗고 의관을 정제하고 단정히 앉아서 글을 읽어야 하기 때문에 머리를 빗는 것이 필요하다는 뜻이다.

외론 신하는 그저 눈물만 흘릴 뿐이네 孤臣涕淚餘

서신 말미에 한(韓), 박(朴)이 평안하다는 안부를 전해 왔다.

704 두 사람 : 이 시의 자주(自註)에 나오는 한(韓), 박(朴) 두 사람을 가리키는데, 그들의 이름은 알 수 없다.

집에 보낼 편지를 다 쓰고 나서 울면서 30운을 쓰다

家書書訖泣書三十韻

내가 이 섬에 들어온 이후로 自我入此島
몇 번이나 이 서신을 썼던고 幾番書此書
한 번 쓰는 데 일천 간장이 다 녹았으니 一書斷百魂
간장이 있다 한들 그 얼마나 남았으랴 有魂能幾餘
지금 이미 십오 년이 지났는데도 今旣十五年
아직까지 쓰고 있는 건 무슨 까닭인가 尙能書何歟
어찌 하늘이 유독 차마 못하는 마음으로 豈天獨不忍
우리 부모를 위로해 주려는 게 아니리오 以慰父母且
다만 부모님께서는 이 서신을 받아 顧父母得書
펴 보시면 반드시 눈물이 옷깃을 적실 테니 見之必沾袪
옷깃 적신 눈물은 어느 때나 그칠런고 袪沾何時休
하늘이 나를 망치길 나는 바랄 뿐이네[705] 我願天喪予
범방 모친은 착한 범방을 잃었고[706] 范母喪善滂

705 하늘이……뿐이네 : 하늘이 나를 망친다는 것은 공자의 제자 안연(顔淵)이 죽었을 때, 공자가 도(道)를 전할 수 없게 됨을 몹시 슬프게 여겨 이르기를 "아, 하늘이 나를 망치는구나, 하늘이 나를 망치는구나.〔噫! 天喪予! 天喪予!〕"라고 한 데서 온 말이다. 《論語 先進》 저자 자신이 빨리 죽어서 스승에게 그런 말씀이나 한번 듣고, 부모님께서도 오래도록 자식 걱정을 하지 않게 했으면 하는 뜻이다.

706 범방(范滂)……잃었고 : 범방은 후한(後漢)의 고사(高士)이다. 그가 환제(桓帝) 때에 당고(黨錮)의 화(禍)에 연루되어 체포령이 내리자, 함께 도망치자는 현령(縣

공리 아버지는 재주 있는 백어를 잃었지만[707]	孔父喪才魚
슬픔이 지나쳤다는 말은 듣지 못했고	未聞哀至傷
성정이 끝내 예전처럼 평온해졌네	性情終自如
또한 각각 자기 아들이라 말하는 것이니[708]	亦各言其子
아우가 있어 혼정신성[709]을 의탁할 만한데	有季晨昏於

令) 곽읍(郭揖)의 청을 뿌리치고 자진하여 감옥으로 나아갈 적에 그의 모친이 나와서 영결(永訣)하므로, 그가 모친에게 "아우 중박이 효성스럽고 공경하여 넉넉히 어머니를 공양할 만합니다. 저는 이제 아버지 용서군을 따라 황천으로 돌아가면 생존한 이와 죽은 이가 각각 제자리를 얻게 될 것입니다. 오직 어머니께서는 차마 할 수 없는 은혜를 잘라 버리시어 너무 슬퍼하지 마소서.〔仲博孝敬, 足以供養. 滂從龍舒君歸黃泉, 存亡各得其所. 惟大人割不可忍之恩, 勿增感戚.〕"라고 하였다. 그의 모친이 이르기를 "네가 지금 이응, 두밀과 명성을 나란히 하게 되었으니, 죽은들 무슨 여한이 있겠느냐. 이미 훌륭한 명성을 얻고 다시 오래 살기까지 바란다면 다 겸하여 얻을 수 있겠느냐.〔汝今得與李杜齊名, 死亦何恨! 旣有令名, 復求壽考, 可兼得乎?〕"라고 하였다. 범방은 모친에게 하직 인사를 올리고 그 길로 가서 처형을 당하였다. 착한 범방이라고 한 것은 범방이 모친에게 하직 인사를 드리고 나서 자기 아들에게 이르기를 "내가 너에게 악을 하라고 시키더라도 악은 해서는 안 되거니와, 너에게 선을 하라고 시키는 것은 바로 내가 악을 하지 않기 때문이다.〔吾欲使汝爲惡, 則惡不可爲; 使汝爲善, 則我不爲惡.〕"라고 한 데서 온 말이다. 《後漢書 卷67 黨錮列傳 范滂》

707 공리(孔鯉)……잃었지만 : 공리는 공자의 아들로 자는 백어(伯魚)이다. 백어가 공자보다 먼저 죽었는데, 형편이 어려워서 외관(外棺)을 쓰지 못하였다. 그 후 안연(顔淵)이 죽었을 때 그의 아버지 안로(顔路)가 공자의 수레를 팔아서 외관을 만들기를 청하자, 공자가 이르기를 "재주가 있거나 없거나 간에 또한 각각 자기 아들이라 말할 것이니, 내 아들 리가 죽었을 때에도 관만 있고 외관은 없었다.〔才不才, 亦各言其子也. 鯉也死, 有棺而無槨.〕" 하고 거절하였다. 《論語 先進》 공자의 말뜻은 자기 아들의 재주는 안연에 미치지 못하지만, 자식이라는 점에서 애정은 더 갈 수밖에 없다는 것이다.

708 또한……것이니 : 남의 훌륭한 자식보다 못난 자기 아들이 더 소중하다는 의미이다. 위의 주707 참조.

어찌 형제가 존망을 함께하길 생각하여 胡令念存亡
근심 걱정을 펼 수 없게 한단 말인가 慘慘無可舒
두려운 마음으로 자살을 하고도 싶으나 惕然欲自裁
옛글에 어디 그런 일이 있었던가 於傳其有諸
다시 불효를 거듭 저지르게 될까 두려워 復恐重不孝
한밤중에 홀로 머뭇거리고 있노라 半夜獨躊躇
하늘에 호소하며 스스로 가슴을 두드릴 제 籲天自拊膺
머리맡엔 눈물이 도랑처럼 흘러내리네 枕淚如迸渠
끝내는 인정상 죽기는 싫어졌지만[710] 畢竟情惡死
또다시 처음 타고난 본성을 상하였으니 且復傷厥初
타고난 본성은 말할 것도 없거니와 厥初不足道
이후로 그 며칠이나 더 살아 있을런고 後此幾日居
하루라도 더 살아 있다고 한다면 一日亦云居
이 회포는 그 누구와 토로한단 말인가 此懷誰與攄
온정은 내가 친히 할 수는 없거니와[711] 溫凊不可親

709 혼정신성(昏定晨省) : 《예기(禮記)》 〈곡례(曲禮)〉에 "모든 자식이 된 사람의 예는 겨울이면 어버이를 따뜻하게 해 드리고 여름이면 서늘하게 해 드리며, 저녁에는 잠자리를 편안하게 보아 드리고 새벽에는 안부를 살피는 것이다.〔凡爲人子之禮, 冬溫而夏凊, 昏定而晨省.〕"라고 하였다. 여기서는 부모 모시는 일을 말한다.

710 끝내는……싫어졌지만 : 공자가 이르기를 "순 임금의 임금 됨은 그 정사가 살리기를 좋아하고 죽이기를 싫어하였다.〔舜之爲君也, 其政好生而惡殺.〕"라고 하였다. 《孔子家語 好生》 후세에는 이를 "살기를 좋아하고 죽기를 싫어하는 것은 사람의 정이다.〔好生惡死, 人之情也.〕"라고 전용하였다.

711 온정(溫凊)은……없거니와 : 저자는 부모를 직접 모실 수 없기 때문에 이른 말이다. 위의 주709 참조.

맛있는 음식은 떨어지게 해서는 안 되니　甘旨不可虛
어찌 봉양하는 방법이 없으리오마는　豈無致養術
정성이 박하고 계책이 이미 서툴렀네　誠薄計已踈
매를 기르면 산에서 꿩 사냥을 할 수 있고　養鷹山可獵
그물을 얽으면 바다에서 고기도 잡으련만　結網海可漁
사정과 뜻이 진정 서로 부합지 못한지라　事意諒不契
분수에 순응하며 탄식만 할 뿐이었다가　撫分空自歔
오늘 아침엔 고향에 가는 인편을 만나서　今昕遇人行
여태껏 쌓아 놓은 걸 다 꺼내어 보내노라　盡發所貯儲
가장 귀한 건 서른두 가닥 육포인데　最貴卅二脡
바로 노루 한 마리 멧돼지 한 마리일세　乃一麕一豬
자잘한 전복 열 개는 익히었고　小鰒十箇熟
큰 숭어 세 마리는 건포로 만들었고　大鯔三尾腒
제주 감귤은 두 봉지 과일이요　濟柑兩入果
해태는 아홉 묶음 채소로다　海苔九束蔬
어찌 이 물품들을 하루아침에 구한 것이랴　求寧一朝驟
여러 달에 걸쳐 천천히 쌓아 왔다네　積以累月徐
마음은 홍분되고 또 손으로는 기록하면서　心動又手錄
면지[712]에다 하나하나 포장하여　綿紙仍苞苴
삼가 인편을 맞이하여 공경히 전해 주고　謹迎以敬授
절을 올리려니 다시 머뭇거려지누나　欲拜還趑趄
남은 넋은 함께 고향으로 날아가려는데　餘魂共飛越

712 면지(綿紙) : 면(綿)처럼 생긴 나무의 질긴 껍질을 가지고 만든 종이이다.

공연히 비낀 그림자가 그 길을 막누나[713] 空有斜影沮
덧없는 인생이 굴신을 할 수 없으니 浮生罔伸屈
우주는 하나의 빈터일 뿐이로다 宇宙一丘墟
백발 나이는 천명을 알 만한데[714] 白髮知天命
봄기운은 세밑을 핍박해 오누나 青陽逼歲除

기유(其有)가 다른 본에는 환유(還有)로 되어 있고, 망(罔)이 다른 본에는 소(少)로 되어 있다.

713 공연히……막누나 : 비낀 그림자는 저자 자신의 몸을 가리키는 듯하다. 즉 마음은 고향으로 날아가고 싶지만, 몸은 갈 수 없어 이른 말인 듯하나 자세하지 않다.

714 백발……만한데 : 천명(天命)을 알 만하다는 것은 공자가 이르기를 "나는 쉰 살에는 천명을 알았고……일흔 살에는 하고 싶은 대로 해도 법도에 어긋나지 않았다.〔五十而知天命,……七十而從心所欲不踰矩.〕"라고 한 데서 온 말로, 50세를 의미한다.《論語 爲政》 저자는 이때 47세였는데, 50세에 가까워졌기 때문에 이렇게 말한 것이다.

12월 23일 소생[715]을 전송하여 괘전정[716]에 이르다

十二月二十三日送蘇生至掛錢亭

아침 햇살은 청성에 썰렁하고	曉日靑城冷
봄바람은 세밑에 일어나는데	春風舊歲生
늘상 가는 손을 전송하기 위하여	長爲送行客
발길이 괘전정에 끊이지 않누나	不盡掛錢亭
고요한 대나무는 아름답고도 무성하고[717]	靜竹猗猗盛
원천은 콸콸 솟아 구덩이 채워 흐르네[718]	原泉混混盈
술잔 앞에서 두어 줄 눈물을 흘리어라	尊前數行淚
바다 밖의 한 외로운 형상이로다	海外一孤形

715 소생(蘇生) : 저자의 문생(門生) 소오(蘇澳)이다.

716 괘전정(掛錢亭) : 《소재집》 제3권에 전괘령(錢掛嶺)이 나오고, 제4권에도 전괘령 협정(錢掛嶺莢亭)이 나오는데 '괘전'과 '전괘' 중 어느 것이 옳은지 알 수 없다.

717 고요한……무성하고 : 《시경》 〈위풍(衛風) 기욱(淇奧)〉에 "저 기수의 모퉁이를 보니, 푸른 대나무가 아름답고 무성하도다. 문채 빛나는 군자여, 짐승의 골각을 끊고 갈듯, 옥석을 쪼고 갈듯 하도다.〔瞻彼淇奧, 綠竹猗猗. 有斐君子, 如切如磋, 如琢如磨.〕" 라고 하였다. 여기서는 학덕(學德) 있는 선비를 가리킨다.

718 원천(原泉)은……흐르네 : 원천은 근원이 있는 샘물이다. 전국 시대 서자(徐子)란 사람이 맹자에게, 공자가 자주 물을 칭탄(稱歎)한 데 대하여 물었다. 맹자가 이르기를 "근원 있는 샘물이 콸콸 솟아 나와서 밤낮을 쉬지 않고 흘러 구덩이를 채운 다음에야 나가서 사해에 이르나니, 근본이 있는 사람도 이와 같은 것이라, 이것을 취하신 것이다.〔原泉混混, 不舍晝夜, 盈科而後進, 放乎四海. 有本者如是, 是之取爾.〕"라고 하였다. 《孟子 離婁下》

차운하여 쌍계루[719]에 부쳐 제하다 임술년[720] 2월이다.

次韻寄題雙溪樓 壬戌二月

승려 성진(性眞)이 백암산(白巖山) 쌍계루의 사적(事蹟)[721]을 가지고 와서 알현하였는데, 여기에서 포은(圃隱)과 하서(河西)의 시[722]를 보았다.

회겁을 호승에게 번거로이 물을 것도 없이[723]	不煩灰劫問胡僧
누각 중신한 사적 기록을 상고할 만하구려	記蹟重新攷可能
동방의 으뜸 유자[724]의 시는 첫머리에 수록되고	海左宗儒餘事首
후학인 하서의 차운한 시가 더해졌네	河西後學嗣音增

719 쌍계루(雙溪樓) : 전라남도 장성군(長城郡) 백암산(白巖山)의 정토사(淨土寺)에 위치한 누각이다.

720 임술년 : 1562년(명종17)으로, 이때 저자는 48세였다.

721 백암산(白巖山) 쌍계루의 사적(事蹟) : 쌍계루를 중신(重新)한 불자(佛者) 징공 청수(澄公淸叟)와 절간 윤공(絶磵倫公)의 부탁을 받고 목은(牧隱) 이색(李穡)이 이 누각의 이름을 '쌍계'라고 지어 주었다는 사실이 이색의 기문(記文)에 있다.

722 포은(圃隱)과 하서(河西)의 시 : 쌍계루의 사적에 대하여 정몽주(鄭夢周)가 지은 〈장성백암사쌍계기제(長城白巖寺雙溪寄題)〉라는 제목의 시이다. "求詩今見白巖僧, 把筆沈吟愧未能. 淸叟起樓名始重, 牧翁作記價還增. 煙光縹緲暮山紫, 月影徘徊秋水澄. 久向人間煩熱惱, 拂衣何日共君登." 하서 김인후(金麟厚)가 지은 〈쌍계루경차포은운(雙溪樓敬次圃隱韻)〉이라는 제목의 시이다. "樓頭識面兩三僧, 持守前規喜爾能. 絶澗言因淸叟懇, 烏川句爲牧翁增. 曾聞寫記庵爲幻, 今見隨行號偶澄. 扶病懶經頑石路, 春風不負少年登." 저자 또한 이 운에 차하여 시를 지은 것이다.

723 회겁(灰劫)을……없이 : 회겁은 겁화(劫火)의 남은 재이고, 호승(胡僧)은 서역(西域)의 승려이다. 241쪽 주572 참조.

724 동방(東方)의 으뜸 유자(儒者) : 포은 정몽주이다.

일생을 외론 섬에서 말라빠진 쇠한 몰골이　　百年孤嶼衰容槁
쌍계루 한바탕 꿈에 상쾌한 기분 맑기도 해라　　一夢雙溪爽氣澄
우리의 도가 오랜 세월의 감응을 얻게 되었네[725]　　吾道應爲曠世感
이 누각에 일찍이 그 몇 사람이나 올랐던고　　此樓曾有幾人登

725 우리의……되었네 : 우리의 도란 유도(儒道)를 가리킨다. 고려 말기의 대유(大儒)인 정몽주의 시와 조선 중기의 대유인 김인후의 시가 모두 이 쌍계루에 걸리게 된 것을 감탄하여 이른 말이다.

진도 군수가 문묘와 학당을 중신하고 이안제를 지냈다. 문광문[726]의 운에 차하다

主守新文廟學堂行移安祭次文廣文韻

만고에 선사는 공자이시고	萬古先師孔
금년에 태수는 최씨로다[727]	今年太守崔
태수가 정성 들여 문묘를 중신하고	精誠新廟宇
유식[728]할 당과 대를 넓게 확장하였네	游息敞堂臺

726 문 광문(文廣文) : 문씨(文氏) 성을 가진 진도(珍島) 향교(鄕校)의 훈도(訓導)인데, 이름은 알 수 없다. 광문은 본디 당 현종(唐玄宗) 때의 문인(文人)으로 광문관 박사(廣文館博士)를 지낸 정건(鄭虔)을 가리킨다. 그는 현종의 특별한 배려로 한직(閑職)이나마 광문관 박사가 되었다. 그는 몹시 빈한한 데다 술을 매우 즐겼다. 두보(杜甫)가 장난삼아 그에게 〈희간정광문……(戲簡鄭廣文……)〉이란 시를 지어 "광문이 관사에 당도해서는, 당의 계단 밑에 말을 매 놓았다가, 취하면 말을 타고 그냥 돌아가서, 자못 관장의 꾸지람을 들었다네. 재주 명성은 삼십 년을 날렸으되, 빈객은 추워도 앉을 방석이 없네. 다행히도 소 사업이 있어, 때때로 술값을 빌리는구려.〔廣文到官舍, 繫馬堂階下. 醉則騎馬歸, 頗遭官長罵. 才名三十年, 坐客寒無氈. 賴有蘇司業, 時時乞酒錢.〕"라고 하였다. 《杜少陵詩集 卷3》 여기서는 문교(文敎)를 넓힌다는 의미에서 문 훈도(文訓導)를 '광문'이라 칭한 것이다. 《소재집》 제2권 〈방문해 준 서 훈도에게 사례하다〔謝徐訓導見訪〕〉를 보면, 그 당시 진도 향교의 서 훈도(徐訓導)를 역시 '광문'이라 칭하였다.

727 금년에 태수(太守)는 최씨(崔氏)로다 : 당시 진도 군수의 성명은 최윤호(崔潤湖)이다. 그는 1561년(명종16) 7월 3일부터 1564년 2월까지 재임하였다. 《珍島郡志》

728 유식(游息) : 《예기》 〈학기(學記)〉에 "군자가 학문함에 배운 것을 항상 마음에 간직하고, 배운 것을 익히고 실천하며, 휴식할 때에도 학문에 마음을 두고, 한가이 노닐 때에도 항상 학문에 마음을 두는 것이다.〔君子之於學也, 藏焉, 修焉, 息焉, 游焉.〕"라고 하였다.

뜻밖에 남해의 더운 섬 궁벽한 곳에　不謂炎洲僻
마침 성대한 일이 펼쳐짐을 만났네　端逢盛事開
외로운 신하 또한 얼마나 다행한가　孤臣復何幸
반열 밖 멀리서 뫼시게 되었구려　班外得遙陪

광문이 약속한 날에 오지 않고 차운하여 보여 주므로, 내가 인하여 다시 차하다

廣文期不至次韻相示予仍復次

시내가 벌창해 남쪽 바다는 광활하고	溪漲南溟闊
봉우리 얽혀 돌아 북쪽 산은 우뚝한데	峯紆北嶽崔
지레 돌 계곡이나 찾으려는 생각뿐	徑思尋石澗
어디에도 취대는 찾을 곳이 없어라[729]	無處覓吹臺
비에 젖은 나뭇잎은 뒤집었다 엎었다	雨葉翻仍覆
바람 앞의 사립짝은 닫혔다 열렸다 하네	風扉掩復開
나는 평생에 문자를 알지 못하거니	平生未識字
누가 술자리를 함께해 주려 하리오	誰肯醉相陪

729 어디에도……없어라 : 취대(吹臺)는 하남성(河南省) 개봉시(開封市)의 우왕대(禹王臺) 공원에 있던 대(臺)이다. 춘추 시대 사광(師曠)이 악기를 불던 대라고 전한다. 한(漢)나라 양 효왕(梁孝王)이 이곳을 증축하고 처음 명대(明臺)라 했는데, 양 효왕이 항상 이곳에서 가취(歌吹)를 즐겨서 취대라고도 하였다. 여기서는 가취를 즐길 만한 누대(樓臺)를 찾을 길이 없다는 뜻이다.

망아지를 관찰하면서 장난삼아 두 수를 읊다
觀駒戲詠二首

임술년 이월 보름경에	壬戌仲春半
붉고 흰 털 섞인 암말이 태어났네	牝而紅白毛
천기는 상 볼 수 없는 것인데	天機不可相
구방고가 될까 염려로다[730]	恐作九方皐

상제[731]가 빠르기를 원하지도 않거니	不願霜蹄疾

730 붉고……염려로다 : 천기(天機)란 말〔馬〕의 내면의 천진(天眞)함을 뜻한다. 춘추 시대 진 목공(秦穆公)이 말의 상(相)을 잘 보던 구방고(九方皐)에게 천리마를 구해 오게 하였다. 3개월이 지난 뒤에야 구방고가 와서 천리마를 얻었다고 하므로, 목공이 어떤 말이냐고 물었다. 구방고가 누런 암말〔牝而黃〕이라고 대답하였는데, 다른 사람을 시켜 가서 보게 한 결과 검은 숫말〔牡而驪〕이었다. 그러자 목공이 앞서 구방고를 천거한 백락(伯樂)을 불러 책망하기를 "실패했도다. 그대의 천거로 말을 구해 오게 한 사람은 말의 색깔과 암수도 알지 못하는데, 무슨 말을 알 수 있단 말인가." 하였다. 백락이 말하기를 "구방고가 본 것은 천기이므로, 그 정한 것만 얻고 추한 것은 잊어버리며, 내면의 것만 중시하고 외면의 것은 잊어버리며, 보아야 할 것만 보고 보지 않아야 할 것은 보지 않으며, 살필 것만 살피고 살피지 않아야 할 것은 살피지 않으니, 구방고의 말 상 보는 것 같은 경우는 곧 말의 상 보는 것보다 더 귀중한 것이 있습니다.〔若皐之所觀, 天機也, 得其精而忘其麤, 在其內而忘其外; 見其所見, 不見其所不見; 視其所視, 而遺其所不視. 若皐之相馬, 乃有貴乎馬者也.〕"라고 하였다. 말을 데려와서 보니, 과연 천하의 양마(良馬)였다고 한다.《列子 說符》 저자 자신이 구방고처럼 말의 상을 잘 보는 사람이 될까 염려된다고 농담으로 한 말이다.

731 상제(霜蹄) : 말의 발굽이다.《장자(莊子)》〈마제(馬蹄)〉에 "말의 발굽은 눈서리를 밟고 다닐 수 있다.〔馬蹄可以踐霜雪〕"라고 하였다.

어찌 늙은 말의 지혜에 의존할 것 있으랴[732] 何須老智專
털 무늬가 날로 변해 감을 깨닫겠으니 花文覺日變
또한 획전의 천진함을 징험하겠네[733] 更驗畫前天

732 어찌……있으랴 : 저자 자신에게는 천리마나 늙은 말의 지혜가 모두 필요하지 않다고 농담으로 한 말이다. 늙은 말의 지혜는 51쪽 주48 참조.

733 또한……징험하겠네 : 획전(畫前)은 복희씨(伏羲氏)가 팔괘(八卦)를 그어 역(易)을 만들어서 천지 음양(天地陰陽)의 이치를 밝히기 이전이란 뜻이다. '획전의 천진함'이라고 한 것은 망아지의 성장 과정에서 인간의 지혜로는 헤아릴 수 없는 신비로움이 있음을 의미한다.

고인의 운[734]에 차하다

次古人韻

닭이 오리를 기르는 것을 두고 읊다.

만물이 생성하는 데는	萬品於生成
알을 낳는 놈은 반드시 알을 품는 건데	有卵必伏卵
오리는 조급하니 어찌 털이 안 차가우며	鴨躁豈毛寒
닭은 고요하니 어찌 깃이 안 따스하랴	鷄靜豈羽暖
사람이 그들의 기교함과 졸렬함을 알아서	由人審巧拙
장점을 이용해 단점을 보충함으로 인하여[735]	用長以就短
잘못 닭이 오리 알을 부화하게 한 것이지	誤鷄令子之
오리가 닭을 따를 줄 아는 게 아니고말고	匪鴨解納款
점차 오리 마음이 변해 가는 걸 보노라면	稍見鴨意移
저도 모르게 닭에 대한 은혜는 끊어지네	未覺鷄恩斷
작은 닭 우리 안과 널찍한 못은	柵裏小與池
끝내 편안함과 걱정거리가 되는 거로세[736]	畢竟安也悺

734 고인의 운 : 송대(宋代)의 시인 매요신(梅堯臣)의 〈압추(鴨雛)〉이다. "春鴨日浮波, 羽冷難伏卵. 嘗因鷄抱時, 託以鷄窠暖. 三旬殼旣坼, 乳毛寒脛短. 鷄寧辨其雛, 翅擁情款款. 一日向水涯, 所稟殊未斷. 泛然去中流, 鷄呼心悺悺. 人之苟異懷, 負義不足算. 有志在養毓, 勿論報德限."

735 사람이……인하여 : 닭은 알을 품어서 부화를 잘 시키지만 오리는 그러지 못하므로, 사람들이 오리 알을 닭이 품게 하여 부화를 시킨다는 의미이다.

736 작은……거로세 : 오리가 닭 우리 안에 있자면 자유롭지 못하여 걱정하게 되고, 널따란 못에서는 절로 편안하게 노닐 수 있음을 이른다.

올빼미 성질도 새끼는 사랑할 줄 알거니 梟性則有慈
사람의 마음으로 헤아릴 게 아니다마다 人心不待筭
안석에 기대 두 눈을 뚝 뜨고 바라보니 隱几雙眼開
지는 해가 서산에 걸리었구려 落日掛山限

유란(有卵)이 다른 본에는 무유(無乳)로 되어 있다.

4월 5일 밤에 잠을 이루지 못하다

四月五夜不寐

나그네는 길고 짧은 밤이 따로 없지만[737]	客夜無長短
시름은 깊고 얕을 때가 따로 있구려	愁時有淺深
어찌하여 여름 닭은 게으름을 피워서	胡令夏鷄謾
초수와 함께 울지 못하게 한단 말인가[738]	不共楚囚吟
백발 양친의 고당엔 새벽이 왔으련만	白髮高堂曉
이내 어두운 눈은 온 방이 침침하니	昏眸一室陰
응당 밝은 낮에 하는 행위가	未應朝晝作
마침 이 양심을 질곡시키진 않으리[739]	方會梏斯心

737 나그네는……없지만 : 나그네 생활은 항상 외롭고 쓸쓸하기 때문에 밤이 길거나 짧은 것은 아무 상관이 없다는 뜻이다.

738 어찌하여……말인가 : 초수(楚囚)는 초나라의 죄수이다. 182쪽 주394 참조. 자신의 갇혀 있는 처지를 '종의(鍾儀)'에 빗대서 한 말이다. 즉 잠을 이루지 못하다 보니, 마치 닭이 제때에 울지 않는 듯, 무척이나 밤이 지루하게 느껴진다는 의미이다.

739 응당……않으리 : 양심을 질곡시킨다는 것은, 맹자가 사람의 양심을 나무에 비유하여 "비록 사람에게 보존된 것인들 어찌 인의의 마음이 없으리오마는 그 양심을 잃어버린 것이 또한 도끼와 자귀가 나무를 아침마다 베는 것과 같으니, 아름답게 될 수 있겠는가. 밤에 자라나는 바와 아침의 맑은 기운에 그 좋아함과 미워함이 사람과 서로 가까운 게 얼마 안 되는데, 낮에 하는 소행이 그 양심에 질곡을 채워 버리나니, 반복하여 질곡을 채워 버리면 그 밤에 맑았던 기운이 보존될 수 없고, 밤에 맑았던 기운이 보존될 수 없으면 금수와 차이가 멀지 않게 된다."라고 한 데서 온 말이다. 《孟子 告子上》 저자 자신은 캄캄한 방에 가만히 앉아 있으므로, 외물의 유혹을 받아서 양심을 질곡시키지 않으리라는 뜻이다.

중오일[740] 밤에 읊다

重午夜吟

울타리 저편에서는 삼형제가 자기 모친에게 새벽까지 잔치를 올렸다.

창포 향기가 울타리 너머서 물씬물씬 풍겨라[741]	蒲香汎汎出傍籬
삼형제가 노래 불러 모친께 헌수하는 때로다	昆弟歌呼獻壽時
일생을 타관에 갇혀 있는 이 외로운 나그네가	不信羈孤百年客
등불 등지고 앉아 눈물 흘리는 걸 믿지 않겠지[742]	背燈堅坐淚雙垂

곤제(昆弟)가 다른 본에는 삼자(三子)로 되어 있다.

740 중오일(重午日) : 5월 5일, 즉 단오(端午)의 별칭이다.

741 창포(菖蒲)……풍겨라 : 단오절에 창포 잎으로 담근 약주를 마시던 데서 온 말이다.

742 일생을……않겠지 : 눈물을 흘린다는 것은 자신이 부모님께 헌수(獻壽)를 올릴 수 없음을 몹시 가슴 아파하여 이른 말인데, 이웃 사람들은 저자의 이런 심정을 전혀 믿지 못하리라고 한 말이다.

두모동

頭毛洞

만고에 전해 온 두모동이	萬古頭毛洞
금년에는 축목장이 되었네	今年畜牧場
맑은 시내는 구렁에 쏟아 멀리 흐르고	淸溪瀉壑遠
푸른 풀은 온 산 빠짐 없이 자라누나	靑草徧山長
민간의 일이 도리어 공가의 이익이 되고[743]	私事還公利
사람의 모책이 곧 동물의 상서가 되었네	人謀乃物祥
간웅들은 이곳을 업신여기지 말라	奸雄莫相侮
이곳 풍속이 또 의리를 지향할 줄 알거니	風俗且知方

743 민간의……되고 : 민간에서 말을 잘 길러서 공가(公家)에 바치면 결국 공가의 이익으로 돌아간다는 뜻이다.

승려 옥견이 시를 지어 달라고 몹시 졸랐다
僧玉堅苦索句

한가히 좀먹은 책 펴 놓고 새 종이로 땜질하고	閒披蠹簡補新藤
때로는 자마[744]를 가져다 가는 노를 꼬기도 하네	時挈雌麻作細繩
오리 새끼 병아리 노는 곳에 백일은 고요한데	鴨子鷄孫白日靜
문안에 산승이 와서 서 있는 줄 미처 몰랐네	不知門內立山僧

744 자마(雌麻) : 삼은 암수딴그루로 열매를 맺는 암그루를 가리킨다. 암삼, 빈마(牝麻), 저마(苴麻)라고도 한다.

종이 문후차 서울로 떠났다

奴登候京

전염병이 한여름에 유행하여	天瘟行中夏
가군께서 단오일에 전염되셨네	家君染五朝
달려가는 아우는 가까이서 가겠지만	馳歸少弟近
문후차 달려간 종은 먼 데서 출발했지	走候老奴遙
이전엔 그나마 형용만 야위었는데	宿昔都形槁
잠깐 사이 지금은 뼈까지 녹는 듯하네	須臾幷骨銷
사나 죽으나 불효가 됨은 똑같지만[745]	存亡等不孝
화급히 선착장으로 달려가게 하노라	火急赴前潮

가군(家君)께서 단오일에 병을 얻으셨는지라, 아우가 청주(淸州)에 나가 있다가 급히 달려갔다.○화급(火急)이 다른 본에는 제일(第一)로 되어 있다.

745 사나……똑같지만 : 저자 자신이 살아 있으면서 부모를 봉양하지 못한 것도 불효이고, 부모보다 먼저 죽는 것 또한 불효가 된다는 뜻이다.

종이 돌아왔다

奴廻

안개 자욱한 골목길 밤에 종은 돌아왔고	霧巷蹬廻夜
바람 부는 창 앞에 나는 아침부터 앉았네	風窓坐自朝
서신을 열어 보니 회복하심은 알겠는데	開書便認舊
날짜를 세어 보니 길이 먼 게 껄끄럽구려	計日却嫌遙
놀람은 진정되어 얼음이 막 풀린 듯한데	驚定氷初釋
의심은 풀렸지만 심화는 아직 덜 식었네	疑除火未銷
오직 내 아우에게 축원하노라	唯應祝吾弟
오만 복이 조수처럼 세차게 밀려들라고	百福湧如潮

또 종 숙개를 서울로 보냈는데 아직 돌아오지 않았다
又遣奴叔介入京未歸

나그네 잠자리서 어찌 꿈이나 꿔 봤으랴[746]	客枕何曾夢
가을 하늘은 아침이 오려 하지 않는구나	秋天不肯朝
열흘 동안이나 긴 시름에 잠겼다가	長愁旬日久
문득 길이 워낙 멀었음을 깨달았네	忽覺道途遙
물아가 원래 천리는 똑같이 타고나지만	物我元同得
음양은 함께 사라지지 않는 법이지	陰陽不竝銷
외로운 나의 회포는 바다와 달라서	孤懷異於海
밤낮의 조수가 밀려오듯 들레지는 않네[747]	無汐亦無潮

746 나그네……봤으랴 : 꿈을 꾸지 못했다는 것은 근심 걱정으로 잠을 이루지 못했다는 말인 듯하다.

747 외로운……않네 : 사람은 근심 걱정으로 아무리 마음을 졸여도 소리는 나지 않기 때문에 한 말이다.

종이 돌아왔다

奴廻

돌아온 길을 헤아려 보니 筭得歸來道
오늘이 아흐레째 되었구나 經今九介朝
혹 발병이 나서 못 오는가 의심했을 뿐 還疑跰足廢
회답서가 멀리 있음은 두려워 안 했네 不畏報書遙
반문하다 보니 말은 마치기가 어렵고 反詰辭難畢
술병을 기울여도 취기는 쉬 사라지누나 傾壺醉易銷
다시는 몸소 봉신할 날이 없을 터라 更無身事口
그저 눈물만 조수처럼 흘릴 뿐이로다 惟有淚成潮

경금(經今)이 다른 본에는 수여(愁予)로 되어 있고, 병(跰)이 다른 본에는 견(繭)으로 되어 있다.

최 광문[748]이 술을 가지고 내방하였으므로, 취중에 고인의 운에 함께 차하다 9월이다.

崔廣文携酒相訪醉中共次古韻 九月

후산(后山)의 시(詩)[749]에 차운한 것이다.

삼천 리 밖 머나먼 변방 섬에서	絶徼三千里
쇠잔한 생명 십오 년을 경과했는데	殘生十五秋
뜻밖에 종사가 내 앞에 이르니[750]	無端從事至
아내와 상의할 것 없게 되었네[751]	不待婦人謀

748 최 광문(崔廣文) : 광문은 향교(鄕校) 훈도(訓導)의 별칭으로, 즉 최씨 성을 가진 훈도를 지칭한다. 광문에 대해서는 297쪽 주726 참조.

749 후산(后山)의 시(詩) : 위의 시제에 나오는 '고인의 운'이 바로 이것이다. 후산은 송대(宋代)의 시인 진사도(陳師道)의 호이다. 여기서 말한 시는 〈등사산(登寺山)〉이다.

750 뜻밖에……이르니 : 종사(從事)는 청주종사(靑州從事)의 약칭으로, 맛 좋은 술을 가리킨다. 진(晉)나라 때 환온(桓溫)의 막하(幕下)에 있던 한 주부(主簿)가 술맛을 잘 감별하였다. 술이 있을 때마다 그로 하여금 맛을 보게 했는데, 그는 맛이 좋은 술을 청주종사라 하고, 맛이 나쁜 술을 평원독우(平原督郵)라고 칭하였다.《世說新語 術解》

751 아내와……되었네 : 아내에게 술을 준비하라고 말할 필요가 없게 되었다는 뜻이다. 소식(蘇軾)의 〈후적벽부(後赤壁賦)〉에, 소식이 객(客)과 함께 노닐면서 탄식하기를 "객은 있는데 술이 없고, 술이 있더라도 안주가 없네. 달 밝고 바람 맑은 이런 좋은 밤을 어찌한단 말인가.〔有客無酒, 有酒無肴. 月白風淸, 如此良夜何?〕" 하자, 객이 말하기를 "오늘 해 질 무렵에 그물로 고기를 잡았는데, 입이 크고 비늘이 섬세한 것이 마치 송강의 농어 같았습니다. 그런데 술을 어디에서 얻을까요?〔今者薄暮, 擧網得魚, 巨口細鱗, 狀如松江之鱸. 顧安所得酒乎?〕" 하므로, 내가 돌아와서 아내에게 상의하니, 아내가 말하기를 "내게 술 한 말이 있어 감추어 둔 지 오래인데, 당신이 갑자기 찾을 것에

늙은이 흥취는 노란 국화에 부끄럽지만 老興羞黃菊
새로 안 이는 노인을 즐겁게 하누나[752] 新知樂白頭
술값을 빌려줄 사람은 없지만[753] 無人酒錢與
세상 밖에서 한가이 노닐고자 하누나 有意汗漫遊

의(意)가 다른 본에는 약(約)으로 되어 있다.

대비하여 둔 것입니다.〔我有斗酒, 藏之久矣, 以待子不時之需.〕"라고 하였다.《東坡全集 卷33》

752 새로……하누나 :《초사(楚辭)》〈구가(九歌) 소사명(少司命)〉에 "더 슬플 수 없는 것은 처자와의 생이별이요, 더 즐거울 수 없는 것은 처음 서로 안 때이로다.〔悲莫悲兮生別離, 樂莫樂兮新相知.〕"라고 하였다. 굴원(屈原)의 이 노래는 남녀 간에 새로 만난 즐거움을 말한다. 여기서는 유배지에서 저자 자신을 방문해 준 최 훈도(崔訓導)와 처음 만난 것을 즐겁게 생각하여 이렇게 말한 것이다.

753 술값을……없지만 : 문교(文敎)를 넓힌다는 의미에서 최 훈도를 '최 광문'이라 칭하여 정건의 고사에 빗댄 것이다. 즉 정건은 소 사업에게서 때때로 술값을 빌리기도 했지만, 여기 최 훈도는 그렇지 못한 처지라는 뜻이다.

기자가 진도 군수에게 부탁하여 쌀과 간장을 보내왔으므로, 시를 지어 사례하다

奇子屬主守相餉作詩謝之

상고하건대, 기자(奇子)는 고봉(高峯) 기대승(奇大升)이다.

나를 생각해 준 이는 조정의 관원이요	稱念以雲路
이를 시행한 이는 곧 진도 군수로다	施行卽海邦
멥쌀은 큰 섬으로 석 섬이요	粳粻三大石
간장은 깊은 항아리 가득일세	荳醬一深缸
진실로 물욕을 텅 비우기만 한다면	誠使虛諸內
창자를 알맞게 채움이야 어찌 해로우랴	何妨果得腔
은혜를 죽은 뒤에 보답한다더니	相貽以冥報
그 말이 헛된 말이 아니었구려[754]	此語未爲哤

754 은혜를……아니었구려 : 도잠(陶潛)의 〈걸식(乞食)〉에 "잔뜩 굶주리매 누군가 나를 몰아가는데, 끝내 어디로 가는지 나도 몰랐네. 가고 또 가서 이 마을에 이르러, 문을 두드리고 졸렬한 말로 사정을 했더니, 주인은 나의 뜻을 알고, 밥을 주었으니 어찌 헛되이 왔으랴. 저녁 내내 주인과 담화를 나눌 제, 술잔이 이를 때마다 다 기울이었네. 기쁜 정은 새로 알게 된 즐거움이요, 읊은 것들은 마침내 시를 이루었지. 그대의 표모처럼 밥 준 은혜엔 감사하거니와, 나는 한신 같은 재주 없어 부끄럽구려. 이 은혜 맘 깊이 간직하여 어떻게 사례할꼬, 죽어서 꼭 잊지 않고 보답하리다.〔飢來驅我去, 不知竟何之. 行行至斯里, 叩門拙言辭. 主人解余意, 遺贈副虛期? 談話終日夕, 觴至輒傾卮. 情欣新知歡, 言詠遂賦詩. 感子漂母惠, 媿我韓才非. 銜戢知何謝? 冥報以相貽.〕"라고 하였다. 《陶淵明集 卷2》

문 광문의 운에 차하여 그에게 주어 작별하다

次文廣文韻贈別

문(文)이 빈천함을 걱정하였으므로, 미구(尾句)의 말이 있는 것이다.

고금에 오직 종자기 한 사람만 있었다[755] 하니 古來惟有一鍾期
이 시구가 지금은 어찌 의심스럽지 않으랴[756] 此句如今豈不疑
천 리 밖에서 우연히 만나 안막을 제거할 만하고[757] 千里萍逢堪眼刮

755 고금에……있었다 : 송대(宋代)의 시승(詩僧) 나가(癩可)의 시에 "줄 없는 거문고 소리는 듣는 이가 드무나니, 고금에 오직 종자기 한 사람만이 있었네. 그 몇 번이나 양춘곡을 타 보려고 했던가, 달빛 가득한 텅 빈 당에서 천천히 손가락 내리노라.〔琴到無絃聽者希, 古今惟有一鍾期. 幾回擬鼓陽春曲? 月滿虛堂下指遲.〕"라고 하였다. 《詩人玉屑 卷20》 옛날에 백아(伯牙)는 거문고를 잘 타고, 그의 친구 종자기는 거문고 소리를 잘 알아들었다. 백아가 높은 산〔高山〕에 뜻을 두고 거문고를 타자, 종자기가 듣고 말하기를 "좋다, 높다란 것이 마치 태산과 같구나.〔善哉! 峨峨兮若泰山.〕"라고 하였고, 또 백아가 흐르는 물〔流水〕에 뜻을 두고 거문고를 타자, 종자기가 또 말하기를 "좋다, 광대한 것이 마치 강하와 같구나.〔善哉! 洋洋兮若江河.〕"라고 하여, 백아가 생각한 것은 종자기가 반드시 다 알아들었다. 종자기가 죽은 뒤에 백아는 자기의 거문고 소리를 알아들을 사람이 없다 하여 마침내 거문고를 부숴 버리고 종신토록 다시는 거문고를 타지 않았다. 이는 흔히 지기지우(知己之友)가 없음을 한탄하는 뜻으로 쓰인다. 《列子 湯問》 여기서 저자는 나가의 시에 나오는 '고금(古今)'을 '고래(古來)'로 전용하였다.

756 이……않으랴 : 옛날에 거문고 타던 백아의 생각을 그의 친구 종자기가 다 알아들었다 하여, 예로부터 이 두 사람을 세상에 없는 지기지우로 일컬었다. 여기서는 백아와 종자기 사이뿐만이 아니라, 저자와 문 광문(文廣文)의 사이 또한 서로를 잘 알아주는 친구가 되었다는 뜻이다.

757 천 리……만하고 : 안막(眼膜)을 제거한다는 것은, 본디 고대 인도(印度)의 의사가 금칼〔金鎞〕로 맹인(盲人)의 안막을 제거한 데서 비롯된 말이다. 후세에는 불가(佛

일생 문사의 모임에선 어깨를 나란히 따라 주네[758]	百年文會辱肩隨
거닐며 읊조릴 땐 방석 없이 앉아도 괜찮지만[759]	行吟却可無氈坐
취해 돌아갈 땐 말 빌려 타는 게 뭐가 해로우랴	歸醉何妨借馬騎
부귀해도 방탕 않고 빈천해도 도를 즐기게나	富貴不淫貧賤樂
대장부로 허여한다는 말로써 주고자 하노라[760]	丈夫相許欲相貽

광문(廣文)에게 말〔馬〕이 없었다. 욕(欲)이 다른 본에는 이(以)로 되어 있다.

家)에서 중생들의 눈을 가리고 있는 무지(無智)의 막(膜)을 금칼로 제거한다는 뜻으로 쓰인다.《涅槃經 卷8》 여기서는 객지에서 저자와 우연히 만난 문 광문이 시문(詩文) 같은 것을 통하여 저자의 눈을 더 밝게 틔워 준다는 뜻이다.

758 일생……주네 : 어깨를 나란히 한다는 것은,《예기》〈곡례(曲禮)〉에 "나이가 자신보다 배나 더 많은 사람은 아버지처럼 섬기고, 십 년이 더 많은 사람은 형처럼 섬기고, 오 년이 더 많은 사람과는 어깨를 나란히 하고 걷되 조금 뒤처져 따라가야 한다.〔年長以倍, 則父事之, 十年以長, 則兄事之, 五年以長, 則肩隨之.〕"라고 한 데서 온 말이다. 문 광문의 나이가 저자보다 약 5년쯤 적었는데, 그가 저자와 어깨를 나란히 하면서도 약간 뒤처져 따라서 선배에 대한 예를 깍듯이 지키고 있다는 뜻이다.

759 거닐며……괜찮지만 : 앉을 방석이 없다는 것은 당대의 문인 정건(鄭虔)의 고사이다. 297쪽 주726 참조.

760 부귀해도……하노라 : 맹자가 이르기를 "부귀가 마음을 방탕하게 하지 못하며, 빈천이 절개를 바꾸게 하지 못하며, 위무가 지조를 굽히게 하지 못하는 사람을 대장부라 한다.〔富貴不能淫, 貧賤不能移, 威武不能屈, 此之謂大丈夫.〕"라고 하였다.《孟子 滕文公下》 저자가 빈천함을 몹시 마음 아프게 생각하고 있는 문 광문을 애처로이 여겨, 맹자의 말과 같이 부귀빈천에 흔들리지 말고 대장부다운 인물이 되자고 권유한 말이다.

또 종이를 선물로 주어 보냈다 10월이다.

又將紙贐行 十月

그의 모친이 거처하는 방의 창호(窓戶)를 바르라고 당부하였다.

백옥 같은 살결처럼 하얀 종이 스무 폭을	廿幅溪藤白玉膚
유배객이 울면서 돌아가는 유자에게 주노라	囚兒泣把贈歸儒
북풍이 점차 쌀쌀해져 장사 가까이 이르니[761]	北風漸緊長沙近
모친의 거실 창호를 손수 잘 발라 드리구려	好向萱窓手自糊

761 북풍(北風)이……이르니 : 장사(長沙)는 가의(賈誼)의 유배지이다. 여기서는 저자의 유배지인 진도(珍島)를 장사에 빗대서 한 말이다. 음력 10월이 되니, 남쪽 지방인 진도에도 북풍이 쌀쌀해지고 있다는 뜻이다.

차운하여 정 첨사[762]의 돌아가는 행차에 받들어 올리고, 다시 한 편을 제하여 일재[763]의 시자에게 전달하도록 당부하다

11월이다.

次韻奉呈鄭僉使廻軒復題一篇憑達一齋侍者 十一月

정 첨사의 이름은 언직(彦直)인데, 일찍이 서울에서 서로 알아줌을 입었으니, 실로 일재의 친구이다. 일재의 시를 말했기 때문에 그 시운에 차한 것이다.

곡구와 용문이 한 세상에 서로 이웃하였네[764]	谷口龍門一世隣
낙양의 청운 길 먼지 속에 그 몇 해나 지냈던고	洛陽雲路幾年塵
가련해라 한단몽을 함께 꾸고 있는 나그네는[765]	可憐同夢邯鄲客
그가 바로 세상 밖에 외로이 노는 이 사람일세	却是孤遊汗漫人

762 정 첨사(鄭僉使) : 경주 정씨(慶州鄭氏)로 이름은 언직(彦直)이다. 방산진 첨절제사(方山鎭僉節制使)를 역임한 것과 그가 살던 곳이 일재(一齋) 이항(李恒)과 같은 태인(泰仁)이었음을 확인할 수 있으나, 기타 사항은 자세하지 않다.

763 일재(一齋) : 이항의 호이다.

764 곡구(谷口)와……이웃하였네 : 곡구는 한대(漢代)의 은사(隱士) 정박(鄭樸)이 은거하던 곳이다. 정박의 자는 자진(子眞)인데, 그는 처음부터 조정의 부름을 사절하고 곡구에 은거하여 일생을 마쳤다.《漢書 卷72 王吉傳》또 양웅(揚雄)의《법언(法言)》에 "곡구의 정자진은 자기의 뜻을 굽히지 않고 산골짝에서 농사를 지었는데, 그의 명성이 경사에 진동했다.〔谷口鄭子眞, 不屈其志而耕乎巖石之下, 名震于京師.〕"라고 하였다. 여기서는 성씨가 같은 정언직을 정박에 빗대서 한 말이다. 용문(龍門)은 본디 후한(後漢)의 고사(高士) 이응(李膺)을 지칭하는데, 여기서는 역시 성씨가 같은 이항을 이응에 빗대서 한 말이다. 이때 이항과 정언직이 같은 고을인 태인(泰仁)에 살았다.

765 가련해라……나그네는 : 한단몽(邯鄲夢)의 자세한 내용은 75쪽 주105 참조. 저자 자신이 노씨(盧氏)이기 때문에 '노생'에 빗대서 한 말이다.

원래 도와 기는 서로 이웃한 게 아니거니[766]	元來道與器非隣
인심을 외진으로 인식해서야 되겠는가[767]	可認人心是外塵
모름지기 도심을 큰 근본으로 삼아야만	須就道心爲大本
사용시엔 되레 도심이 인심을 타는 걸 보리라[768]	用時還見道乘人

766 원래……아니거니 : 도(道)는 형이상(形而上)을 뜻하고, 기(器)는 형이하(形而下)를 뜻한다. 정이(程頤)의 말에 "형이상을 도라 하고, 형이하를 기라 하니, 모름지기 이와 같이 말해야 하지만, 기 또한 도이고, 도 또한 기인 것이다.〔形而上爲道, 形而下爲器. 須著如此說, 器亦道, 道亦器.〕"라고 하였다. 여기에 대하여 주희(朱熹)는 "도는 사물의 이치를 가리키기 때문에 형이상이라 하고, 기는 사물의 형체를 가리키기 때문에 형이하라 한다. 그러나 실상은 도가 기에 붙어 있어서 애당초 서로 떨어지지 않는다.〔道者, 指事物之理, 故曰形而上; 器者, 指事物之體, 故曰形而下. 其實, 道寓於器, 本不相離也.〕" 하였다. 주희는 또 "태극은 형이상의 도이고, 음양은 형이하의 기이다. 그러므로 그 드러난 것으로 보면 동정이 때가 똑같지 않고, 음양이 자리가 서로 같지 않으나, 태극이 있지 않은 곳이 없고, 그 은미한 것으로 보면 공허하고 광막하여 아무런 조짐이 없으나, 동정과 음양의 이치가 이미 그 가운데 다 갖추어져 있다."라고 하였다. 《近思錄 卷1 道體》 저자가 도와 기가 서로 이웃한 게 아니라고 한 것은, 도와 기가 별개로 분리되어 있는 것이 아니라는 뜻이다.

767 인심(人心)을……되겠는가 : 외진(外塵)은 본디 불교 용어로, 색(色)·성(聲)·향(香)·미(味) 등의 외경(外境), 즉 사람의 마음을 유혹할 수 있는 외물을 가리킨다. 저자는 인심 또한 도심(道心)의 일원(一圓)으로 보아야지, 어떤 외물로 간주해서는 안 된다는 뜻으로 한 말이다.

768 사용시엔……보리라 : 명(明)나라 학자 나흠순(羅欽順)은 자가 윤승(允升), 호는 정암(整庵)이다. 격물치지학(格物致知學)에 전념하여 주자학(朱子學)을 신봉하면서도 약간의 차이점을 두었다. 그는 《곤지기(困知記)》에서 "도심은 성이요, 인심은 정이다. 마음은 하나인데 두 가지로 말하는 것은 곧 동과 정의 나누임과 체와 용의 구별이 있기 때문이다.〔道心, 性也; 人心, 情也. 心一也而兩言之者, 動靜之分, 體用之別也.〕"라고 하였다. 즉 도심과 인심은 서로 체용, 동정의 구별이 있을 뿐, 별개가 아니라는 뜻이다. 《困知記 卷上》 저자도 나흠순의 학설을 따라서 한 말이다.

아우에게 부치다 12월이다.

寄弟 十二月

양친은 쇠하고 병들고 한 누이는 출가했기에	二親衰疾一妹嫁
한 아우는 양친 섬기느라 멀리 노닐 수 없구나	一弟晨昏無遠遊
천지 만물 가운데 더없이 완악한 나 같은 것은	乾坤萬物頑如我
바닷속 감옥에서 구차히 살아온 게 십육 년일세	海獄偸生十六秋

도사 김계[769]에게 쪽지로 보내다

簡金都事 啓

저물어 가는 해에 처음 일산을 맞대고 나서[770] 歲暮新傾蓋
하늘 한쪽 이 늙은이는 팔베개하고 누웠다오 天隅老曲肱
그대 훌쩍 나그네 노오를 작별하고 가서[771] 翩然謝羈敖
이미 또다시 신선 이응을 마주하였구려[772] 已復對仙膺

769 김계(金啓) : 1528~1574. 본관은 부안(扶安), 자는 회숙(晦叔), 호는 운강(雲江)이다. 1552년(명종7) 문과(文科)에 급제하여 헌납이 되었고, 중국어에 능통하여 한학교수(漢學教授)를 지내기도 하였다. 선조(宣祖) 때 장령, 승지, 동래 부사(東萊府使) 등을 거쳐 병조 참지, 승문원 제조(承文院提調)를 역임하고, 이조 참판에 이르렀다. 이황(李滉), 김인후(金麟厚), 이이(李珥), 기대승(奇大升)과 도의(道義)를 강론하기도 하였다.

770 저물어……나서 : 저자가 이때 김계를 처음 만나 의기투합했음을 의미한다. 일산을 맞댄다는 것은 120쪽 주239 참조.

771 그대……가서 : 노오(盧敖)는 옛날의 도인(道人) 이름이다. 저자가 노오와 성이 같기 때문에 자신을 노오에 빗대서 한 말이다. 옛날에 도인 노오가 북해(北海)에서 노닐다가 몽곡(蒙穀) 위에 이르러 약사(若士)라는 선인(仙人)을 만나서 그에게 "당신이 나와 서로 친구가 되어 줄 수 있겠는가?〔子殆可與敖爲友乎〕"라고 하자, 약사가 치아를 드러내서 웃으며 "나는 저 한만과 더불어 구해의 밖에서 노닐기로 기약했으니, 여기에 오래 머무를 수가 없다.〔吾與汗漫遊于九垓之外, 吾不可以久駐.〕"라고 하고 바로 떠나 버렸다는 고사가 있다. 《淮南子 道應訓》

772 이미……마주하였구려 : 이응(李膺)은 후한(後漢)의 고사(高士)인데, 여기서는 이응과 성이 같은 이항(李恒)을 이응에 빗대서 한 말이다. 후한의 고사인 곽태(郭太)는 집안이 매우 빈천했는데, 그가 낙양(洛陽)에 들어가 당대의 고사 이응을 한번 만나고 나서는 이응에게 크게 인정을 받아 서로 깊이 사귐으로써 명성이 마침내 경사(京師)를 진동하였다. 뒤에 그가 향리로 돌아갈 때는 수많은 선비들이 강가에까지 배웅을 나갔는

임금의 교화 선포하매 바람이 처음 불었고[773] 宣化風初動
마음을 담론하매 도는 날로 이루어지네[774] 論心道日凝
정미한 공부는 합일이 귀중한 것이니[775] 精微貴合一
일어나서 다시 나승의 저서[776]를 보게나 興復見羅升

상고하건대, 나정암(羅整庵)의 자가 윤승(允升)이다.

데, 이때 이응, 곽태 두 사람만이 함께 배를 타고 강을 건너가므로, 뭇사람이 그 광경을 바라보고 그 두 사람을 신선같이 여겼다고 한다.《後漢書 卷68 郭太列傳》이때 김계가 처음으로 저자를 방문하고 곧 이어 이항에게로 갔다.

773 임금의……불었고 : 임금의 교화를 선포한다는 것은 사명(使命)을 받든 지방관의 행정을 지칭한다. 바람이 처음 불었다는 것은 공자의 말에 "군자의 덕은 바람이요 소인의 덕은 풀이니, 풀 위에 바람이 불면 풀은 반드시 쓰러진다.〔君子之德, 風; 小人之德, 草. 草上之風, 必偃.〕"라고 하였는데, 임금의 은덕과 교화가 백성에게 두루 미치는 것을 의미한다.《論語 顔淵》

774 마음을……이루어지네 :《중용장구(中庸章句)》 제27장에 "그러므로 '진실로 지극한 덕이 아니면 지극한 도가 이루어지지 않는다.'라고 말한 것이다. 그러므로 군자는 덕성을 높이고 학문을 말미암는 것이다.〔故曰苟不至德, 至道不凝焉. 故君子, 尊德性而道問學.〕"라고 하였다. 그 집주(集註)에 이르기를 "덕성을 높이는 것은 마음을 보존하여 도체의 큼을 다 이루기 위함이요, 학문을 말미암는 것은 앎을 지극히 하여 도체의 세세한 것을 다 이루기 위함이니, 이 두 가지는 덕을 닦고 도를 이루는 큰 단서이다.〔尊德性, 所以存心而極乎道體之大也; 道問學, 所以致知而盡乎道體之細也. 二者, 修德凝道之大端也.〕"라고 하였다. 김계가《중용》의 존덕성(尊德性), 도문학(道問學)의 공부에 정진하고 있음을 칭찬하여 이른 듯하다.

775 정미(精微)한……것이니 : 합일(合一)은 왕수인(王守仁)의 지행합일설(知行合一說), 이기합일설(理氣合一說) 등을 지칭한 듯하다.

776 나승(羅升)의 저서 : 나승은 명(明)나라 학자 나흠순(羅欽順)이다. 자세한 내용은 319쪽 주768 참조.

재차 쪽지를 보내다

再簡

오랜 세월에 입은 세 겹으로 봉하였고[777]	日月三緘口
세상 경험은 아홉 번 팔을 부러뜨린 듯하네[778]	風塵九折肱
도는 사물을 빠뜨리기 어려운 것이요[779]	道難遺事物
학문의 요점은 맘속 깊이 간직함에 있다오	學要在心膺
단지 위미의 분별[780]만 외쳐 댈 뿐이고	只喚危微別

777 오랜……봉하였고 : 입을 세 겹으로 봉했다는 것은 말을 삼간다는 의미이다. 《공자가어(孔子家語)》 〈관주(觀周)〉에 "공자가 주나라에 관광을 갔다가 태조 후직의 사당에 들어가서 묘당의 오른쪽 뜰 앞에 서 있는 금인을 보았다. 그 입이 세 겹으로 봉해져 있었고, 그의 등에는 '옛날에 말을 삼가던 사람이다.'라고 새겨져 있었다.〔孔子觀周, 遂入太祖后稷之廟, 廟堂右階之前, 有金人焉. 三緘其口, 而銘其背曰: 古之愼言人也.〕"라고 하였다. 저자 역시 항상 말을 삼가고 지내 왔다는 뜻이다.

778 세상……듯하네 : 《춘추좌씨전(春秋左氏傳)》 정공(定公) 13년에 "팔이 세 번 부러져 봐야만 훌륭한 의사가 된다는 것을 알 수 있다.〔三折肱, 知爲良醫.〕"라고 하였다. 즉 여러 차례 팔이 부러지는 부상을 당해 보아야만 그 팔을 치료할 수 있는 방법을 알게 된다는 뜻으로, 세상일에 경험이 많음을 비유한다. 여기서 '삼절굉(三折肱)'을 '구절굉(九折肱)'으로 쓴 것은 바로 위 구절의 '삼함(三緘)'과 겹치기 때문에 '삼(三)'을 피하여 '구(九)'로 전용한 것이다.

779 도(道)는……것이요 : 도와 기가 분리되어 있지 않다는 뜻이다. 319쪽 주766 참조.

780 위미(危微)의 분별 : 순(舜) 임금이 우(禹) 임금에게 선위(禪位)할 적에 "인심은 오직 위태롭고 도심은 오직 은미하니, 오직 정밀하고 전일하게 하여 진실로 그 중을 잡으라.〔人心惟危, 道心惟微, 惟精惟一, 允執厥中.〕"라고 하였다. 인심은 형기(形氣)의 사사로운 감정에서 나오는 마음을 가리킨다. 이 마음은 사사롭기는 쉽고 공정하기는 어려우므로 위태롭다고 하고, 도심은 밝히기는 어렵고 어두워지기는 쉬우므로 은미하

이기의 응합[781]에 대해선 허투루 들어 버리네 空聞理氣凝
누가 능히 이런 경지를 자득할 수 있을꼬 誰能有自得
그렇다면 회암과 정암[782]과 같은 경지라 하겠지 晦整與同升

김 도사가 내가 소장한 《곤지기(困知記)》를 취해 갔다.

다고 한 것이다. 《書經 大禹謨》

781 이기(理氣)의 응합(凝合) : 이(理)와 기(氣)가 별개로 독립한 것이 아니고, 서로 불가분의 관계임을 의미한다.

782 회암(晦庵)과 정암(整庵) : 회암은 주희(朱熹)의 호이고, 정암은 바로 앞의 〈도사 김계에게 쪽지로 보내다〔簡金都事啓〕〉에 나온 나흠순의 호이다.

차운하여 홍응휴[783]에게 주다 이름은 인지이다.

次韻贈洪應休 仁祉

우리 두 사람은 우리 빙군 선생을 사사(師事)하였다. 응휴의 형인 응길(應吉)[784]은 바로 내 친구이다.○상고하건대, 응길의 이름은 인우(仁祐)이고 호는 치재(耻齋)이다.

평생에 우리 사우 간의 일이 귀에 쟁쟁하여라　　平生師友在洋洋
먼 변방에서 눈물 흘리며 일판향[785]을 사르노라　　雙涕殊方一瓣香
모지라진 머리엔 오늘의 백발만 더해졌건만　　短髮空添今日白
높은 하늘은 예전의 푸른빛을 바꾸지 않았네　　高天不改舊時蒼

783 홍응휴(洪應休) : 홍인지(洪仁祉)로, 응휴는 자이다. 생원(生員)으로 진천 현감(鎭川縣監)을 지냈다.

784 응길(應吉) : 홍인우(洪仁祐)의 자이다. 그는 서경덕(徐敬德), 이황(李滉)의 문인이다. 사마시(司馬試)에 합격했으나 벼슬에 뜻이 없어 대과(大科)를 단념하고 학문에만 전념하였다.

785 일판향(一瓣香) : 향을 피우고 예불(禮佛)하듯이, 매우 경건한 마음으로 별인(別人)을 앙모한다는 의미이다.

취하여 정 상사에게 주다 계해년[786] 1월이다.

醉贈鄭上舍 癸亥正月

시문을 손에 잡으니 소륙에게 놀랐고	把文驚小陸
손을 좋아함은 당시를 보겠다 했는데[787]	愛客見當時
이 구절을 일찍이 외기만 했더니	此句曾誦得
오직 그대가 지금 당시 같은 사람일세	惟君今有之
석천의 화려한 집 아래서	石川華屋下
새로운 시를 지을 만하리라[788]	可以賦新詩
나는 감히 따라가지 못하고	不敢相隨去
산천에서 흰 수염 나는 것만 볼 뿐이네	山川生白髭

정 상사가 석천(石川)의 이웃에 살고 있다.

786 계해년 : 1563년(명종18)으로, 이때 저자는 49세였다.

787 시문을……했는데 : 두보(杜甫)의 〈답정십칠랑일절(答鄭十七郎一絶)〉에 "글을 손에 잡으니 소륙의 재주에 놀랐고, 손을 좋아함은 당시를 보겠구려.〔把文驚小陸, 好客見當時.〕"라고 한 것을 인용하였는데, 호객(好客)을 애객(愛客)으로 전용하였다. 《杜少陵詩集 卷14》 여기서는 정 상사(鄭上舍)의 성이 정씨(鄭氏)이고, 빈객 접대하기를 좋아하므로 정당시(鄭當時)에 빗대서 한 말이다. 정당시에 대해서는 176쪽 주377 참조.

788 석천(石川)의……만하리라 : 석천은 임억령(林億齡)의 호이다. 전라도 해남(海南) 출신으로, 중종(中宗) 때 문과에 급제하였고, 명종(明宗) 연간에 동부승지, 병조참지, 강원도 관찰사 등을 역임하였다. 금산 군수(錦山郡守)로 있을 때 동생 임백령(林百齡)이 소윤(小尹) 일파에 가담하여 대윤(大尹)의 많은 선비들을 추방하자 벼슬을 사퇴하였다. 그 후 임백령이 원종공신(原從功臣)의 녹권(錄券)을 보내오자 분격하여 이를 불태우고 해남에 은거하였다. 석천의 집에서 시를 지을 만하리라고 한 것은 정 상사(鄭上舍)가 임억령의 이웃에 살고 있기 때문이다.

매를 잃다
喪鷹

부모 봉양할 정성 없어 너를 소홀히 보호하다	爲養無誠護汝疎
한밤중에 내 허점을 찌르는 걸 깨닫지 못했네	中宵不覺動吾虛
앞으로는 내 아우가 어버이의 물음 받자올 땐	從今寡弟承親問
여유 없단 대답이 있단 대답보다 나음을 알겠지[789]	解答無餘勝有餘

789 내 아우가……알겠지 : 여유가 있다 없다의 대답은 증자(曾子)와 그의 아들 증원(曾元)의 고사에서 온 말이다. 맹자가 이르기를 "증자가 아버지 증석을 봉양할 때 밥상에 반드시 주육을 준비하였는데, 밥상을 물릴 적에 증자는 반드시 누구에게 주시겠느냐고 청하였으며, 여유가 있느냐고 물으면 반드시 있다고 대답하였다. 증석이 죽은 뒤에는 증원이 증자를 봉양하되, 그 또한 반드시 주육을 준비하였는데, 밥상을 물릴 적에 증원은 누구에게 주시겠느냐고 청하지 않았으며, 증자께서 여유가 있느냐고 물으면 반드시 없다고 대답하였으니, 이는 그 음식을 다시 올리기 위해서였다. 이것은 이른바 구체만을 봉양한다는 것이니, 증자와 같이 하면 부모의 뜻을 봉양한다고 이를 만하다.〔曾子養曾晳, 必有酒肉. 將徹, 必請所與. 問有餘, 必曰有. 曾晳死, 曾元養曾子, 必有酒肉. 將徹, 不請所與. 問有餘, 曰亡矣, 將以復進也. 此所謂養口體者也, 若曾子, 則可謂養志也.〕"라고 하였다.《孟子 離婁上》 저자가 가끔 매사냥을 나가 꿩 같은 것을 사냥하여 친가(親家)에 보내 드리곤 했는데, 이제는 그럴 수가 없으므로, 설령 부모님이 좋은 반찬이 여유가 있느냐고 물을 경우, 아우가 없다고 대답할 수밖에 없으리라는 뜻이다.

3월 3일에 취하여 문 광문에게 주다

三月三日醉贈文廣文

오랜 객지에 다정히 함께 취하고 깨곤 하는데	久客多情共醉醒
오늘도 좋은 술로 한번의 향기론 자리 이뤘네	春杯又作一番馨
창 앞 가득한 긴 대숲이 자리 가까이 비치거니	滿窓脩竹侵茵席
다시 그 어드메로 답청[790]을 하러 간단 말인가	更向何方去踏青

갱(更)이 다른 본에는 각(却)으로 되어 있다.

790 답청(踏靑) : 삼월 삼짇날 곡강연(曲江宴)을 베풀어 도성 사람들이 모두 강가에서 계사(禊事)를 치르고 술을 마시며 청초(靑草)를 밟고 노는데, 이를 답청절(踏靑節)이라고 한다. 《秦中歲時記》

취하여 광문의 운에 차하다

醉次廣文韻

난정의 물과 대는 예로부터 일컬어 오는데[791]	蘭亭水竹古來稱
늦은 봄이라 남쪽 변방은 벌써 후덥지근해지네	春晚邊頭已鬱蒸
묽은 술이나마 마시며 긴 해를 보낼 만하거니	薄酒猶堪消永日
포말이다 풍등이다[792] 하는 건 논하지 마세나	休論泡沫與風燈

791 난정(蘭亭)의……오는데 : 난정은 회계(會稽) 산음현(山陰縣)에 있던 정자이다. 진 목제(晉穆帝) 영화(永和) 9년(353) 삼월 삼짇날, 즉 상사일(上巳日)에 왕희지(王羲之), 사안(謝安), 손작(孫綽) 등 당대의 명사 40여 인이 난정에 모여서 계사(禊事)를 행하고, 이어 굽이쳐 흐르는 물에 술잔을 띄우고〔流觴曲水〕 시를 읊으면서 성대한 풍류 놀이를 하였다.

792 포말(泡沫)이다 풍등(風燈)이다 : 포말은 물거품이고, 풍등은 바람 앞의 등불이다. 모두 덧없는 인간사를 비유한다.

재차 차운하다
再次韻

몸 밖의 명예 안 일컬어짐을 어찌 꺼릴쏜가[793]	身外何嫌名不稱
찐 듯한 잘 익은 항아리의 술만 좋아하노라	甕頭惟喜酒如蒸
높이 날아 은하수 뛰넘는 고니를 우러러보고	仰看擧鵠超雲漢
등잔불에 마구 덤비는 불나방을 조소한다네[794]	俯笑飛蛾赴夜燈

793 몸……꺼릴쏜가 : 몸 밖이란 신외지물(身外之物), 즉 명예, 지위, 재산 등을 가리킨다. 명예가 안 일컬어진다는 것은, 공자의 말에 "군자는 죽은 뒤에까지 이름이 일컬어지지 못함을 싫어한다.〔君子, 疾沒世而名不稱焉.〕"라고 한 데서 온 말이다. 《論語 衛靈公》 여기서는 명예를 얻고 못 얻고는 전혀 상관하지 않는다는 뜻이다.

794 높이……조소한다네 : 하늘 높이 나는 고니는 세속의 명리(名利)를 초탈한 고상한 인품에 비유하고, 등잔불에 마구 덤벼들어 스스로 화(禍)를 당하는 불나방은 세속의 명리를 좇아 허덕이는 무리들에 비유한다.

밤에 옥계[795]의 서신을 얻고 새벽에 일어나 앉아서 정일하기 어렵다는 말을 조용히 완미하고, 인하여 지난겨울에 일재에게 삼가 받들어 올린 시[796]를 외면서 재차 그 운에 차하여 써서 옥계의 금당에 부치다

方夜得玉溪書曉坐潛玩精一之難仍記誦前冬敬奉一齋之作再次書寄玉溪琴堂

옥계의 서신에서 정일(精一)하기가 어렵다고 하였다. ○상고하건대, 노진(盧禛)의 자는 자응(子膺)이고, 호가 옥계(玉溪)이다. 이때 담양 부사(潭陽府使)로 있었다.

마음은 밖이 없는데도 굳이 이웃으로 나누지만[797]	此心無外强分隣
요컨대 공부를 하여 식진의 경지[798]에 들어야 하리	要着工夫入息塵
만일 도심이 발할 때에 인심과 일치한다면	若道發時方致一

795 옥계(玉溪) : 노진(盧禛, 1518~1578)으로 옥계는 호이다. 자(字)는 자응(子膺)이다. 1546년(명종1) 증광 문과(增廣文科)에 급제한 이후 예조의 낭관(郞官)을 거쳐 지례 현감(知禮縣監)으로 나가 염근리(廉謹吏)에 선발되었다. 그 후 선조(宣祖) 때까지 수많은 내직과 외직을 역임하고, 대사헌, 예조와 이조의 판서에 이르렀다. 시호는 문효(文孝)이다.

796 지난겨울에……시(詩) : 저자가 지난겨울 일재(一齋) 이항(李恒)에게 올린 시를 말하는데, 그 시는 《소재집》 제4권 〈차운하여 정 첨사의 돌아가는 행차에 받들어 올리고, 다시 한 편을 제하여 일재의 시자에게 전달하도록 당부하다〔次韻奉呈鄭僉使廻軒復題一篇憑達一齋侍者〕〉에 보인다.

797 마음은……나누지만 : 인심과 도심이 원래 서로 별개의 것이 아니고, 즉 '하나이면서 둘이요 둘이면서 하나인' 관계이니, 이것을 굳이 별개로 나누어서는 안 된다는 뜻이다.

798 식진(息塵)의 경지 : 진념(塵念), 즉 물욕을 잠재우는 경지를 의미한다.

정중인이 분명히 수중인과 똑같아지리로다[799] 靜中眞箇睡中人

799 정중인(靜中人)이……똑같아지리로다 : 정중인이란 외물에 마음이 흔들리지 않도록 잘 간직된 상태이다. 수중인(睡中人)이란 한창 잠을 자고 있는 상태이다. 정중인과 수중인을 서로 비교하면 잠을 자거나 자지 않는 차이는 있지만, 마음이 외물에 흔들리지 않고 고요히 간직된 상태는 똑같다는 뜻이다. 화정 윤씨(和靖尹氏)의 말에 "횡거가 이르기를 '지각하는 것으로 말미암아 마음이란 이름이 있게 되었다.'라고 하였으니, 대개 그 지각하는 것으로 말미암아 억지로 '마음'이라 이름한 것이다. 또 〈계사(繫辭)〉에 이르기를 '적연히 동하지 않다가 감동하여 마침내 천하의 원인을 통한다.' 하였으니, 만일 적연히 동하지 않기만 한다면 목석과 똑같은 것이다. 다만 감동하여 마침내 통하는 것이 지각이니, 지각이 곧 마음이다.……비유하자면, 한창 잠을 자고 있는 사람도 자기 이름을 부르면 깜짝 놀라 일어나지만, 다른 사람의 이름을 부르면 응하지 않는 것과 같으니, 이것이 바로 지각인 것이다.〔橫渠云: 由知覺有心之名. 蓋由其知覺, 强名曰心. 又曰: 寂然不動, 感而遂通天下之故. 若只寂然不動, 與木石等也. 只爲感而遂通, 便是知覺. 知覺, 卽心也.……譬如睡中人喚己名, 則矍然而起; 呼他人名, 則不應. 是知覺也.〕" 라고 하였다.《性理大全書 卷32》

이순인[800]의 시에 재차 차운하다 9월이다.

再次韻李純仁 九月

승려 성진(性眞)이 가지고 갔다.

오랫동안 오두막 문 조용히 닫고 있다가	久掩衡茆靜
새로 서신을 받아 바삐 펼쳐 보노니	新披札翰忙
죽심은 연경 저자에서 만든 것이고[801]	竹心燕肆製
조양은 채씨 집에 소장했던 거로세[802]	棗樣蔡家藏
그대 내게 바라는 마음은 특별하지만	屬望非常度
내 재주 헤아리매 한 치의 장점도 없는걸	揆才闕寸長
돌아가는 중을 취한 눈으로 바라보고	僧歸瞪醉眼
편안히 누워서 가을볕을 쪼이노라	高枕暴秋陽

이순인이 죽심향(竹心香)과 황모필(黃毛筆)을 부쳐 주었다.○이순인이 매우 간절히 도(道)를 물었다.

800 이순인(李純仁) : 1533~1592. 자는 백생(伯生), 호는 고담(孤潭)이다. 1564년(명종19) 생원이 되고, 1572년(선조5) 별시 문과(別試文科)에 급제한 이후 여러 청환직을 거쳐 직제학, 형조 참의, 우승지, 이조 참의에 이르렀다. 당시에 최경창(崔慶昌), 백광훈(白光勳) 등과 함께 팔문장으로 일컬었다.

801 죽심(竹心)은……것이고 : 중국에서 만든 죽심향(竹心香)을 가리킨다.

802 조양(棗樣)은……거로세 : 조양은 대추씨 모양의 붓으로, 조심필(棗心筆), 또는 조핵필(棗核筆)이라고도 한다. 채씨(蔡氏)는 송대(宋代) 제일의 명필로 명성이 높은 채양(蔡襄)을 가리키는 듯하나, 채양이 조심필을 사용했는지는 알 수 없다.

차운하여 서호정에 부쳐 제하다

次韻寄題西湖亭

영암(靈巖)의 이광필(李光弼)이 임억령(林億齡), 기대승(奇大升), 이후백(李後白)의 시운을 부쳐 보여 주고 화답하기를 재촉하였다. 민성(閔誠)을 인하여 회답 증정하였다.

서호정에 한가로이 누운 지 그 몇 해이던고	西亭閑臥幾年奇
한 지방의 좋은 산수를 몽땅 다 차지하였네	一帶湖山盡有之
부 짓던 손과 정신으로 사귄 내가 아니거니	不是神交作賦客
유배지에서 어찌 서로 생각한 바가 있으랴[803]	瓊崖那復有相思

803 부(賦)……있으랴 : 부 짓던 손〔作賦客〕이란 두보의 〈운산(雲山)〉에 "장안 낙양은 멀리 운산 밖에 있고, 고향 소식은 적막하여 오지 않누나. 부 짓던 손과 정신으로 사귀노라니, 고향 바라보는 대에 힘이 다하노라.〔京洛雲山外, 音書靜不來. 神交作賦客, 力盡望鄕臺.〕"라고 한 데서 온 말이다. 두보가 피란차 성도(成都)에 머물면서 그곳이 고향인 사마상여(司馬相如)를 지칭한 말이다.《杜少陵詩集 卷9》 여기서는 임억령(林億齡), 기대승(奇大升), 이후백(李後白) 등 문사(文士)들을 사마상여에 빗대어 말하면서, 저자 자신은 절도(絶島)에 유배 중이라 서호정(西湖亭)에 가서 이 문사들과 정신으로 사귄 처지가 아니기에 그들의 시에 화답할 만한 시상(詩想)도 나지 않는다는 뜻이다.

문 광문에게서 《예기》를 찾다

從文廣文覓禮記

병치레하는 중년부터 정신이 혼란 방탕해졌으니	抱疾中年昏又放
일생에 무엇하러 예경을 탐구할 것 있으랴만	一生何用禮經探
지난밤에 구상한 것이 열렸다간 다시 막혀서	屬思前夜開還塞
두어 대문 글을 꼭 악기에서 참고해야겠구려	數段要從樂記參

박배간에 대한 만사 갑자년[804] 1월이다.

朴培幹挽詞 甲子正月

우연히 성 서쪽 집에 세 들어 살다 보니	偶賃城西宇
시냇가 담장이 그대 집과 서로 연하였네	還聯澗上墻
나의 형용은 깡마르고 초췌하지만	形容我枯槁
그대의 재기는 정하고도 강했지	材氣爾精强
술이 있으면 함께 즐길 만하였으니	有酒堪同賞
어느 땐들 혼자 마시려던 적이 있던가	無時肯獨嘗
그 누군들 뒤에 죽을 이가 아니랴마는	誰非後死者
외론 나그네 눈물이 가장 옷깃을 적시네[805]	孤客最沾裳
달 밝은 밤이면 노래하는 자리로 다가가고	夜月歌前席
춘풍이 불어올 땐 술이 담장을 넘어왔네[806]	春風酒過墻

804 갑자년 : 1564년(명종19)으로, 이때 저자는 50세였다.

805 그……적시네 : 뒤에 죽을 이는 박배간(朴培幹)의 빈소에 찾아온 조객들을 지칭한다. 모든 조객들이 박배간의 죽음을 애도하지만, 그중에도 저자는 망자와 가장 가까운 이웃에 살면서 지내온 정의가 남달랐다는 뜻이다.

806 춘풍(春風)이……넘어왔네 : 두보(杜甫)의 〈하일이공견방(夏日李公見訪)〉에 "지붕 너머로 술집 주인을 불러, 술이 있느냐고 물었더니, 담장 머리로 탁주를 넘겨주어, 자리 펴고 시냇물 임하여 마시네.〔隔屋喚酒家, 借問有酒否? 牆頭過濁醪, 展席俯長流.〕"라고 하였다. 《杜少陵詩集 卷3》 또 소식(蘇軾)의 〈용정국운증이십질진(用定國韻贈二十姪震)〉에 "담장 머리로 춘주를 넘겨오니, 농가의 질동이에 거품이 둥둥 떠 있네.〔牆頭過春酒, 綠泛田家盆.〕"라고 하였다. 《蘇東坡詩集 卷27》

그것이 문득 심상한 일이 되어 왔는데 忽尋常事了
이미 십오 년의 세월이 지났구려 已十五年强
친압하고 방탕하던 공부와 이웃했고[807] 狎蕩隣工部
나만 친해 주던 맹상의 문객도 되었네[808] 情私客孟嘗
탁주와 과일을 올릴 줄만 알았고 惟知奠醪果
도리어 수의는 준비하지 못했구려 却負襚衣裳

지난 늦가을엔 함께 술자리를 가졌더니 秋晩開樽勺
추운 봄날엔 휘장으로 상여를 꾸몄네그려 春寒飾柳墻
참마를 팔자면 가난해서 할 수 없거니와[809] 脫驂知已寠

807 친압하고……이웃했고 : 공부(工部)는 공부 원외랑(工部員外郎)을 지낸 두보(杜甫)를 가리킨다. 친압하고 방탕했다는 것은 《구당서(舊唐書)》에 "두보가 성도 완화리에 대와 나무들을 심고 강가에 집을 짓고는 마음대로 술 마시고 시가를 읊고 지내면서 농부나 촌 늙은이들과 서로 친압하고 방탕하게 어울려 조금도 자신을 검속한 바가 없었다.〔杜甫于成都浣花里, 種竹植樹, 結廬枕江, 縱酒嘯詠, 與田夫野老, 相狎蕩無拘檢.〕" 라고 한 데서 온 말이다. 《舊唐書 卷190 文苑列傳 杜甫》 두보처럼 방탕하게 지내던 저자 자신을, 이웃에 살던 박배간(朴培幹)이 잘 대해 주었다는 뜻이다.

808 나만……되었네 : 맹상(孟嘗)은 전국 시대 제(齊)나라 맹상군(孟嘗君)의 약칭이다. 맹상군은 천하의 선비들을 가리지 않고 초치하여 모두 똑같이 잘 대우해 주었으므로, 문객들이 모두 맹상군이 자기에게만 가장 친하게 대해 주는 것으로 알았다고 한다. 《史記 卷75 孟嘗君列傳》 저자 역시 이웃의 박배간이 자신에게만 가장 친하게 대해 주는 것처럼 느꼈다는 뜻이다.

809 참마(驂馬)를……없거니와 : 참마를 판다는 것은, 공자가 위(衛)나라에 가 있을 때, 예전 사관(舍館) 주인(主人)의 상(喪)을 만나서 그의 빈소에 들어가 슬피 곡하고 나와서는 자공(子貢)을 시켜서 참마를 떼 내 팔아서 부의(賻儀)를 하게 한 데서 온 말이다. 《禮記 檀弓上》 여기서는 저자 자신은 참마를 팔아서 상가(喪家)에 부의하려고 해도 집이 가난하여 참마도 없다는 뜻이다.

상엿줄을 잡자도 강건치 못함에 어찌하랴	弼紼奈無强
거리제는 사람들을 곧 출발토록 재촉하는데	出祖催人且
시는 내가 일찍이 기억난 걸 읊조리노라	哦詩記我嘗
애처로움을 어찌하랴 약한 손자가 있어	那堪有孫弱
검은 대지팡이를 짚고 상복을 입었네그려	苴杖更縗裳

최[810]를 보내다

送崔

머나먼 섬에 오래도록 나그네가 되어　　絶島長爲客
춘풍 속에 또 가는 사람을 전송하네　　春風又送人
탄금대 아래 길을 가노라면　　彈琴臺下路
나를 위해 한번 상심이 되겠지　　爲我一傷神

최(崔)는 제천(堤川)에서 살고, 내 고향은 유신(維新)[811]이다. 제천과 유신이 서로 인접해 있는데, 탄금대(彈琴臺)가 그 중간 지점에 있다.

810 최(崔) : 성(姓)만 쓰고 이름을 밝히지 않아서 누구인지 자세하지 않다.

811 유신(維新) : 충주(忠州)의 고호이다.

외삼촌[812]의 시자에게 받들어 올리다 2월이다.

奉呈舅氏侍 二月

장기 비 자욱이 내리는 만 리 밖에서 읊노라니	瘴雨沈沈萬里吟
조용한 집에서 근심에 젖은 우리 두 사람일세	閒堂悄悄兩人心
봄이 와도 시름의 많고 적음은 묻지 않건만	春來不問愁多少
늙어 가매 학문의 깊고 얕음만 알게 되는구려	老去空知學淺深

812 외삼촌 : 저자의 서외숙(庶外叔)인 이수부(李秀夫)이다.

지백과 처회[813]를 보내 준 이 금산[814]에게 사례하다

謝李錦山惠知白處晦

종이 마흔 장과 원형의 묵 다섯 자루를	紙四十番墨五螺
친구가 보내 주니 정이 많음을 깨닫겠네	故人相贈覺情多
지금은 차기할 만한 공부를 한 게 없으니	只今箚記無功業
두었다가 도연명의 자만가나 써야겠구려[815]	留寫淵明自挽歌

813 지백(知白)과 처회(處晦) : 지백은 저지백(楮知白)의 약칭으로 '종이'를 의인화한 말이다. 소이간(蘇易簡)의 〈문숭호치후저지백전(文嵩好畤侯楮知白傳)〉에 "저지백은 자가 수현이요 화음 사람이다. 그의 선조가 상산에 은거하여 백화곡으로 들어가서 인하여 '곡'을 씨로 삼았다.〔楮知白字守玄, 華陰人也. 其先隱居商山, 入百花谷, 因谷氏焉.〕"라고 하였다. 《文房四譜 卷4》 처회는 '묵(墨)'을 의인화한 말이다.

814 이 금산(李錦山) : 금산 군수(錦山郡守) 이 아무〔李某〕를 가리키는 듯한데, 이름은 알 수 없다.

815 도연명(陶淵明)의 자만가(自挽歌)나 써야겠구려 : 연명은 도잠(陶潛)의 자이다. 자만가란 도잠이 자신에 대하여 지은 만가시(挽歌詩)이다. 《陶淵明集 卷4》 저자 또한 도연명처럼 만가시를 지어 쓸 때, 친구가 보내 준 종이와 먹을 사용하겠다는 뜻이다.

표범 가죽을 보내 준 김 방백[816]의 시에 차운하다
次韻金方伯豹皮之餉

자순의 공업[817]을 당년에 우뚝하게 세우고	咨詢功業立當年
빛나는 문장[818]을 해변까지 떨어뜨려 주었네	炳蔚文章落海邊
안개 피해 숨은 건 되레 일신의 죄 때문인데[819]	霧隱還爲一身累

816 김 방백(金方伯) : 방백은 관찰사의 별칭으로, 당시 전라도 관찰사였던 김덕룡(金德龍, 1518~?)을 가리킨다. 자는 운보(雲甫), 호는 낙곡(駱谷)이다. 1546년(명종1) 증광시(增廣試)에 급제하여 암행 어사를 지내고 여러 내직을 거쳤다. 1563년 전라도 관찰사를 비롯하여 개성 유수(開城留守) 등을 역임하였으며, 다시 내직으로 들어와서 동지중추부사를 거쳐 대사헌에 이르렀다.

817 자순(咨詢)의 공업(功業) : 자순은 자문(咨問)과 같은 뜻이다. 사명을 받고 떠난 사자(使者)는 이리저리 부로(父老)들을 찾아서 모르는 일을 자문한다. 《시경》 〈소아(小雅) 황황자화(皇皇者華)〉에 "반짝반짝 빛나는 꽃들이여, 저 언덕이랑 진펄에 피었네. 부지런히 달리는 사나이는, 행여 못 미칠까 염려하도다.……내가 탄 말은 인마인데, 여섯 가닥 고삐가 고르도다. 이리저리 채찍질하여 달려서, 두루 찾아서 자문을 하도다.〔皇皇者華, 于彼原隰. 駪駪征夫, 每懷靡及.……我馬維駰, 六轡旣均. 載馳載驅, 周爰咨詢.〕"라고 하였다. 여기서는 전라도 관찰사의 업적을 가리킨다.

818 빛나는 문장 : 전라도 관찰사가 저자에게 보내온 시를 가리킨다.

819 안개……때문인데 : 안개를 피해 숨는다는 것은 《열녀전(列女傳)》 〈도답자처(陶答子妻)〉 조에 "첩은 들으니, 남산에 검은 표범이 있는데, 안개비가 내리는 이레 동안 먹이를 먹으러 나오지 않는 것은 무슨 까닭인고 하면, 제 터럭을 윤택하게 하여 고운 문채를 이루고자 해서랍니다.〔妾聞南山有玄豹, 霧雨七日而不下食者, 何也? 欲以澤其毛而成文章也.〕"라고 한 데서 온 말이다. 여기서는 저자가 김덕룡에게 표범 가죽을 선사받았기 때문에, 저자 자신은 표범처럼 고운 문채를 이루고자 숨어 있는 게 아니라, 죄를 짓고 갇혀 있는 몸이라는 뜻으로 한 말이다.

대롱으로 엿본 걸 만인에게 전할 것 있으랴[820]　　管窺何必萬人傳

820 대롱으로……있으랴 : 대롱으로 엿본다는 것은, 진(晉)나라 왕희지(王羲之)의 아들 헌지(獻之)가 어렸을 적에 자기 부친의 문생(門生)들끼리 노름하는 것을 구경하다가 승부가 판가름 나는 것을 보고는 "남방의 노래는 활기가 없다.〔南風不競〕"라고 하자, 한 문생이 헌지를 보고 "이 아이도 대롱 구멍으로 표범을 엿보아 때로 한 점의 무늬만을 볼 뿐이다.〔此郎亦管中窺豹, 時見一斑.〕"라고 한 데서 온 말이다.《世說新語 方正》 대롱 구멍으로 표범을 보면 표범의 무늬 전체를 보지 못하고 그 일부분 밖에 볼 수 없다는 뜻에서, 식견이 좁음을 비유한다. 저자의 식견 또한 좁아서 남들에게 보일 만하지 못하다는 뜻이다.

때를 기록하여 회포를 서술하다. 모두 100언이다. 이를 기록하여 외삼촌의 돌아가는 행차에 받들어 올리다 3월이다.

紀時敍懷凡一百言錄奉舅氏廻軒 三月

갑자년 중춘의 끝자락에　甲子中春末
서남쪽 머나먼 섬이 텅 빌 듯하네[821]　西南絶島虛
어렵스레 꼭 닮은 사람을 찾아와서[822]　艱難尋酷似
죽었는지 살았는지를 물어보았네　存歿問何如
젊은 자식은 숲 우거진 산 오르길 그만뒀는데[823]　青眼罷陟屺
백발의 모친께서는 아직도 문려에 기대시겠지[824]　白頭猶倚閭
넋은 혼미하여 갑자기 말이 안 나오고　魂迷翻失語
눈물이 마른 담에야 편지를 뜯어보곤 하였네　淚盡始開書
스무 해 동안에 겨우 세 번을 만났으니　廿載幸三遇
백 년을 산다 한들 그 몇 번이나 만나겠는가　百年能幾餘

821 서남쪽……듯하네 : 저자의 서외숙(庶外叔) 이수부(李秀夫)가 진도(珍島)로 저자를 찾아왔는데, 그가 떠나고 나면 마치 섬이 텅 빈 것처럼 느껴지리라는 뜻인 듯하다.

822 어렵스레……찾아와서 : 저자와 꼭 닮은 외삼촌이 생질인 저자를 어렵스레 찾아왔다는 뜻이다. 191쪽 주412 참조.

823 젊은……그만뒀는데 : 숲 우거진 산을 오른다는 것은 멀리 계신 모친을 그리워한다는 뜻이다. 197쪽 주433 참조. 여기서는 모친을 그리워하는 자신의 정성이 부족해졌다는 뜻이다.

824 백발(白髮)의……기대시겠지 : 어머니가 항상 마을 문에 기대서서 자식이 돌아오기를 간절히 기다릴 것이라는 뜻이다. 121쪽 주242 참조.

깊은 정으로 험난한 여행길에 힘겨웠으련만	深衷倦跋涉
나는 만년에 인제만 지키고 있을 뿐이네[825]	晩節守因諸
걸상 앞에 마주 앉으니 우리는 다 나그네라	對榻俱爲客
술을 마셔 봐도 나는 취하지를 않는구려	浮觴不醉予
죽고 삶은 오직 천명에 달렸거니와	死生唯命耳
만나면 이별이라 돌아가는 걸 어찌하랴	離合奈歸歟
북쪽 산마루엔 외론 구름 가벼이 날고	北嶠孤雲細
동쪽 밭두둑엔 보리 이삭이 듬성한데	東阡大麥疎
노씨 생질이 이씨 외숙을 전송하노라니	盧甥送李舅
때는 삼월 하순 첫머리로다	參月下旬初

825 나는……뿐이네 : 인제(因諸)는 춘추 시대 제(齊)나라의 감옥 이름이라고 전해 오는데, 일설(一說)에는 제나라에서 죄인들을 방축(放逐)한 지역이라고도 한다. 저자 자신의 배소인 진도(珍島)를 제나라의 '인제'에 빗대서 한 말이다.

4경 밤에 닭이 울 제, 마침 돌아가신 빙군 선생[826]이 서울로 들어가실 때 한 무명자[827]가 던져 준 시가 기억나서 감탄하며 차운하다 4월이다.

四夜鷄鳴憶得先聘君先生入京時有無名子投詩感歎次韻 四月

번잡한 성시의 티끌이 어찌 몸을 더럽히랴	城市風塵豈被身
녹문의 높은 절조[828]는 정히 사람을 놀래키네	鹿門高節政驚人
음애의 정령이 아직 지하에 존재한다면	陰崖地下精靈在
응당 자주 왕래하는 왕량을 부끄럽게 여기리[829]	應愧王良屑屑頻

826 돌아가신 빙군(聘君) 선생 : 저자의 장인이며 스승이기도 한 이연경(李延慶)이다.

827 무명자(無名子) : '이름 없는 사람'이란 뜻으로 쓰이는데, 여기서는 자기 성명을 밝히지 않고 하인을 시켜 이연경에게 시 한 수만 던져 주고 간 사람을 가리킨다.

828 녹문(鹿門)의 높은 절조 : 녹문은 녹문산(鹿門山)의 약칭이다. 녹문산의 높은 절조(節操)란 후한(後漢)의 은사(隱士) 방덕공(龐德公)의 절조를 지칭한다. 그는 처자를 거느리고 녹문산에 들어가 은거하여 약초를 캐먹고 살면서 세상에 나가지 않았다고 한다. 《後漢書 卷83 逸民列傳 龐公》

829 음애(陰崖)의……여기리 : 음애는 이자(李耔, 1480~1533)의 호이다. 이자는 연산군(燕山君) 때 문과(文科)에 장원하여 감찰(監察)을 거쳐 이조 좌랑이 되었으나, 연산군의 난정(亂政)으로 사직했다. 중종반정(中宗反正) 이후에 다시 등용되어 여러 관직을 역임하고 우참찬에 올랐으나, 기묘사화(己卯士禍)로 파직을 당하고, 음성(陰城), 충주(忠州) 등지에서 학문을 닦으며 여생을 마쳤다. 왕량(王良)은 후한(後漢) 사람이다. 조정의 부름을 받자마자 조금도 사양함이 없이 부름에 응하여 올라가다가 중도에 병이 나서 가지 못하고, 친구의 집을 방문했다. 그 친구가 그와 만나는 것을 꺼려 "충성스러운 언론이나 뛰어난 계책도 없으면서 큰 자리를 취하려고 어찌 그리도 거리낌 없이 자주 도성을 왕래한단 말인가.〔不有忠言奇謀而取大位, 何其往來屑屑不憚

이상은 던져 준 사람의 시이다.

어묵 행장의 정당함을 한 몸에 책임지고[830]	語默行藏任一身
외물에 빠지지도 세속을 초탈치도 않았으니	不淪於物不離人
음애의 정령이 아직 지하에 존재한다면	陰崖地下精靈在
자주 왕래하던 왕량처럼 간주하려 하겠는가[831]	肯作王良一例頻

煩也?〕" 하고 마침내 거절해 버렸다. 《後漢書 卷27 王良列傳》 이연경이 기묘사화로 파직당한 이후 곧장 낙향(落鄕)하여 충주(忠州)에 은거하면서 이자(李耔)와 함께 자주 어울려 학문을 논하며 지냈다. 이자가 죽은 뒤로 이연경이 친척을 방문하기 위해 도성을 왕래한 적이 있는데, 이때 한 무명자가 이연경을 후한(後漢)의 왕량(王良)처럼 벼슬하기 위해 자주 도성을 왕래한다고 오해하여 이연경에게 이 시를 던져 준 것이다. 즉 평소에 이연경과 유달리 친밀한 이자의 영혼이 존재한다면 이연경이 오늘날 도성에 드나드는 것을 응당 부끄럽게 여길 것이라는 뜻이다. 《丙辰丁巳錄》《燃藜室記述 中宗朝故事本末》

830 어묵 행장(語默行藏)의……책임지고 : 어묵 행장은 출처 어묵(出處語默)과 같은 뜻으로, 경우에 따라서 말하기도 하고 침묵하기도 하며, 나가서 벼슬하기도 하고 은퇴하기도 하는 것을 이른다. 《주역(周易)》 〈계사전 상(繫辭傳上)〉에 "군자의 도는 나아가기도 하고 은퇴하기도 하며, 침묵하기도 하고 말하기도 한다.〔君子之道, 或出或處, 或默或語.〕"라고 하였다. 여기서는 저자의 스승인 이연경의 어묵 행장이 모두 정당했다는 뜻이다.

831 음애의……하겠는가 : 이는 무명자가 이연경의 서울 왕래를 오해하여 벼슬길에 급급했던 후한의 왕량에 비유한 데 대하여, 그럴 리가 없다는 정반대 의사를 표명한 말이다.

이 승천[832] 정 의 편지를 받고 절구로 사례하다
得李昇天 楨 書謝以絶句

회상하니 사십구 년은 잘못 살아왔거니와[833]	回頭四十九年非
성균관에서 서로 따른 지는 또 그 몇 해던고[834]	泮上追隨又幾時
천 리나 먼 이 해산까지 편지를 보내 준 것은	千里海山馳尺素
도의로써 서로 그리는 정을 풀기 위함이겠지	只緣道義解相思

832 이 승천(李昇天) : 승천은 순천(順天)의 고호로, 당시 순천 부사(順天府使)인 이정(李楨)을 가리킨다. 자는 강이(剛而), 호는 구암(龜巖)이다. 송인수(宋麟壽), 이황(李滉)을 사사(師事)하였다. 1536년(중종31) 별시 문과(別試文科)에 장원한 이후, 삼사(三司)의 관직 등을 거쳐 경주 부윤(慶州府尹)에 이르렀다.

833 회상하니……살아왔거니와 : 49년을 잘못 살아왔다는 것은 《회남자(淮南子)》 〈원도훈(原道訓)〉에 "거백옥은 나이 오십이 되어서 사십구 년 동안의 잘못을 알았다.〔蘧伯玉行年五十, 而知四十九年之非.〕"라고 한 데서 온 말이다. 이는 자신의 과거사를 회고하여 현재까지의 잘못된 행위를 깊이 후회한다는 뜻이다. 저자 자신이 이때 50세였으므로 거백옥의 고사에 빗대서 한 말이다.

834 성균관(成均館)에서……해던고 : 저자와 이정이 성균관 유생(成均館儒生)으로 함께 있던 시절을 말한다.

다시 앞의 운을 사용하여 심생 두[835]에게 사례하다. 심생은 이 승천의 친구이다

復用前韻謝沈生豆昇天舊也

이 백발의 인간은 오만 일이 다 글렀건만	白首人間萬事非
강남의 풍경은 예전 시절과 다름 없으리[836]	江南風景似前時
외론 심경에다 식은 재에 오줌까지 맞아서[837]	孤心更着寒灰溺

835 심생 두(沈生豆) : 서생 심두이다. 여러 가지 정황으로 보아 당시 순천(順天)의 문사(文士)인 것은 확실하나, 그의 사적은 자세하지 않다.

836 강남(江南)의……없으리 : 강남의 풍경이란 순천의 환선정(喚仙亭)을 비롯하여 그 주위의 뛰어난 경치를 가리킨다. 저자가 환선정을 중국의 신정(新亭)에 빗대서 시를 읊었다. 신정은 강소성(江蘇省) 강녕현(江寧縣) 남쪽에 있던 정자이다. 서진(西晉)이 유송(劉宋)에 쫓겨 장강(長江)의 동남쪽으로 건너가 동진(東晉)이 되었는데, 당시 주의(周顗), 왕도(王導) 등 여러 재상들이 좋은 날을 만날 때마다 이 신정에 모여 풀을 깔고 앉아서 연음(宴飮)을 하였다. 한번은 연음하던 중에 주의가 탄식하기를 "풍경은 서쪽의 고국과 서로 다르지 않으나 산하는 정히 절로 다른 것이 있구나.〔風景不殊, 正自有山河之異.〕"라고 하자, 온 좌중이 서로 바라보며 눈물을 흘렸지만, 유독 승상 왕도만은 심각한 표정을 지으며 "의당 우리가 왕실과 힘을 합쳐 중원을 회복해야 할 터인데, 어찌 초나라 죄수 꼴로 서로 마주하는 지경에 이를 수 있단 말인가.〔當共戮力王室, 克復神州; 何至作楚囚相對?〕"라고 하였다. 이 고사는 고국을 그리워하는 뜻으로 흔히 쓰인다.《世說新語 言語》

837 식은……맞아서 : 한(漢)나라의 한안국(韓安國)은 양 효왕(梁孝王)을 섬겨 중대부(中大夫)가 되었고, 무제(武帝) 때에 벼슬이 어사대부(御史大夫)에 이르렀다. 뒤에 흉노(匈奴)가 침입하자 재관장군(材官將軍)이 되어 어양(漁陽)에 주둔하고 있다가 흉노에게 패하여 문책을 받고 몽현(蒙縣)의 옥(獄)에 하옥되었다. 이때 옥리(獄吏) 전갑(田甲)이 한안국을 욕보이자, 한안국이 "식은 재는 유독 다시 불타지 않겠는가.〔死灰獨

십 년 동안 환선정은 꿈속의 생각마저 끊겼다네　　十載仙亭斷夢思

不復然乎〕" 하니, 전갑이 "불이 타면 즉시 오줌을 눠 버리겠다.〔然卽溺之〕"라고 하였다. 《史記 卷108 韓長孺列傳》 여기서는 저자 자신이 재기 불능의 핍박을 받고 꼼짝 못하는 처지에 있다는 뜻이다.

죽순을 읊다 5월이다.

詠筍 五月

창려(昌黎) 선생의 운[838]을 사용하였다.

그 어떤 이가 낳은 영형배인고[839] 何物寧馨輩
뛰어나게 두각이 우뚝해졌네 嶄然頭角軒
천둥 벼락이 숨은 용[840]을 진동시키고 轟雷奮蟠蟄
차가운 비가 침울한 기운 흩어 버리매 凍雨散沈煩
산악 정기 모인 종산[841]의 수많은 대가 잉태하여 鍾嶽千竿孕
비탈에 던져진 게 몇 대손이나 보았던고[842] 投陂幾葉孫

838 창려(昌黎) 선생의 운 : 창려는 창려백(昌黎伯)에 봉해진 한유(韓愈)의 호이다. '운'이란 한유의 〈화후협률영순(和侯協律詠筍)〉이란 제목의 시운(詩韻)을 가리킨다. 《韓昌黎集 卷10》

839 그……영형배(寧馨輩)인고 : 영형배는 영형아(寧馨兒)와 같은 뜻이다. 진(晉)나라의 속어에 '이러한 무리'라는 감탄사로 쓰이던 말로 매우 기특함을 뜻한다. 진(晉)나라 왕연(王衍)이 어려서 매우 총명하고 풍채가 뛰어났다. 그가 총각 시절에 산도(山濤)를 방문했는데, 산도가 한참 동안 바라보다가 "그 어떤 아낙네가 이러한 아이를 낳았단 말인가?〔何物老嫗, 生寧馨兒?〕"라고 감탄하였다. 《晉書 卷43 王衍列傳》 여기서는 죽순(竹筍)을 미화한 말이다.

840 숨은 용 : 죽순을 가리킨다. 즉 봄을 만나서 장차 솟아 나오려는 죽순을 용에 빗대서 한 말이다.

841 종산(鍾山) : 예로부터 여러 종류의 대나무가 무성하기로 유명하였다.

842 비탈에……보았던고 : 비탈에 던져졌다는 것은 후한(後漢) 비장방(費長房)의 고사에서 온 말이다. 시장에서 약을 팔던 한 노인이, 자기 점포 머리에 병 하나를 걸어놓고 있다가 시장을 파하면 매양 그 병 속으로 뛰어 들어가곤 하였다. 당시 시연(市掾)

오늘 새벽엔 비단 포대기에 묶여 있으니[843] 今晨束錦褓
어젯밤엔 막 나와 달빛에 목욕했으리[844] 昨夜浴金盆
옥이 싸여 있으니 몸은 윤택함을 알겠고[845] 玉韞知身潤
엷은 막이 붙어 있어 배 속은 어두운 걸 알겠네[846] 莩親認腹昏
자기를 관측한 뇌환은 괜히 수고로웠거니와[847] 空勞望氣煥

으로 있던 비장방이 그 사실을 알고는 그 노인에게 가서 재배하고, 노인을 따라 그 병 속에 들어가 보니, 옥당(玉堂)이 화려하고 좋은 술과 맛있는 안주가 그득하여 함께 술을 실컷 마셨다. 그가 돌아올 때 노인이 대지팡이〔竹杖〕 하나를 주면서 "이것만 타면 저절로 집에 갈 수 있다."라고 하였다. 비장방이 그 지팡이를 타고 조는 듯한 순간에 홀연히 집에 당도해서는 그 지팡이를 칡비탈〔葛陂〕 속에 던졌는데, 그것이 청룡으로 변하였다. 용(龍)은 대나무를 비유한 것으로, 여기서는 종산의 비탈에 던져진 대가 대대손손 죽순을 낳고 있다는 뜻이다.

843 비단……있으니 : 죽순이 알록달록한 껍질에 싸인 채 솟아 나온 것을 가리킨다.

844 어젯밤엔……목욕했으리 : 죽순이 막 땅 위로 나온 때를 말한다. 목욕했다는 것은 사람이 아기를 낳으면 바로 목욕을 시키는 것에 빗대서 한 말이다.

845 옥(玉)이……알겠고 : 옥이 싸여 있다는 것은 벽옥(碧玉)처럼 파란 죽순의 속살이 껍질에 싸여 있는 것이다. 옥은 본디 윤택한 것이므로, 여기서 '몸' 또한 죽순의 속살을 가리킨다.

846 엷은……알겠네 : 배 속이 어둡다는 것은 대나무의 이면(裏面)에 엷은 막(膜)이 붙어 있어 통(筩) 속이 어둡다는 뜻인 듯하다.

847 자기(紫氣)를……수고로웠거니와 : 자기는 자줏빛 서기(瑞氣)이다. 진(晉)나라 문인 장화(張華)가 천문, 방기(方技) 등에 정통한 친구 뇌환(雷煥)으로부터 두(斗), 우(牛) 두 별 사이에 항상 자기가 뻗쳐 있는 것이 바로 예장(豫章)의 풍성(豐城)에 묻힌 보검에서 나온 빛임을 알고는 뇌환을 풍성현에 보임시켜 그로 하여금 풍성현의 옛 옥사(獄舍) 터를 발굴하게 하여 마침내 춘추 시대 간장(干將), 막야(莫邪) 두 부부가 제작했다는 용천(龍泉), 태아(太阿) 두 보검을 찾아냈다고 한다. 《晉書 卷36 張華列傳》 뇌환이 부질없이 수고로웠다고 한 것은 자줏빛으로 반짝이는 화려한 죽순이 바로 곁에 있는데, 굳이 수고롭게 하늘을 보고 자기를 관측할 것이 있겠느냐는 뜻이다.

어찌 환온 아기 우는 소리 듣기를 바랄쏜가[848] 詎要聽啼溫
빼어나고 무성하게 심상으로 늘어섰으되[849] 岐嶷尋常立
힘찬 표정은 구만리나 날아갈 듯하구려 襟期九萬騫
오직 껍질이 일찍 벗어져 나갈까 걱정이요 惟憂早發脫
오래도록 가져 보존하는 건 싫지 않고말고 未厭久持存
첨엔 무성한 대밭 후미진 곳에 가려져 있다가 且翳繁叢僻
다시 비옥한 땅 가장자리에까지 빼쳐 나오네 還抽沃壤垠
점차 응당 입을 벌리고 웃기는 할 테지만[850] 漸應開口笑
끝내 심정을 토로하여 말하려 하겠는가 終肯吐心言
바람은 소리 머금은 줄기를 진동시키고 風動含音骨
구름은 눈물 젖은 뿌리에서 나오네[851] 雲生染淚根

848 어찌……바랄쏜가 : 우는 소리를 듣는다는 것은 진(晉)나라 때 환온(桓溫)이 태어난 지 아직 한 돌도 되기 전에 온교(溫嶠)가 그를 보고 "이 아이에게 기이한 골격이 있으니, 시험 삼아 울려 보라.〔此兒有奇骨, 可試使啼.〕"라고 하였다. 우는 소리를 들어 보고는 또 "참으로 영물이다.〔眞英物也〕"라고 한 데서 온 말이다.《晉書 卷98 桓溫列傳》 온교는 아기 환온을 울려 본 다음에야 영물임을 알았지만, 이 죽순은 그러고저러고 할 것 없이 그 모양 자체가 바로 영물이라는 뜻이다.

849 빼어나고……늘어섰으되 : 심상(尋常)의 심은 팔 척에 해당하고, 상은 일 장 육 척에 해당한다. 즉 죽순들이 길고 짧게 죽 늘어서 있는 상태를 말한다. '심상'은 평범(平凡)의 뜻으로도 쓰인다.

850 점차……테지만 : 웃는다는 것은 죽순이 막 두 잎을 피웠을 때를 말한다.《통아(通雅)》 권4 〈온거대소야(嗢噱大笑也)〉 아래 주석에 "대가 웃는다는 것은 죽순이 두 잎을 피웠을 때를 말한다.〔笑, 竹筍放二葉也.〕"라고 하였다.

851 구름은……나오네 : 순(舜) 임금이 남쪽으로 순수(巡狩)하다가 창오(蒼梧)의 들에서 붕어(崩御)했을 때, 순 임금의 두 비(妃)인 아황(娥皇), 여영(女英)이 매우 슬피 울어서 눈물을 소수(瀟水), 상수(湘水) 가의 대나무에 뿌렸더니, 대가 젖어 얼룩얼룩한

남새밭에 울을 치면 미친 놈도 놀라게 하고[852]	却教狂瞿圃
범의 울타리 침범도 받지 않는다오	不受虎夔藩
노래자는 부모 앞에서 장난을 하였고[853]	老子堂前戲
동남동녀들은 해상으로 내달았네[854]	童男海上奔
빽빽하고 성긴 곳은 선리의 후원이었고[855]	密疎仙李苑
죽이고 살린 곳은 옥천자의 정원이었지[856]	殺活玉川園

반점이 생겼다는 전설이 있다. 뿌리에서 구름이 나온다는 것은, 대나무가 하도 높이 자라서 구름 위로 솟은 것을 의미한다.

852 남새밭에……하고 : 《시경》 〈제풍(齊風) 동방미명(東方未明)〉에 "버들가지를 꺾어 남새밭에 울타리를 치면, 미친놈도 놀라서 돌아본다.〔折柳樊圃, 狂夫瞿瞿.〕"라고 하였다. 여기서는 버들가지로 친 울타리가 아니라, 대나무로 친 울타리를 말한다.

853 노래자(老萊子)는……하였고 : 노래자가 죽마(竹馬)를 탔다는 고사는 없지만, 노래자가 부모 앞에서 어린애처럼 장난하여 부모를 기쁘게 해 드린 사람이라서 어린애처럼 죽마를 타고 장난도 했을 것이라는 뜻이다. 200쪽 주442 참조.

854 동남동녀(童男童女)들은 해상(海上)으로 내달았네 : 해상은 동해 가운데 있다는 삼신산(三神山), 즉 봉래(蓬萊)·방장(方丈)·영주(瀛洲)이다. 진 시황(秦始皇)이 방사(方士)인 서복(徐福)에게 동남동녀 수천 인을 거느리고 삼신산에 들어가서 신선 및 선약(仙藥)을 구해 오게 했다. 《三國志 卷47 吳書 吳主權傳》 동남동녀들이 죽마를 탔다는 고사는 없지만, 그들이 어린애들이라 죽마를 타고 달려갔을 것이라는 뜻이다.

855 빽빽하고……후원(後苑)이었고 : 선리(仙李)는 노자(老子)를 가리킨다. 특히 당대(唐代)의 왕실(王室)인 이씨(李氏)들이 노자의 후손이라 자칭했던 데서 온 말로, 여기서는 당대의 왕실을 가리킨다. 《개원천보유사(開元天寶遺事)》 〈의죽(義竹)〉에 "현종이 후원에서 노닐면서 보니, 빽빽한 대숲이 있는데 그 죽순이 하나도 밖으로 나간 것이 없으므로, 제왕을 돌아보며 이르기를 '부자 형제간이 서로 친애하기를 의당 이와 같이 해야 한다.' 하고, 인하여 그 대를 의죽이라고 했다.〔帝遊後苑, 有竹叢密, 筍不出外. 帝顧諸王曰: 父子兄弟相親當如此, 因謂義竹.〕"라고 하였다.

856 죽이고……정원(庭園)이었지 : 옥천자(玉川子)는 당대(唐代)의 시인 노동(盧仝)의 자호(自號)인데, 노동의 대나 죽순에 관한 고사는 자세하지 않다.

충성과 가엾음을 정표할 줄도 절로 알거니와[857] 自解旌忠愍
효성과 은혜를 표창하는 건 잊을 수 있으랴[858] 能忘表孝恩
윈줄기 싹은 서쪽 성곽을 가려 덮고 宗萌蔽西郭
갈라져 가는 움은 동쪽 담장을 넘어가네 分蘖過東垣
죽서가 가면 봉황을 맞이하기 어렵지만[859] 鼦去難邀鳳
이끼를 뚫고 나와 창포를 침범함을 어찌하랴[860] 苔穿奈逼蓀
벗들이 모여드는 건 이택을 생각게 하고[861] 盍簪思麗澤

857 충성과……알거니와 : 대나무에 얼룩얼룩한 반점이 생긴 것이 바로 아황, 여영의 충성과 가엾음을 정표한 것이라는 뜻이다. 353쪽 주851 참조.

858 효성과……있으랴 : 임방(任昉)의 《술이기(述異記)》에 "한 장제 3년에 자모죽순이 백호전 앞에 났으므로 이를 효죽이라 하여 뭇 신하들이 모두 효죽송을 지어 바쳤다.〔漢章帝三年, 有子母竹筍生於白虎殿前, 謂之孝竹, 群臣皆獻孝竹頌.〕"라고 하였다. 《太平御覽 卷962》 자모죽(子母竹)이란 한 그루에서 여러 줄기가 나는 대를 말한다.

859 죽서(竹鼠)가……어렵지만 : 죽서는 죽순과 죽근(竹根)을 먹고 사는 짐승이다. 봉황은 대나무 열매만 먹는데, 죽서가 죽순과 죽근을 먹어서 대밭을 망쳐 버리면 봉황이 오지 않는다는 뜻이다. 《시경》 〈대아(大雅) 권아(卷阿)〉의 전(箋)에 "봉황의 성질은 오동나무가 아니면 깃들이지 않고, 대 열매가 아니면 먹지 않는다.〔鳳凰之性, 非梧桐不棲, 非竹實不食.〕"라고 하였다.

860 이끼를……어찌하랴 : 죽순이 뜨락의 이끼밭을 뚫고 나와서 뜨락에 심어 놓은 창포(菖蒲)를 침범할까 두렵다는 뜻이다. 송대(宋代)의 시승(詩僧) 청순(淸順)의 〈십죽(十竹)〉에 "성안의 한 치 땅은 한 치의 황금이나 마찬가지라, 그윽한 집 뜨락 가에 대나무를 열 개만 심었네. 봄바람아 삼가서 죽순을 잘 자라게 하여, 내 섬돌 앞 푸른 이끼를 뚫고 나와 망가뜨리게 말거라.〔城中寸土如寸金, 幽軒種竹只十箇. 春風愼勿長兒孫, 穿我階前綠苔破.〕"라고 하였다. 《詩人玉屑 卷20》

861 벗들이……하고 : 벗들이 모여든다는 것은 《주역》 〈예괘(豫卦)〉에 "구사는 말미암아 즐거움이라, 크게 얻음이 있으니, 의심하지 않으면 벗들이 모여들리라.〔九四: 由豫, 大有得, 勿疑, 朋盍簪.〕"라고 한 데서 온 말로, 여러 개의 죽순이 떨기로 나오는 것을 벗들이 모여드는 데에 빗대서 한 말이다. 이택(麗澤)은 두 못〔兩沼〕이 서로 붙어

고고한 절조는 항상 울타리에 서고자 하네　孤節欲居番
개결 정직함을 의당 먼저 칭찬해야 하거니와　介直宜先賞
단단하고 곧음은 논할 겨를도 없고말고　堅貞未暇論
다리를 놓아 주자 원염에겐 부끄러워했고[862]　橋成媿元琰
숲에 부쳐 기르던 신번 영은 조소를 받았지[863]　林寄哂新繁
어찌 소반 속에 감춰진 옥을 받을쏜가　豈受槃中璧
나그네로선 의당 맨밥의 반찬으로 먹어야지[864]　須供客裏飧
보좌하는 듯 자리를 빙 둘러 시위함 같거니와[865]　保堪環侍席

있는 것인데, 이 또한 벗들과 모여 강습하는 것을 의미한다. 《주역》〈태괘(兌卦) 상사(象辭)〉에 "붙어 있는 못이 태이니, 군자가 이것으로 인하여 벗들과 강습한다.〔麗澤, 兌. 君子以, 朋友講習.〕"라고 하였다. 여기서는 여러 개의 죽순이 떨기로 나오는 것을 보면 벗들이 모여서 강습하는 것을 연상시킨다는 뜻이다.

862 다리를……부끄러워했고 : 양(梁)나라 범원염(范元琰)의 집에 대밭이 있었는데, 매양 사람들이 죽순을 훔쳐 가면서 도랑을 건너는 데 고통스러워하는 것을 보고는, 다리를 놓아서 도둑들이 편히 건너다니도록 했다. 그러자 도둑들이 범원염의 인정에 감격하여 마침내 죽순 훔칠 생각을 끊었다고 한다. 《古今事文類聚 後集 卷24 爲橋與盜》

863 숲에……받았지 : 당(唐)나라 하후표지(夏侯彪之)가 신번 영(新繁令)으로 부임하여 마을 아전에게 "죽순 한 줄기에 몇 전이나 하는가?"라고 물었다. 마을 아전이 1전에 다섯 줄기라고 대답하자, 만 전(錢)을 가지고 죽순 5만 줄기를 사들이게 하였다. 그는 죽순을 기르게 하여 큰 대나무로 성장하자, 한 그루당 10문(文)씩을 받아 50만 문의 수익을 올렸다. 그는 이러한 행위로 인하여 탐욕스럽고 야비하고 부도덕하다는 악명을 남겼다. 《古今事文類聚 後集 卷24》

864 어찌……먹어야지 : 춘추 시대 진 문공(晉文公) 중이(重耳)가 공자(公子)로 있을 적에 제(齊)나라를 거쳐 조(曹)나라로 갔는데, 조나라의 대부 희부기(僖負羈)가 중이에게 잘 보이기 위해 소반에 밥을 담아 보내면서 밥 속에 옥을 넣었더니 공자가 밥만 받고 옥은 돌려주었다. 《春秋左氏傳 僖公23年》 여기서는 나그네가 반찬 없는 맨밥만 받은 터라, 죽순을 반찬으로 삼아 먹어야겠다는 뜻이다.

성내건 말건 문밖에 나가 손을 맞진 않았지[866]	從不出迎門
그늘은 사준을 기울일 때에 더해졌고[867]	陰益蛇樽倒
서늘함은 주미 자루 흔드는 데서 더해지네[868]	涼添麈柄掀
오솔길엔 모름지기 작미를 심어서	徑須栽鵲尾
이것으로나마 나그네의 대머리에 써야겠네[869]	聊以蓋羈髡
잠깐 마고의 손톱을 빌려다가	乍倩麻姑爪
참으로 이부의 넋을 불러와서[870]	眞招吏部魂

865 보좌하는……같거니와 : 두목(杜牧)의 〈만청부(晩晴賦)〉에 "대숲은 밖에서 둘러싸 십만 장부와 같아라, 갑옷과 칼날 어지러이 뒤섞여 빽빽이 포진해 빙 둘러 시위하네.〔竹林外裹兮十萬丈夫, 甲刃摐摐密陳而環侍.〕"라고 하였다. 《樊川文集 卷1》

866 성내건……않았지 : 두보(杜甫)의 〈삼절구(三絶句)〉에 "수많은 봄 죽순이 대숲 가득 자라나서, 사립문 굳게 닫아 사람 왕래 끊었노니, 반드시 첫 번째 죽순이 대 이루는 걸 보려고, 손이 와서 성내건 말건 나가 맞이하지 않네.〔無數春笋滿林生, 柴門密掩斷人行. 會須上番看成竹, 客至從嗔不出迎.〕"라고 하였다. 《杜少陵詩集 卷11》

867 그늘은……더해졌고 : 사준(蛇樽)은 뱀의 그림자가 비친 술잔이란 뜻이다. 124쪽 주249 참조. 여기서는 단지 벽에 걸린 대나무 활 그림자가 술잔에 비쳐 대 그늘이 술잔에 더해지게 되었다는 뜻이다.

868 서늘함은……더해지네 : 주미(麈尾)는 고라니의 꼬리털로 만든 먼지떨이이다. 옛날에는 청담(淸談)을 일삼던 사람들이 이것을 좋아했고, 후세에는 불도(佛徒)들이 설법할 때에 사용했다고 한다. 여기서는 주미의 자루를 대나무로 만들었기 때문에 그 자루를 흔들어서 바람을 일으켜 서늘함을 더하게 해 준다는 뜻이다.

869 오솔길엔……써야겠네 : 작미(鵲尾)는 한 고조(漢高祖)가 죽피(竹皮)로 관(冠)을 만들어 쓰고 이를 작미관(鵲尾冠)이라 이름한 데서 온 말로, 여기서는 '대'의 뜻으로 전용한 것이다. 《한서(漢書)》 권1 〈고제기(高帝紀)〉에 "고조가 정장이 되어서는 대껍질로 관을 만들었다.〔高祖爲亭長, 乃以竹皮爲冠.〕"라고 하였다. 나그네의 대머리란 저자 자신을 가리킨다.

870 잠깐……불러와서 : 마고(麻姑)는 선녀(仙女)의 이름이다. 후한 환제(後漢桓

죽순을 두고 이부를 이어 시를 짓노라니[871] 賡題就粉籜

파란 죽순에 아침 햇살이 비추는구나 新碧照晴暾

입(立)이 다른 본에는 열(列)로 되어 있고, 금기(襟期)가 다른 본에는 흉회(胸懷)로 되어 있다. 자해(自解)가 다른 본에는 필해(必解)로 되어 있고, 유거(蹓去)가 다른 본에는 유재(蹓在)로 되어 있다. 기수(豈受)가 다른 본에는 인쇄(忍碎)로 되어 있고, 반중(槃中)이 다른 본에는 회중(懷中)으로 되어 있다.

帝) 때 선인(仙人) 왕방평(王方平)의 부름을 받고 마고가 채경(蔡經)의 집에 내려왔는데, 18~19세쯤 되어 보이는 아리따운 여인으로 손톱이 마치 새발톱처럼 길었다. 채경이 그것을 보고는 "등이 대단히 가려울 때에 이 손톱으로 등을 긁으면 딱 좋겠다.〔背大癢時, 得此爪以爬背, 當佳.〕"라고 생각하니, 왕방평이 채경의 속마음을 알아차리고는 "마고는 신인인데, 네가 어찌 그 손톱으로 등을 긁을 수 있다고 생각하느냐.〔麻姑, 神人也. 汝何思謂爪可以爬背耶?〕"라고 하였다. 《神仙傳 卷3》 이부(吏部)는 이부 시랑(吏部侍郞)을 지낸 한유(韓愈)를 가리킨다. 두목(杜牧)의 〈독한두집(讀韓杜集)〉에 "두보의 시와 한유의 문집을 시름겨울 때 읽으니, 마고 선녀 손톱으로 가려운 등을 긁은 것 같네.〔杜詩韓集愁來讀, 似倩麻姑癢處搔.〕"라고 하였다. 《御定全唐詩 卷521》 여기서는 가려운 등을 긁은 듯이 느껴지는 뛰어난 문장을 지은 한유의 넋을 불러왔다는 뜻이다.

871 죽순을……짓노라니 : 저자가 한유의 〈화후협률영순(和侯協律詠笋)〉의 운(韻)을 사용하여 이 시를 짓는다는 뜻이다.

7월 1일[872]에 울면서 쓰다 7월이다.

七月一日泣書 七月

이날은 부모의 상을 당한 것 같았으니[873] 是日如喪考
그해에 나는 삼묘처럼 유찬됐어야 마땅한데[874] 其年合竄苗
신의 두 눈은 땅의 어둔 곳에 엎드려 있고 雙眸伏地暗
선왕의 한 거울은 하늘 밝은 곳에 계시었네[875] 一鑑在天昭
잘못을 아는 때의 귀신이 되지 못했으니[876] 不作知非鬼
어찌 지극히 좋은 소를 들을 수 있겠는가[877] 那聞盡善韶

872 7월 1일 : 1545년 7월 1일에 인종(仁宗)이 승하하였다.

873 이날은……같았으니 : 《서경》 〈순전(舜典)〉에 "요 임금이 붕어하거늘 백성들은 부모의 상을 당한 듯이 삼년복을 입었고, 온 천하가 팔음을 중지하여 조용히 하였다.〔帝乃殂落, 百姓如喪考妣, 三載, 四海遏密八音.〕"라고 하였다.

874 그해에……마땅한데 : 삼묘(三苗)는 고대의 나라 이름으로, 전하여 그 나라의 군장(君長)을 지칭한다. 《서경》 〈순전〉에 "공공을 유주에 유배하고, 환두를 숭산에 내치고, 삼묘를 삼위에 유찬하고, 곤을 우산에 가두어 네 사람을 죄주시니, 천하가 다 복종하였다.〔流共工于幽洲, 放驩兜于崇山, 竄三苗于三危, 殛鯀于羽山, 四罪而天下咸服.〕"라고 한 데서 온 말이다. 저자 자신을 삼묘에 빗대서 한 말로, 인종이 승하하였으니 의당 자신은 그때 유배되었어야 하는데, 그렇지 않았다는 뜻이다. 저자는 그로부터 2년 뒤인 1547년에 순천(順天)으로 유배되었다.

875 선왕(先王)의……계시었네 : 한 거울이란 맑은 하늘을 지칭한다. 선왕인 인종의 영혼을 높여 이른 말이다.

876 잘못을……못했으니 : 잘못을 안다는 것은 230쪽 주538 참조. 이때 저자가 50세가 되었기 때문에 한 말이다. 귀신이 되지 못했다는 것은 자신이 아직 죽지 않고 살아 있다는 뜻이다.

길이 북으로 향하는 눈물 맺히어라 長縣北向淚
내일은 또 사휘[878]가 돌아오누나 私諱又明朝

877 어찌……있겠는가 : 소(韶)는 순(舜) 임금의 음악 이름인데, 공자가 소악(韶樂)에 대해 "지극히 아름답고 또 지극히 좋다.〔盡美矣, 又盡善也.〕"라고 하였다. 《論語 八佾》 저자가 인종을 순 임금에 빗대서 한 말이다.

878 사휘(私諱) : 《소재집》 제4권에 〈국휘일과 사휘일이 아울러 이르렀으므로 울면서 쓰다〔公私諱日竝臨泣書〕〉라는 시제의 소주(小註)에 의하면, 사휘는 7월 2일인 저자 증조비(曾祖妣)의 제일(祭日)을 가리킨다.

감격하여 울면서 받들어 사례하여 김 참봉[879]에게 주다
感泣奉謝贈金參奉

내 무릎을 일찍이 남에게 꿇은 적이 있던가	此膝何曾解屈人
서신에 절하는 오늘은 진정으로 꿇어야겠네	拜書今日却須眞
백발 나이로 미관말직에 있는 분성자가	白頭薄宦盆城子
남의 어버이를 자기 어버이처럼 생각해 주네[880]	能視人親似已親

879 김 참봉(金參奉) : 아래 시에 나오는 분성자(盆城子), 즉 김희년(金禧年)을 가리킨다. 이때 김희년의 직임이 참봉이었다. 김희년에 대한 자세한 내용은 139쪽 주282 참조.

880 내……주네 : 서신(書信)에 절한다는 것은 서신을 받을 상대방을 존경한다는 뜻이다. 이 시의 내용으로 보건대, 김희년이 당시에 저자의 노부모를 생각하여 저자에게 좋은 선물을 보내왔던 듯하다.

다시 앞의 운[881]을 사용하여 새벽에 쓰다
復次前韻曉書

타락한 의지는 썩은 나무 조각하기 같은데[882]	墮志難雕朽
번민하는 마음은 싹을 뽑아 올리려 한다네[883]	煩心欲揠苗
내가 이루지 못한 것은 충효이거니와	無成是忠孝
없어지지 않은 건 선왕 선조의 밝은 신령일세	不泯乃靈昭
술잔 마시고 귀가 더워짐은 양운과도 같고[884]	杯酒熱耳惲
시서로 배가 똥똥해진 건 변소와도 같다오[885]	詩書便腹韶

881 앞의 운 : 《소재집》 제4권에 〈7월 1일에 울면서 쓰다〔七月一日泣書〕〉라는 제목의 시운(詩韻)을 가리킨다.

882 타락한……같은데 : 썩은 나무를 조각하기와 같다는 것은 희망이 없는 폐인이라는 뜻으로, 자신에 대한 겸사이다. 공자의 제자 재여(宰予)가 낮잠을 자자, 공자가 이르기를 "썩은 나무는 조각할 수 없고, 썩은 흙으로 쌓은 담장은 손질할 수 없다. 재여에 대하여 어찌 나무랄 것이나 있겠느냐.〔朽木不可雕也, 糞土之牆不可杇也, 於予與何誅?〕"라고 하였다. 《論語 公冶長》

883 번민하는……한다네 : 싹을 뽑아 올리는 것에 대해서는 208쪽 주468 참조. 여기서는 저자 자신이 미처 이루지 못한 모든 일에 마음이 늘 다급함을 표현한 말이다.

884 술잔……같고 : 양운(楊惲)은 한 선제(漢宣帝) 때의 문신으로 중랑장(中郎將)을 지냈다. 귀가 더워진다는 것은 96쪽 주163 참조. 저자 역시 양운과 같은 처지라는 뜻이다.

885 시서(詩書)로……같다오 : 후한(後漢)의 문인 변소(邊韶)가 수백 인의 문도(門徒)를 교수(敎授)할 적에 한번은 낮잠을 자는데 한 제자가 스승을 조롱하기를 "변효선은 배가 똥똥하여 글 읽기는 싫어하고 잠만 자려고 한다.〔邊孝先, 腹便便. 懶讀書, 但欲眠.〕"라고 하였다. 변소가 그 말을 듣고 즉시 대구하기를 "똥똥한 내 배는 오경의 상자이고, 잠만 자려고 하는 것은 경을 생각하기 위함이다.〔腹便便, 五經笥. 但欲眠,

고금인의 종적이 서로 비슷하고말고	古今形迹似
이런저런 생각에 새벽까지 외로이 앉았노라	孤坐達晨朝

신(晨)이 다른 본에는 신(申)으로 되어 있다.

思經事.]"라고 하였다. 효선(孝先)은 변소의 자이다. 《後漢書 卷80 文苑列傳 邊韶》 저자 역시 변소처럼 학문이 깊어졌다고 농담조로 한 말이다.

8월 8일에 큰바람이 불다 8월이다.
八月八日大風 八月

촉중의 나그네 집엔 겹겹 띠 이엉을 말아 가더니[886]	蜀中客屋重茅捲
외론 섬 셋집[887] 처마 기왓장은 몇이나 떨어졌는고	島上僑簷幾瓦墜
다만 이는 가을바람이 작해를 부린 때문이니	只是秋風能作惡
베개에 기대 아동들 업신여김 받음도 무방하리[888]	不妨欹枕受童欺

886 촉중(蜀中)의……가더니 : 촉중의 나그네 집이란 두보(杜甫)가 우거(寓居)하던 촉군(蜀郡) 성도(成都)의 띳집을 가리킨다. 두보의 〈모옥위추풍소파가(茅屋爲秋風所破歌)〉에 "팔월이라 한가을에 바람이 거세게 불어, 우리 지붕 세 겹 띠 이엉을 다 말아 갔네. 이엉은 강 건너로 날아가 강가에 뿌려지니, 높게는 높은 나뭇가지에 걸리고, 낮게는 휘날려 돌아서 못 웅덩이에 갈앉았네. 남촌의 아동들은 내가 늙어 힘없음을 업신여기고, 뻔뻔스레 내가 보는 앞에서 도적질을 하여, 공공연히 이엉을 안고 대숲 속으로 들어가는데, 입술 타고 입이 말라 소리도 외칠 수가 없네. 돌아와 지팡이에 기대 스스로 탄식하노라니, 조금 뒤엔 바람 자고 구름은 까만빛으로 변해 가네.〔八月秋高風怒號, 卷我屋上三重茅. 茅飛渡江灑江郊, 高者掛罥長林梢, 下者飄轉沈塘坳. 南村羣童欺我老無力, 忍能對面爲盜賊, 公然抱茅入竹去, 脣焦口燥呼不得. 歸來倚杖自嘆息, 俄頃風定雲墨色.〕"라고 하였다. 《杜少陵詩集 卷10》

887 셋집 : 저자가 살고 있는 집이다.

888 베개에……무방하리 : 아동들의 업신여김을 받는다는 말은 위의 주886 두보 시 참조.

윤, 이[889] 두 친구에게 부치다 11월이다.

寄尹李二故人 十一月

예로부터 영해 밖은 사람을 죽게 하는 곳이니[890] 由來嶺海能死人

동서를 분주하여 내 본성을 상실할 것 없고말고 不必驅馳也喪眞

날 저물자 까마귀는 슬피 울어 피를 토하고[891] 日暮林烏啼有血

889 윤(尹), 이(李) : 두 친구의 이름은 알 수 없다.

890 예로부터……곳이니 : 영해(嶺海)는 중국의 오령(五嶺) 밖으로부터 남해(南海)를 굽어보는 지역을 말한 것으로, 흔히 변방의 유배지를 가리킨다. 송 철종(宋哲宗) 연간에 추호(鄒浩)가 간관(諫官)으로 있을 때 철종이 황후 맹씨(孟氏)를 폐하고 현비(賢妃) 유씨(劉氏)를 황후로 책봉한 일이 있었다. 추호의 친구 전주(田晝)가 혹자에게 "지완이 이번 일에 간언을 드리지 않으면 그와 절교할 것이다.〔志完不言, 可以絶交矣.〕"라고 말하였는데, 추호는 과연 황후 폐립(廢立)에 대하여 극간(極諫)하다가 장돈(章惇)의 탄핵을 받아 관직이 삭탈되고 신주(新州)로 유배를 가게 되었다. 유배 도중에 전주를 길에서 만나 눈물을 흘리자, 전주가 정색하며 추호를 책망하기를 "지완이 간관으로서 아무 말도 하지 않고 그대로 경사에서 벼슬하고 있다 할지라도 한질을 만나서 땀을 내지 못할 경우에는 5일 만에 죽을 것이니, 어찌 영해 밖의 지역만이 사람을 죽게 할 수 있겠는가. 바라건대 그대는 이 일 정도로 자만하지 말지어다. 선비가 당연히 해야 할 일은 여기에 그치지 않는다.〔使志完隱默官京師, 遇寒疾不汗, 五日死矣. 豈獨嶺海之外能死人哉? 願君毋以此擧自滿, 士所當爲者, 未止此也.〕"라고 하였다. 추호가 망연자실하여 감탄하며 사과하기를 "그대가 나에게 아주 큰 선물을 주었다.〔君之贈我厚矣〕"라고 하였다. 지완(志完)은 추호의 자이다.《宋史 卷345 鄒浩列傳》 저자 역시 유배지에 있기 때문에 죽음을 각오한다는 뜻이다.

891 까마귀는……토하고 : 까마귀 새끼가 장성하면 먹이를 물어다가 제 어미에게 먹여준다는 고사가 있는데, 이는 자식이 어버이의 은혜에 보답하는 것을 비유한다. 264쪽 주652 참조. 까마귀가 슬피 울어 피를 토한다는 것은, 저자 자신을 까마귀 새끼에 빗대어

차가운 날에 기러기 그림자는 이웃도 없어라[892] 天寒沙雁影無隣
거백옥이 잘못을 알던 해는 정히 만났고[893] 政逢蘧伯知非歲
소경이 고국에 돌아온 해엔 공연히 핍근했네[894] 空逼蘇卿返國春
질병은 낫지 않고 노인 형상은 다 갖춰졌으니 災疾難消老形具
이생에 다시 무슨 인연으로 즐겁게 만나겠나 此生良覿更何因

자식으로서 부모를 봉양하지 못하는 슬픔을 표현한 말이다.

892 기러기……없어라 : 기러기 그림자가 이웃이 없다는 것은 외기러기를 말한다. 자신의 고독함을 외기러기에 빗대서 한 말이다.

893 거백옥(蘧伯玉)이……만났고 : 자신의 나이가 현재 딱 50세가 되었으므로 거백옥의 일에 빗대서 한 말이다. 230쪽 주538 참조.

894 소경(蘇卿)이……핍근했네 : 소경은 한 무제(漢武帝) 때의 중랑장(中郎將)으로 자가 자경(子卿)인 소무(蘇武)이다. 흉노에 사자(使者)로 갔다가 억류된 지 19년 만에 한 소제(漢昭帝)가 흉노와 화친하면서 억류가 풀려 한(漢)나라로 돌아왔다. 《漢書 卷54 蘇武傳》 저자 자신이 1547년(명종2) 처음 순천(順天)으로 유배된 때로부터 현재 1564년까지 18년째이므로, 소무의 19년에 가까워졌다는 뜻이다. 또 '공연히'라고 한 것은 자신은 19년이 되더라도 풀려날 가망이 없다는 생각에서 한 말이다.

송천[895]이 정원에게 부쳐 제한 시에 차운하다

次韻松川寄題鄭遠

바위 아래서 농사한 이는 중곡에 있어[896] 耕巖在中谷
좋은 마을 가려서 동가와 이웃하였네[897] 擇里有東家
못 위에선 기러기가 맘대로 울게 하고 沼上能鳴雁
나뭇가지 까마귀는 때려 쫓지 않으리 枝間不打鴉
술자리를 벌이면 빈객들이 가득하고[898] 開尊足賓客

895 송천(松川) : 양응정(梁應鼎, 1519~1581)의 호이다. 209쪽 주470 참조.

896 바위……있어 : 중곡(中谷)은 한대(漢代)의 은사(隱士) 정박(鄭樸)이 은거하던 곡구(谷口)를 중곡으로 전용한 것이다. 318쪽 주764 참조. 여기서는 정박과 성이 같은 정원(鄭遠)을 정박에 빗대서 한 말이다.

897 좋은……이웃하였네 : 동가(東家)는 공자의 서쪽 이웃에서 공자의 학덕을 모르고 경멸하여 동가구(東家丘)라고 칭한 데서 온 말이다. 삼국 시대 위(魏)나라 병원(邴原)이 멀리 유학을 떠나고자 하여 손숭(孫崧)에게 가서 그 사실을 말하자, 손숭이 "그대 향리의 정군을 그대는 아는가?〔君鄕里鄭君, 君知之乎?〕"라고 하니, 병원이 안다고 하였다. 손숭이 "정군은 고금의 서적을 다 열람하여 박문 강지하는 데다 심원한 이치를 궁구하여 참으로 학자의 모범이 될 만하거늘, 그대가 정군을 놔두고 천리 멀리 외지로 가는 것은 이른바 정군을 동가구로 여기기 때문이다.〔鄭君學覽古今, 博聞强識, 鉤深致遠, 誠學者之師模也. 君乃舍之, 躡屣千里, 所謂以鄭爲東家丘者也.〕"라고 하였다. 정군(鄭君)은 후한(後漢)의 경학자인 정현(鄭玄)을 가리킨다.《三國志 卷11 魏書 邴原傳註》 여기서는 정원이 은거하는 곳에서 학덕이 높은 송천(松川) 양응정과 이웃했다는 뜻이다.

898 술자리를……가득하고 : 후한(後漢)의 학자인 공융(孔融)은 선비를 좋아하고 후진(後進) 교도하기를 좋아하여 빈객이 항상 그의 문에 가득했다. 어느 날 그가 탄식하기를 "자리에는 빈객이 항상 가득하고, 동이에는 술이 떨어지지만 않으면 나는 근심이 없겠다.〔坐上客恒滿, 樽中酒不空, 吾無憂矣.〕"라고 하였다.《後漢書補逸 卷14》

벽상에 제한 시문은 문장이 훌륭하겠지	題壁盛文華
한바탕 한단몽[899]을 꾸는 동안 날이 저물어	一夢邯鄲暮
아스라한 저녁놀을 길이 바라보노라	長瞻汗漫霞

소상능명(沼上能鳴)이 다른 본에는 소소용부(小沼容浮)로 되어 있고, 지간불타(枝間不打)가 다른 본에는 비지호락(卑枝護落)으로 되어 있다.

899 한단몽(邯鄲夢) : 75쪽 주105 참조.

조카 대하에게 보이다 12월이다.

示從子大河 十二月

배우기를 청하는 것을 기뻐하여 문득 울면서 주자(朱子)의 〈권학문(勸學文)〉[900]과 《중용(中庸)》의 수우필명장(雖愚必明章)[901]을 써서 주었다.

두 어버이는 상주와 서울로 따로 계시고[902]	二老分商洛
우리 두 형제는 남북으로 헤어져 있는데	同生阻北南
네가 능히 이 백부를 방문해 주니	渠能訪伯父
나는 종남을 기꺼이 칭찬하게 되었구나[903]	我得賞宗男
진실로 생각이 신심의 가운데에 있다면[904]	苟念身心在

900 주자(朱子)의 권학문(勸學文) : 〈권학문〉에 "오늘 배우지 않으면서 내일이 있다고 말하지 말고, 올해 배우지 않으면서 내년이 있다고 말하지 말라. 세월은 끊임없이 흐를 뿐이요, 세월은 나를 위해 연장해 주지 않는다. 아 헛되이 늙어 버리고 나면, 이것이 누구의 허물이겠는가.〔勿謂今日不學而有來日, 勿謂今年不學而有來年. 日月逝矣, 歲不我延. 嗚呼老矣, 是誰之愆?〕" 하였다.

901 중용(中庸)의 수우필명장(雖愚必明章) : 《중용장구》 제12장에 "……널리 배우며, 자세히 물으며, 신중히 생각하며, 밝게 분변하며, 독실히 행하여야 한다.……남이 한 번에 능하거든 나는 백 번을 하며, 남이 열 번에 능하거든 나는 천 번을 해야 한다. 과연 이 방도를 능히 하면 비록 어리석어도 반드시 밝아지며, 비록 유약하여도 반드시 강해진다.〔……博學之, 審問之, 愼思之, 明辨之, 篤行之.……人一能之, 己百之; 人十能之, 己千之. 果能此道矣, 雖愚必明, 雖柔必强.〕"라는 내용이 보인다.

902 두……계시고 : 이때 저자의 부친은 상주(尙州)에, 모친은 서울에 있던 듯하다.

903 나는……되었구나 : 종남(宗男)은 종손(宗孫) 남자를 가리킨다. 저자가 조카를 이렇게 칭한 것은 자신에게 적자(嫡子)가 없기 때문에 아우의 아들인 그 조카를 입양(入養)하려는 뜻이다.

어찌 짊어지지 못할까를 걱정하겠느냐[905]	何憂負荷堪
인하여 옛 성현의 훈계를 써서 보이노니	仍書示古訓
상담[906]으로 간주하지 말아야 한다	莫認作常談

904 진실로……있다면 : 송대(宋代)의 학자 황간(黃榦)이 "옛날의 학자들은 한 생각도 몸과 마음의 가운데에 있지 않음이 없었는데, 후세의 학자들은 한 생각도 몸과 마음의 밖에 있지 않음이 없다. 이것이 바로 현과 우가 서로 나눠는 곳으로서, 성인이 이 때문에 깊이 경계한 것이다.〔古之學者, 無一念不在身心之中; 後之學者, 無一念不在身心之外. 此賢愚所由分而聖人之所以爲深戒也.〕"라고 하였다. 《心經附註 卷1 遷善改過章》

905 어찌……걱정하겠느냐 : 짊어진다는 것은 가업 계승을 의미한다. 춘추 시대 정(鄭)나라 대부 자산(子産)이 한 선자(韓宣子)에게 "옛사람의 말에 '그 아비가 나무를 베 놓았으나, 그 자식이 짊어지지도 못한다.'는 말이 있다.〔古人有言曰: 其父析薪, 其子弗克負荷.〕"라고 하였다. 《春秋左氏傳 昭公7年》 여기서는 저자가 조카에게 학문을 열심히 하기만 하면 가업을 계승하지 못할까 걱정할 것이 없다는 뜻으로 한 말이다.

906 상담(常談) : 《삼국지(三國志)》 권29 〈위서(魏書) 관로전(管輅傳)〉에 "이는 늙은 서생의 평상적인 언론이다.〔此老生之常談〕"라고 하였는데, 노인이 별 의미 없이 습관으로 하는 말을 뜻한다.

농서[907]에게 거듭 쪽지를 보내다 을축년[908] 1월이다.

重簡隴西 乙丑正月

진실로 융성한 세상에 완인이 되었기 때문에[909]	端從世盛作完人
남들은 속박되어 본성을 굽혔다고 말한다네[910]	儘謂攣拘致屈眞
귀밑털은 날로 희어 가도 맹세는 애석해하고[911]	霜鬢日垂猶惜誓
거적문은 늘 닫고 있지만 이웃은 멀리 않는다오	蓬門長閉不違隣
다만 어버이 봉양과 제수 장만할 일 때문에	只緣親養仍供祀

907 농서(隴西) : 한대(漢代)의 대장군 이광(李廣), 당대(唐代)의 이백(李白) 등을 배출한 명가(名家)인 농서 이씨(隴西李氏)를 말한다. 여기서는 지난번에 저자를 방문했던 '이생(李生)'을 지칭하는 듯하다. 《소재집》 제4권에 〈이생의 시에 차운하다〔次韻李生〕〉라는 제목의 시가 있는데, 그 시에서도 '농서'란 말을 사용하였다.

908 을축년 : 1565년(명종20)으로, 이때 저자는 51세였다.

909 진실로……때문에 : 완인(完人)이란 난세를 당해서 실절(失節)도 하지 않고 횡사도 하지 않아 신명(身命)과 절의를 온전히 지킨 사람이다. 송 철종(宋哲宗) 원우(元祐) 연간에 보문각 대제(寶文閣待制)를 지낸 유안세(劉安世)가 바로 그런 인물인데, 여기서는 저자 자신을 지칭한다. 자신은 정작 태평성대임에도 세상에 나가지 못하고 끝내 조신(操身)하고 있음을 완인에 빗대서 한 말이다.

910 남들은……말한다네 : 남들이 한 말이란 남들이 저자에게 신상에 속박을 받아 본심의 욕망을 이루지 못하고 지냈다는 뜻이다. 한유(韓愈)의 〈송문창사북유(送文暢師北游)〉에 "계율에 속박되어 내 진성을 굽히기 싫어서, 수레를 준비하여 먼 데로 떠나려 한다네.〔攣拘屈吾眞, 戒轄思遠發.〕"라고 하였다. 《東雅堂昌黎集註 卷2》

911 맹세는 애석해하고 : 《초사(楚辭)》의 편명인 〈석서(惜誓)〉에서 온 말이다. 굴원(屈原)이, 회왕(懷王)이 자신과 맹세로써 언약해 놓고 다시 배신한 것을 애석히 여겼다는 뜻인데, 여기서는 저자 역시 참소(讒訴)에 의해 임금의 신임을 얻지 못하고 쫓겨난 처지를 굴원에 빗대서 한 말이다.

봄가을로 고기 잡고 사냥하는 건 못 면한다네	未免秋漁與獵春
이 밖에야 그 무슨 일을 내가 관섭하겠는가	此外將何事關涉
물처럼 텅 빌 수도 구름처럼 떠날 수도 없다오[912]	水空雲去兩無因

912 물처럼……없다오 : 저자의 현실은 맑은 물처럼 아무 생각 없이 살 수도 없고, 떠다니는 구름처럼 행동이 자유로울 수도 없다는 뜻이다.

한윤종[913]에게 주어 작별하다 3월이다.

贈別韓胤宗 三月

금릉 길 나무숲엔 안개가 자욱할 텐데	霧樹金陵道
진도의 나루엔 바람에 꽃이 흩날리네	風花碧海津
가생은 장차 떠날 여름이 다가오고[914]	賈生將去夏
소자는 돌아가지 못하는 봄이로다[915]	穌子不歸春
만물은 모두 봄의 생기가 넘치는데	品物皆生意
만났다 떠난 이는 또다시 친구로세	逢違更故人
머나먼 하늘 아래 장부의 눈물을 쏟아	天邊壯夫淚
늘그막에 한번 수건을 적시노라	老去一沾巾

913 한윤종(韓胤宗) : 금릉(金陵)은 전라도 강진(康津)의 고호이다. 이 시에 금릉을 말한 것으로 보아, 강진 사람으로 추측된다. 《청주한씨대동족보(淸州韓氏大同族譜)》에 의하면, 《소재집》 제1권, 제2권에 나오는 한윤명(韓胤明)의 아우로 되어 있다.

914 가생(賈生)은……다가오고 : 가생은 한 문제(漢文帝) 때 태중대부(太中大夫)를 지낸 가의(賈誼)이다. 23쪽 주6 참조. 저자 자신의 처지를 가의에 빗대어 자신도 떠나게 될지 모르는 사월이 다가온다는 뜻이다.

915 소자(穌子)는……봄이로다 : 소자는 소무(蘇武)이다. 소무는 한 무제(漢武帝) 때 흉노(匈奴)에 사자(使者)로 갔다가 억류된 지 19년 만에 한 소제(漢昭帝)가 흉노와 화친하면서 풀려나 고국으로 돌아왔다. 《漢書 卷54 蘇武傳》 봄이 왔건만 저자 자신은 아직도 유배에서 풀려나지 못함을 소무에 빗대서 한 말이다.

최훈의 시에 차운하다
次韻崔訓

명이 다하여 조화를 따름은 감수하려니와[916]	命盡甘乘化
봄이 가고 나면 가을이 옴을 어찌하랴	春歸奈着秋
명리의 관문에 실각한 게 늘 부끄럽거니[917]	長慙失定脚
다시 차마 머리 돌려 착오를 저지를쏜가[918]	更忍錯回頭

916 명이……감수하려니와 : 조화를 따른다는 것은 자연에 순응한다는 뜻으로 죽음을 의미한다. 도잠(陶潛)의 〈귀거래사(歸去來辭)〉 맨 끝에 "……애오라지 조화를 따라 죽음으로 돌아가거니, 천명을 즐길 뿐 다시 무얼 의심하리오.〔……聊乘化以歸盡, 樂夫天命復奚疑?〕"라고 하였다.

917 명리(名利)의……부끄럽거니 : 상채 사씨(上蔡謝氏)가 "명리의 관문을 통과해야만 비로소 다리를 세워 조금 쉴 곳이 있는데, 지금 사대부들은 어찌 말할 것이나 있겠는가. 말만 잘하는 것이 참으로 앵무새와 같을 뿐이다.〔透得名利關, 方是小歇處, 今之士大夫, 何足道? 能言眞如鸚鵡也.〕"라고 하였는데, 여기에 대해 주희(朱熹)는 "상채 사씨의 이 말이 매우 두려울 만하니, 모름지기 이곳에 다리를 세워 정한 다음에야 박문약례의 공부를 시행할 곳이 있게 된다.〔上蔡此言, 深可畏. 須是此處, 立得脚定然後, 博文約禮之工, 有所施耳.〕"라고 하였다. 명리의 관문을 통과한다는 것은 명리를 초탈하는 것을 의미한다. 《心經附註 卷4 鷄鳴而起章》 저자 자신은 애당초 명리를 초탈하지 못하여 학문의 길에 정착하지 못했다는 뜻이다.

918 다시……저지를쏜가 : 북송(北宋)의 한 조사(朝士)가 오랫동안 정호(程顥)를 만나지 못하다가 한번은 그를 만나서 "백순의 이와 같은 총명으로 어찌하여 허다한 때에 끝내 머리를 돌려 조정으로 돌아오려 하지 않는가?〔以伯淳如此聰明, 因何許多時, 終不肯回頭來?〕"라고 물었다. 정호는 "머리를 돌렸다가 착오를 저지를까 두려워해서이다.〔蓋恐回頭錯耳〕"라고 대답하였다. 《心經附註 卷2 君子樂得其道章》 저자 역시 정호의 말과 같이 출처(出處)를 삼가야겠다는 뜻이다.

어버이가 늙었으니 어찌 통곡이야 금할까만　　親老那禁哭
세상이 태평하니 나라는 근심할 게 없구려　　時淸未足憂
내일 아침에 좋은 봄비가 그치고 나면　　明朝好雨罷
즐겁게 노닐자 해도 술이 없어 어쩐다나　　無酒可遨遊

이순인[919]의 시에 차운하다 5월이다.

次韻李純仁 五月

노쇠하여 남의 끌어당김을 풀지 못했나	衰慵不解受人牽
무슨 일로 남의 꿈속엘 들어갔단 말인가	何事投人想夢邊
두 가지 학업[920]을 물은 건 겸손하기 때문이요	問業二端緣志遜
천 리 멀리 시를 부친 건 좋아하기 때문이지	寓詩千里爲心憐
지성이 있어야 범에 대해 논할 수 있거니와[921]	有誠方可論知虎
아무것도 없이 여김은 좌선에 가까울 뿐일세[922]	無物徒能近坐禪

919 이순인(李純仁) : 333쪽 주800 참조.

920 두 가지 학업 : 시 뒤의 자주(自註)에 나오는 '사물의 이치를 궁구하고, 항상 공경으로 몸을 가지는 것〔窮理居敬〕'을 가리킨다.

921 지성(至誠)이……있거니와 : 정이(程頤)가 "옛날에 범한테 부상당한 자가 있었는데, 다른 사람들은 범을 말할 때 비록 삼척동자라도 모두 범이 두렵다는 것은 알지만, 끝내 범한테 부상당한 경험이 있는 자의 정신과 안색이 잔뜩 공포에 질려 지성으로 두려워하는 것과는 같지 않으니, 이것은 실제로 보았기 때문이다.〔昔有曾經傷於虎者. 他人語虎, 雖三尺童子, 皆知虎之可畏也. 終不似曾經傷者, 神色懾懼, 至誠畏之. 是實見得也.〕"라고 하였다.《近思錄 卷7 出處》 실제로 본다는 것은 학문을 함에 사물의 이치를 밝게 살피는 것을 의미한다.

922 아무것도……뿐일세 : 아무것도 없이 여긴다는 것은 주희(朱熹)가 "옛사람이 아주 무서운 형구인 칼과 톱과 솥과 가마솥이 앞뒤에 널려 있어도 그것을 아무것도 없는 것처럼 여긴 까닭은 단지 이 도리만을 볼 뿐이요, 저 칼과 톱과 솥과 가마솥 따위는 전혀 보지 않기 때문이다.〔古人, 刀鉅在前, 鼎鑊在後, 視之如無物者, 蓋緣只見得這道理, 都不見那刀鉅鼎鑊.〕"라고 한 데서 온 말이다.《心經附註 卷2 正心章》 즉 도리가 마음속에 한번 정해지면 별의별 위협이 몸에 다가와도 조금의 흔들림도 없게 됨을 의미한

남을 위함이 끝내 자신을 잃게 됨을 깨달았으면[923] 早覺爲人終喪己

사전을 주조하고 관전을 위조함과는 같지 않으리[924] 不如私鑄做官錢

보내온 시에 "꿈에 보았다.〔入夢〕"라고 하였다.○이순인이 '사물의 이치를 궁구하고 항상 공경으로 몸을 가지는 것〔窮理居敬〕'을 물어 왔다.

다. 좌선(坐禪)은 승려가 종용히 앉아서 참선하는 것이다. 저자 자신 또한 도리만을 볼 뿐이기에 어떤 위험이 다가오더라도 좌선하는 것처럼 조금의 흔들림도 없다는 뜻이다.

923 남을……깨달았으면 : 정이(程頤)가 "옛날에 배우는 자들은 자신을 위하여 하다가 끝에 가서는 남까지 이루어 주는 데에 이르렀는데, 지금 배우는 자들은 남을 위하여 하다가 끝에 가서는 자신까지 잃는 데에 이른다.〔古之學者, 爲己, 其終, 至於成物; 今之學者, 爲物, 其終, 至於喪己.〕"라고 하였다. 《近思錄 卷2 爲學》 즉 겉치레만 힘쓰는 학문은 끝내 자기 본성까지 잃어버리게 된다는 뜻이다.

924 사전(私錢)을……않으리 : 사전은 개인이 주조한 전폐(錢幣)이고, 관전(官錢)은 관부(官府)에서 주조한 전폐이다. 주희(朱熹)가 문인(門人) 유련(劉楝)에게 《대학(大學)》의 '스스로 속인다.〔自欺〕'는 말에 대하여 어떻게 보느냐고 묻자, 유련이 "의리를 알지 못하면서 도리어 내가 의리를 안다고 하는 것이 스스로 속이는 것입니다.〔不知義理, 却道我知義理, 是自欺.〕"라고 대답하였다. 그가 다시 스스로 속임에 대해서 묻자, 주희가 "마음이 발하는 것이 자신도 모르게 스스로 속이는 데 빠지는 것을 이르니, 속으로 악을 하는 데에 마음을 두고 거짓으로 선을 하여 스스로 속이는 것은 아니다. 공의 말대로라면 반드시 사전을 주조하고 관전을 위조하여야 비로소 스스로 속이는 것이니, 이는 불초한 소인일 뿐이라, 어찌 '스스로 속임'이라고 말할 수 있겠는가.〔謂心之所發, 不知不覺地, 陷於自欺, 非是陰有心於爲惡而詐於爲善, 以自欺也. 如公之言, 須是鑄私錢, 做官錢, 方爲自欺, 無狀小人, 豈自欺之謂邪?〕"라고 답하였다. 《心經附註 卷2 大學誠意章》 겉치레로 하는 학문은 끝내 자기 본성까지 잃게 된다는 것을 이미 깨달았으면, 스스로 자신을 속이는 지경에는 이르지 않는다는 뜻이다.

성진의 시축 가운데서 이순인의 운에 차하다

性眞軸中次李韻

성진이 나를 위하여 파래〔石蓴〕를 가져다 주었는데, 하서(河西)가 일찍이 이 파래를 언급하였으므로,[925] 이순인을 아울러 언급하였다.

하서는 지는 달이 용마루를 비추는 듯한데[926] 河西照落月
위수 북쪽으론 돌아가는 구름을 보냈지[927] 渭北送歸雲
앉아서 맛 좋은 파랫국을 구해 먹노라니 坐討蓴羹美
외로운 회포는 함께 나눌 사람이 없구려 孤懷不可分

925 하서(河西)가……언급하였으므로 : 하서 김인후(金麟厚)가 성진(性眞) 스님에게 준 시에 "그대는 능히 법성의 참을 얻었건만, 나는 아직 마음의 병을 면치 못했다네. 서로 마주하여 둘 다 서로 잊어버리고, 나에게 파래나 한번 먹게 해 주오.〔渠能得性眞, 我未免心恙. 相對兩忘之, 石蓴請一餉.〕"라고 한 것을 가리킨다.

926 하서는……듯한데 : 두보(杜甫)의 〈몽이백(夢李白)〉에 "지는 달빛 지붕 마루에 가득하니, 아직도 그대 얼굴이 비추는가 의심하노라.〔落月滿屋梁, 猶疑照顏色.〕"라고 하였다. 《杜少陵詩集 卷7》 저자가 이미 작고한 친구인 김인후를 마치 두보가 친구인 이백(李白)을 그리워하듯 그리워한다는 뜻이다.

927 위수(渭水)……보냈지 : 두보의 〈춘일억이백(春日憶李白)〉에 "위수 북쪽엔 봄 하늘의 나무요, 강 동쪽엔 해 저문 구름이로다. 어느 때나 한 동이 술을 두고서, 우리 함께 글을 조용히 논해 볼꼬.〔渭北春天樹, 江東日暮雲. 何時一樽酒, 重與細論文.〕"라고 하였다. 《杜少陵詩集 卷1》 여기서도 저자의 문생(門生)인 이순인(李純仁)을 그리워한다는 뜻으로 한 말이다.

의선의 시축에 차운하다

次韻義禪軸

성진(性眞)의 사미(沙彌)[928]이다.

이슬비는 두류산에 연대었고	煙雨接頭流
꿈 넋은 단발령에 희미하여라	夢魂迷斷髮
사랑스러워라 너 백족아는[929]	憐渠白足兒
두류산 단발령 달빛을 다 밟았겠구나	踏盡兩山月

928 성진(性眞)의 사미(沙彌) : 성진의 제자임을 뜻한다. 사미는 막 출가(出家)하여 십계(十戒)를 받은 나이 어린 승려이다.

929 사랑스러워라 너 백족아(白足兒)는 : 백족은 본래 발이 희다는 뜻이다. 후진(後秦) 시대 고승(高僧) 구마라십(鳩摩羅什)의 제자인 담시(曇始)가 발이 얼굴보다 더 흰 데다 아무리 진흙탕물을 건너도 발이 더러워지지 않았으므로, 당시 사람들이 그를 백족 화상(白足和尙)이라고 칭하였다. 전하여 발이 희다는 것은 고승, 또는 일반 승려를 가리키기도 한다. 성진 스님의 제자인 나이 어린 의선(義禪)을 귀엽게 여겨 그를 담시에 빗대서 한 말이다.

백암사의 장로 수인이 성진에게 부탁하여 시를 지어 달라고 요구하므로 차운하여 제하다
白巖長水印憑眞乞詩次韻題

고고한 명성은 수인이 공허하고[930]	孤名水印虛
이절은 영천의 시화가 절묘하네[931]	二絶靈川妙
도를 듣는 건 일상의 실행에 달린 건데	聞道在常行
어찌하여 공연히 큰 웃음을 친단 말인가[932]	何爲空大笑

그의 시축(詩軸)에 영천(靈川)의 대 그림〔畫竹〕과 여기에 제한 시가 들어 있다.

930 고고한……공허하고 : 수인(水印)은 백암사(白巖寺) 장로(長老)의 호이다. 공허하다는 것은 그의 인품이 맑은 물처럼 깨끗하다는 의미이다.

931 이절(二絶)은……절묘하네 : 영천(靈川)은 신잠(申潛, 1491~1554)의 호이다. 그는 1519년(중종14) 현량과(賢良科)에 급제하여 검열(檢閱)이 되었으나, 이해 기묘사화(己卯士禍)로 파직되었고, 1521년 신사무옥(辛巳誣獄)으로 장흥(長興)에 유배되어 17년 만에 양주(楊州)로 이배(移配)되었다. 뒤에 등용되어 태인 현감(泰仁縣監), 간성 군수(杆城郡守), 상주 목사(尙州牧使) 등을 역임하였다. 그는 시(詩)·서(書)·화(畫)에 모두 능하여 삼절(三絶)로 불렸다. 그림은 특히 난(蘭)과 대〔竹〕를 잘 그렸다고 한다. 여기서 '이절'이라고 한 것은 신잠의 '삼절' 가운데 이 시의 자주(自註)에서 밝혔듯이, 그가 직접 그린 대 그림과 거기에 제(題)한 시를 가리킨다.

932 도(道)를……말인가 : 《노자(老子)》 제41장에 "상사는 도를 들으면 알아들어 부지런히 행하고, 중사는 도를 들으면 있는 듯 없는 듯이 여기고, 하사는 도를 들으면 황당하게 생각하여 크게 웃는다.〔上士聞道, 勤而行之; 中士聞道, 若存若亡; 下士聞道, 大笑之.〕"라고 하였다.

외삼촌을 기다리다 7월이다.

奉待舅氏 七月

생질과 외숙이 지기지우를 겸했는데	甥舅兼知己
헤어져 지내는 동안 둘 다 백발이 되었네	分離各白頭
중년에는 늘 섭섭한 맘을 갖게 되는데[933]	中年長作惡
오늘은 또 시름이 더해지는구려	是日也添愁
제사는 함께 올릴 수가 있겠지만[934]	歲事堪同薦
제수는 준비하길 기다리지 않노라	時羞不待謀
문에서 맞이하여 한 번 절을 드리고는	迎門展一拜
다정하게 유명 간의 얘기들을 나누노라	款款話明幽

야(也)가 다른 본에는 갱(更)으로 되어 있다.

933 중년(中年)에는……되는데 : 진(晉)나라 사안(謝安)이 왕희지(王羲之)에게 "중년 이후로는 슬픔과 즐거움에 마음이 상하여, 친구와 작별하고 나면 그때마다 수일 동안 섭섭한 마음이 이어진다오.〔中年以來, 傷於哀樂, 與親友別, 輒作數日惡.〕"라고 하였다.《晉書 卷80 王羲之列傳》 저자 또한 중년 이후로는 아우나 친구와의 작별에 늘 슬픔을 느낀다는 뜻이다.

934 제사는……있겠지만 : 제사를 외삼촌과 함께 지낼 수 있다고 한 말로 보아서는, 7월 19일의 외조부나 외조모의 제사를 가리키는 듯하나, 어느 분인지는 자세하지 않다. 《소재집》 제4권에 수록된 〈다시 앞의 운을 사용하여 외삼촌에게 받들어 올려 나루터에서 작별을 고하다〔復次前韻奉呈舅氏津頭敍別〕〉 시제의 자주(自註)에 내용이 나타나 있다.

방, 백[935] 두 서생의 시에 차운하다. 각각 한 편씩이다
次韻房白二生各一篇

지리산은 삼한의 땅이요[936]	方丈三韓地
염주[937]는 만 리 밖 변방인데	炎洲萬里天
당나라 현상을 계승해 온 후손으로[938]	蟬嫣唐相後
초나라 창인 곁에 주옥을 쏟아 내네[939]	珠玉楚傖邊
마음은 죽어서 아무 말도 못 하는데[940]	心死無言了
정은 우러나서 즐겁지를 않구나	情生不豫然

935 방(房), 백(白) : 남원(南原)의 방응현(房應賢)과 장흥(長興)의 백광훈(白光勳)이다.

936 지리산(智異山)은 삼한(三韓)의 땅이요 : 삼한은 마한(馬韓), 진한(辰韓), 변한(弁韓)을 가리킨다. 방응현의 고향인 남원이 지리산 밑에 있으므로, 그의 고향을 지칭한다.

937 염주(炎洲) : '남쪽 바다의 더운 섬'이란 뜻으로, 저자의 유배지인 진도(珍島)를 가리킨다.

938 당(唐)나라……후손으로 : 방응현이 당나라 초기의 현상(賢相)인 방현령(房玄齡)의 후손이란 뜻이다.

939 초(楚)나라……내네 : 창인(傖人)에 대해서는 180쪽 주385 참조. 여기서는 남해(南海)의 섬인 진도를 남초 지방에 빗대고, 저자 자신을 창인에 빗대서 겸사로 한 말이다. 주옥(珠玉)은 흔히 남의 훌륭한 시문을 찬미하는 말로서, 방응현의 시를 주옥에 빗대었다.

940 마음은……하는데 : 마음이 죽었다는 것은 이별에 대한 극도의 절망감을 표현한 말로, 저자가 서생 방응현과의 이별 앞에서 극도의 슬픔에 젖어 아무 말도 못 한다는 뜻이다.

나는 다시 응당 걸상만 걸어 놓을 뿐[941] 還應縣室榻
감히 나룻배 떠나는 건 묻지 못하리라[942] 未敢問津船

밝은 태양은 청해[943]에서 사라졌고 白日消青海
가을장마는 장성[944]에 오래도 내리누나 秋霖滯瘴城
한 가지 경서만 가지고 늙을 작정이요 一經渾得老
오언시를 짓는 건 이름을 탐한 게 아닐세[945] 五字不貪名
거짓된 학문[946]은 끝내 누가 변론해 주랴마는 學僞終誰辨
원통한 시를 지어 스스로 무죄를 밝히려 하랴 詩冤肯自明

941 나는……뿐 : 후한(後漢)의 고사(高士)인 진번(陳蕃)이 예상 태수(豫章太守) 시절 빈객을 전혀 접대하지 않았으나, 당대의 고사였던 서치(徐穉)가 찾아오면 특별히 걸상을 내려서 그를 정중히 접대하고, 그가 떠난 뒤에는 다시 그 걸상을 걸어 두었다. 《後漢書 卷66 陳蕃列傳》 방응현을 진번의 고사에 빗대서 한 말로, 즉 그들이 떠난 뒤에는 응당 걸상을 걸어 놓을 뿐이라는 뜻이다.

942 감히……못하리라 : 떠나는 손과의 이별을 몹시 슬프게 여기는 뜻인 듯하다.

943 청해(青海) : 동방(東方)의 바다라는 뜻으로, 진도(珍島)를 가리킨다.

944 장성(瘴城) : 장기(瘴氣) 어린 성(城)이란 뜻으로, 진도를 가리킨다.

945 오언시(五言詩)를……아닐세 : 송대(宋代)의 시인 진여의(陳與義)의 〈적원(適遠)〉에 "평생에 오언율시만을 지었으되, 머리가 희도록 이름을 탐하진 않았네.〔平生五字律, 頭白不貪名.〕"라고 하였다. 《簡齋集 卷9》

946 거짓된 학문 : 남송(南宋)의 간신(奸臣) 한탁주(韓侂胄)가 영종(寧宗) 연간에 조여우(趙汝愚)와 권력을 겨루다가 주희(朱熹) 등 도학자들이 모두 조여우의 편이 된 것을 보았다. 그가 권세를 잡고 나서는, 탐하고 방자한 것이 사람의 진정(眞情)이요, 청렴결백하여 수행하기를 좋아하는 자는 거짓된 사람이라 하여, 마침내 도학을 거짓된 학문〔僞學〕이라 칭하고 도학을 숭상하던 당시 승상 조여우 등 59인을 모조리 파척(罷斥)하였다. 여기서는 역시 도학을 숭상하기 때문에 거짓된 학문이라고 겸사로 말한 것이다.

그 언제나 옥천의 오솔길을 따라가서 何時玉泉逕

노년의 백발을 그대와 함께 향유해 볼거나[947] 同占歲寒莖

947 그……볼거나 : 옥천(玉泉)에 대해서는 253쪽 주610 참조. 저자가 옥천의 오솔길을 따라간다고 한 것은 이때 백광훈(白光勳)이 옥천면의 깊은 산중에 집을 짓고 학문에 전념하고 있었으므로, 저자 또한 그곳에 가서 함께 지내고 싶다는 뜻이다.

다시 앞의 운을 사용하여 외삼촌에게 받들어 올려 나루터에서 작별을 고하다

復次前韻奉呈舅氏津頭敍別

이때 외삼촌이 함열(咸悅)에서 와서 19일의 휘제(諱祭)를 행하였다.

정성이 실이 된다는 것만 말했을 뿐이거니	只道誠爲實
예가 허식이 아니라는 걸 어찌 알았으랴만[948]	那知禮不虛
나그네 살이에 휘일이 가까워 오니	羈遊諱日近
사모하는 효성이 호천망극이로다	孝慕昊天如
누님을 배알하고는 서울 사당을 하직하고	拜姊辭京廟
생질을 찾아서 섬마을로 들어왔네	尋甥入島閭
제사에는 흰 지방을 사르는 게 슬프고[949]	祭悲焚白榜
의식은 주서[950]에 어긋나는 게 두렵구려	儀畏失朱書

948 정성이……알았으랴만 : 공자가 이르기를 "내가 제사에 참여하지 않으면 제사를 지내지 않은 것과 같다.〔吾不與祭, 如不祭.〕"라고 한 대문의 집주(集註)에 의하면, 범씨(范氏)의 말에 "정성이 있으면 신이 이르고 정성이 없으면 신도 없게 되나니, 삼가지 않을 수 있겠는가. 내가 제사에 참여하지 않으면 제사를 지내지 않은 것과 같다는 말은 곧 정성이 실이 되고, 예가 허식이 된다는 뜻이다.〔有其誠則有其神, 無其誠則無其神, 可不謹乎? 吾不與祭, 如不祭, 誠爲實, 禮爲虛也.〕"라고 하였다. 《論語 八佾》 제사에 참여하려고 온 외삼촌의 정성과 예가 다 지극했음을 칭찬하여 이른 말이다.

949 제사에는……슬프고 : 사당(祠堂)에서 제사를 지낼 때는 의당 나무 신주를 모시고 지내지만, 객지에서 제사를 지내다 보니 나무 신주를 모시지 못하고 신주 대신 지방(紙榜)을 사용하게 된 것을 슬피 여긴다는 말이다.

950 주서(朱書) : 《주자가례(朱子家禮)》를 가리킨다.

그러나 도는 본디 원만하여 밖이 없어서 惟道圓無外
이 한 몸에 남김없이 갖춰져 있는지라 於身備有餘
거짓 없는 성심이 저 하늘에 통하는 것이 丹心徹空洞
밝은 달이 방제에 투명하게 비춘 듯했네[951] 素月照方諸
벗들은 자주 왕래하는 네 생각을 따르련만[952] 朋思憧憧爾
고독한 시름 한 이는 작고 작은 나라오 孤愁眇眇予
쇠한 몸 부지하는 것도 몹시 어렵거늘 扶衰亦甚矣
죽음을 참고 있는 건 대저 무슨 까닭인고 忍死顧何歟
외기러기 소리는 상산에서 끊어지고[953] 一雁商山斷
위수의 쌍어는 드물기만 하여라[954] 雙魚渭水疎
흐느껴 울며 닻줄을 풀고 떠나는 날은 呑聲解纜去
다음 달인 중추 팔월 초로다[955] 來月仲秋初

951 밝은……듯했네 : 방제(方諸)는 달빛 아래서 이슬을 받는 기구를 말한다. 방제에 담긴 이슬에 달빛이 조금의 가리움도 없이 매우 투명하게 비추듯이, 사람의 정성이 하늘에 통하는 것이 마치 이와 같다는 뜻이다.

952 벗들은……따르련만 : 《주역》〈함괘(咸卦)〉에 "구사는 정하면 길하여 뉘우침이 없으리니, 자주자주 왕래하면 벗들이 네 생각을 따르리라.〔九四: 貞, 吉, 悔亡. 憧憧往來, 朋從爾思.〕"라고 하였다. 저자에게 자주 왕래하는 외삼촌을 칭찬하는 말이다.

953 외기러기……끊어지고 : 상산(商山)은 상주(尙州)의 고호로, 즉 상주로 가는 저자의 외삼촌을 가리켜 한 말인 듯하다. 혹 일찍이 상주로 간 저자의 아우에게서 아무런 소식이 없음을 이른 말이 아닌가 싶기도 하나 자세하지 않다.

954 위수(渭水)의……하여라 : 위수는 장안(長安) 근처에 있던 물 이름으로, 여기서는 '서울'을 가리킨다. 쌍어(雙魚)는 소식을 의미하므로, 서울의 소식이 드문 것이다.

955 다음……초로다 : '다음 달'이라고 한 것은 외삼촌이 7월에 왔다가 8월 초에 돌아가기 때문이다.

일재의 운에 세 번째 화답하여 김 군자[956]에게 부쳐 보이다
三和一齋韻寄示金君子

외삼촌이 돌아가는 편에 부치다.

심법 전한 세 성인은 바로 신하요 이웃이요[957]	傳心三聖卽臣隣
도를 강론한 여러 현인은 세속을 초탈했네	講道諸賢隔世塵
한가한 날에 우연히 손수 그림을 완성하여	暇日偶然成手畫
딴말하는 사람이란 비난을 면코자 하노라[958]	免教譏作異言人

〈인심도심도(人心道心圖)〉를 아울러 부쳤다.

956 김 군자(金君子) : 일재(一齋) 이항(李恒)의 제자인 김천일(金千鎰)을 지칭한다.

957 심법(心法)……이웃이요 : 세 성인은 요(堯)·순(舜)·우(禹)를 가리킨다. 심법이란 요·순·우가 서로 선위(禪位)할 때 전수(傳授)한 내용이다. 요 임금은 순 임금에게 선위할 때 이르기를 "아, 너 순아, 하늘의 운수가 네 몸에 있게 되었으니, 진실로 중도를 지켜 행하라. 사해가 곤궁해지면 하늘의 녹이 영원히 끊어지리라.〔咨爾舜, 天之曆數在爾躬, 允執其中. 四海困窮, 天祿永終.〕"라고 하였다. 뒤에 순 임금은 우 임금에게 선위할 때 "인심은 오직 위태롭고 도심은 오직 은미하니, 오직 정밀하고 전일하게 하여 진실로 그 중을 잡으라.〔人心惟危, 道心惟微, 惟精惟一, 允執厥中.〕"라고 하였다. 《論語 堯曰》《書經 大禹謨》

958 딴말하는……하노라 : '딴말'이란 전성(前聖)들이 서로 전수한 심법에 어긋나는 말이란 뜻이다.

지은이 **노수신(盧守愼)**

1515년(중종10)～1590년(선조23). 조선 중기의 문신으로, 본관은 광주(光州), 자는 과회(寡悔), 호는 소재(穌齋)·이재(伊齋)·암실(暗室)·여지노인(茹芝老人)이다. 장인인 이연경(李延慶)을 사사하였다. 1543년 문과에 장원급제하였다. 이후 홍문관 수찬·시강원 사서·병조 좌랑 등을 역임하였고 사가독서(賜暇讀書)를 하였다. 1545년(명종 즉위년)에 을사사화가 일어나자 파직되어 순천(順天)에 유배되고, 다시 양재역 벽서 사건(良才驛壁書事件)에 연루되어 진도(珍島)·괴산(槐山) 등지에서 유배생활을 하였다. 1567년에 선조가 즉위하자 홍문관 교리로 서용되었다. 이후 홍문관 부제학·충청도 관찰사·대사헌·이조 판서·문형 등을 역임하고, 1573년(선조6)에 우의정, 1578년에 좌의정을 거쳐 1585년에 영의정이 되었다. 1589년 기축옥사가 일어나자 이에 연루되어 파직되었다. 시·문·서예에 뛰어났으며 양명학(陽明學)에 조예가 있었다. 승려 휴정(休靜)·선수(善修) 등과도 교유하였다. 저술로는 《소재집》 등이 있다. 시호는 문의(文懿)였으나 뒤에 문간(文簡)으로 고쳤다.

옮긴이 **임정기(任正基)**

1951년 전남 보성에서 태어났다. 가학을 전수받았으며, 민족문화추진회 부설 국역연수원 연수부를 졸업하였다. 현재 한국고전번역원 자문위원 및 번역위원으로 한국문집 번역에 참여하고 있다. 번역서로는 《목은집》, 《점필재집》, 《사가집》, 《백사집》, 《상촌집》, 《한수재집》, 《다산시문집》, 《완당전집》, 《허백당집》, 《매천집》 등이 있다.

소재집 4
노수신 지음 | 임정기 옮김

2018년 12월 20일 초판 1쇄 발행

발행인 신승운 | 발행처 한국고전번역원
등록 2008. 3. 12. 제300-2008-22호
주소 (03310) 서울시 은평구 진관1로 85
전화 02-350-4886 | 팩스 02-350-4899 | 홈페이지 www.itkc.or.kr

연구총괄 이기찬 | 연구기획 이제유

책임편집 정영미 | 편집진행 박정열 서윤이
편집교정 여인경 이승원 | 조판 김지현 | 제작 김형석
디자인 씨디자인 | 인쇄 반디컴

값 20,000원
ISBN 978-89-284-0568-8 94810
978-89-284-0229-8 (세트)
* 이 책은 2018년도 교육부 고전번역사업비로 출간한 것임.